한 권으로 끝내는

파이썬

김명호 지음

EDUWAY
에듀웨이

한 권으로 끝내는 파이썬

2020년 3월 15일 1판 2쇄 인쇄
2020년 3월 20일 1판 2쇄 발행

지 은 이 | 김명호

펴 낸 곳 | (주)에듀웨이
주   소 | 14542 경기도 부천시 원미구 송내대로 265번길 59, 6층 603호(상동, 한솔프라자)
대표전화 | 032) 329-8703
팩   스 | 032) 329-8704
등   록 | 제387-2013-000026호
홈페이지 | www.eduway.net

북디자인 | 앤미디어
인   쇄 | 상지사 P&B
제   본 | 상지사 제본

Copyright©에듀웨이 R&D 연구소, 2019. Printed in Seoul, Korea
Illust Designed by Freepik

이 도서의 국립중앙도서관 출판예정도서목록(CIP)은 서지정보유통지원시스템 홈페이지(http://seoji.nl.go.kr)와 국가자료공동목록시스템(http://www.nl.go.kr/kolisnet)에서 이용하실 수 있습니다.(CIP 제어번호: CIP2019016475)

책값은 뒤표지에 있습니다.

ISBN   979-11-86179-36-9

한 권으로 끝내는 파이썬

주위에서 왜 복잡하고 머리 아픈 프로그램 개발을 하느냐고 물으면 과거에는 이렇게 말했습니다.

"어떤 기능을 개발한다는 것이 너무 재미있잖아요. 내가 코딩한 문장이 웹페이지로 표현되어 멀리 떨어진 누군가가 볼 수 있고, 기계 같은 물리적인 사물이 작동하는 것을 보면 완전히 짜릿해요."

하지만 40대 중반이 되어 가는 지금에는 이렇게 말합니다.

"프로그램 개발은 세상에 없는 새로운 것을 창조하는 행위입니다. 멋지지 않나요?"

새로운 것을 개발한다는 것은 무언가를 창조한다는 것으로 인간이 가질 수 있는 가장 큰 달란트입니다. 그리고 이러한 행위는 끝이 없으며 인간이 살아가는 원동력이 되기도 합니다.

세상에 많은 프로그래밍 언어는 인간의 끝없는 창조를 가능하기 위해 탄생했다고 해도 과언이 아닐 것입니다. 요즘은 거의 사용하지 않지만 1960년대의 FORTRAN, COBOL, PASCAL 등의 언어도 인간의 창조적인 욕망을 채우기 위해 탄생했습니다. 프로그램 언어는 시대가 변하면서 점차 쉬워지고 있는데요, 쉬워진다는 의미는 꼭 전공하지 않아도 쉽게 학습하고 이용할 수 있다는 의미입니다.

이 책에서 다루는 파이썬은 과거의 언어들보다 무척 쉽고 간결해서 전문가가 아니라도 쉽게 배우고 사용할 수 있습니다. 또한 모듈이라는 아주 훌륭한 기능들이 만들어져 있어 개발자는 복잡하고 어려운 기능을 개발할 필요 없이 기존의 모듈을 조합해서 새로운 기능을 쉽고 빠르게 만들 수 있습니다.

또한 전 세계적으로 유명한 구글(Google)이 자신의 많은 서비스를 파이썬으로 제공하고 있는데요. 이것은 구글의 뛰어난 서비스를 개인의 비즈니스에 쉽게 이용할 수 있다는 의미입니다. 구글에서 제공하는 'Google Cloud Vision'은 파이썬을 이용해서 이미지를 분석하는데요. 이것을 이용해서 개인은 로봇, 보안 카메라, 교구, 장난감 등에 응용해 새로운 제품과 서비스를 만들 수 있습니다.

필자가 입문자를 대상으로 프로그래밍 강의를 할 때 가장 먼저 하는 말이 있습니다.
"프로그래밍 공부는 거북이처럼 하세요~ 그러다 보면 자기도 모르게 레이싱카가 되어 정상에 있을 것이에요."

프로그래밍 언어에 처음 입문하는 대부분의 사람은 마음이 급한데요. 그럴 수밖에 없는 것이 입문자의 대부분은 빨리 배워서 취미가 아닌 어떤 목적을 이뤄야 하는 경우가 많기 때문입니다. 하지만 프로그래밍 학습은 절대로 서두르면 안 됩니다. 어떤 학문이든 기초가 튼튼해야 하듯이 프로그래밍 학습도 마찬가지입니다. 느긋이 그리고 꼼꼼하게 기초를 다져 가면 언젠가는 자신도 모르게 속도가 붙고 고수의 대열에 있게 됩니다. 그리고 1~2개 정도의 언어를 꼼꼼하게 학습하고 나면 새로운 언어를 접하더라도 전혀 생소하지 않습니다. 오히려 새로운 언어가 반갑고 친근하게 느껴질 거예요. 따라서 파이썬으로 프로그래밍 언어에 입문하는 독자라면 꼼꼼하고 끈기 있게 끝까지 학습하기를 바랍니다. 물론 이 책에서는 입문자를 대상으로 최대한 쉽게 설명하려고 노력했으며, 단지 파이썬 뿐만 아니라 프로그래밍 언어의 전반에 걸친 학습 방법에 대해서 말씀드리고자 했습니다.

반년 넘게 원고를 집필하는 동안 프로젝트, 강의 등을 핑계로 어려움이 있었지만, 끝까지 도와주신 앤미디어 직원분들께 감사하다는 말을 전합니다. 또한 4차 산업혁명 시대에 국내 IoT(사물 인터넷) 생태계의 무한 발전을 위해서 묵묵히 고생하시고 집필에도 많은 도움을 주신 서울산업진흥원의 박기태 수석님께도 감사드리며 응원을 보냅니다.

마지막으로 가족에게도 사랑하는 마음을 전합니다. 개발자의 아내로서 불규칙한 생활 패턴으로 가정에 많은 도움을 주지 못하지만, 언제나 가정을 잘 돌보기 위해서 노력하는 사랑스러운 아내 김순식과 곧 있으면 중학생이 되는 착하고 예쁜 딸 김하은 양에게 사랑한다는 말을 글로 대신합니다. 또한 항상 우리를 사랑으로 지켜주시는 하나님께 감사드립니다.

저자 김명호

Contents _목차

Contents _목차

Part ❸
실전! 파이썬
프로그래밍 활용하기

Contents _목차

예제 및 완성 파일

이 책에 사용된 예제 및 완성 파일은 에듀웨이 홈페이지(www.eduway.net)에서 다운로드할 수 있습니다.
홈페이지 접속 후 검색란에 "한 권으로 끝내는 파이썬"을 입력하고 〈검색〉 버튼을 클릭합니다. [〈예제파일〉한 권으로 끝내는 파이썬–에듀웨이–] 게시글을 클릭하고 오른쪽 위의 첨부파일을 클릭합니다. 부록 데이터를 다운로드하고 압축을 풀어 사용합니다.

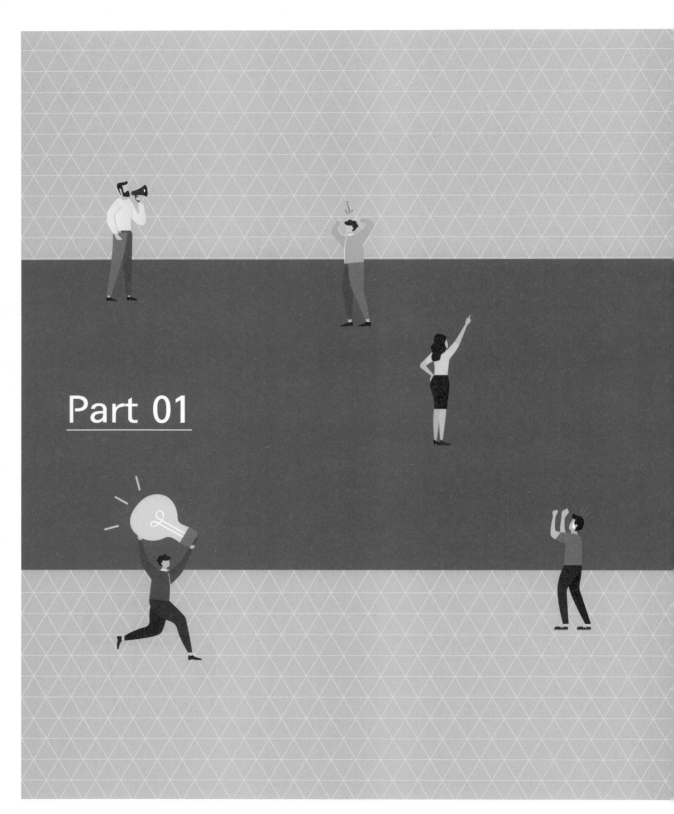

Part 01

파이썬 처음부터
시작하기

01 : 파이썬 시작하기

파이썬 시작하기

학습 목표

● **컴퓨터를 작동시키는 '파이썬'을 소개합니다!**

프로그래밍 언어 중 하나인 파이썬을 소개합니다. 먼저 파이썬의 역사를 살펴보고, 파이썬을 이용해서 프로그램을 만들기 위한 개발 환경을 설정해 봅니다. 파이썬 프로그래밍의 첫 단추를 잘 끼우기 위해 천천히 그리고 꼼꼼하게 학습하세요.

● **'파이썬'은 누구에게나 친절하고 완벽하게 일하는 '센스쟁이'랍니다.**

모든 프로그래밍 언어는 특정한 목적에 의해 만들어졌고, 그 목적에 맞게 사용되고 있습니다. 파이썬도 다른 프로그래밍 언어들과 마찬가지로 특정한 목적에 맞게 탄생한 언어입니다. 파이썬이 많은 사랑을 받는 이유는 기존의 컴파일 언어들과 달리 인터프린트 방식의 언어로 빠른 개발과 테스트를 진행한다는 데 있습니다. 처음 프로그래밍 언어를 접한다면 '컴파일'과 '인터프린터'라는 말이 낯설텐데요, 인터프린터 언어는 프로그램 코드를 작성해서 바로 실행하여 결과를 볼 수 있다고 생각하면 쉽습니다. 먼저 파이썬이 가지고 있는 특징과 왜 세계적으로 많은 프로그램 개발자들한테 인기가 있는지에 대해서 살펴봅니다.

● 파이썬 탄생의 비밀을 살펴보고, 컴퓨터에 설치해 봅니다.

파이썬 탄생 배경 살펴보기

파이썬의 특징과 파이썬으로 할 수 있는 프로그래밍에 대해 알아보기

파이썬 설치하기

파이썬 언어를 이용해서 프로그램 개발 환경 설정하기

파이썬을 이용한 시작 프로그램으로 화면에 'Hello Python' 출력하기

1-1 파이썬의 역사

파이썬(Python)은 1990년 네덜란드 개발자 귀도 반 로섬(Guido Van Rossum) 에 의해 탄생한 프로그램 언어입니다. 귀도 반 로섬은 기존에 사용하던 프로그램 언어들의 부족한 부분을 해결하기 위해 홀로 새로운 언어를 개발하기 위한 소규 모 프로젝트를 진행하였는데요, 그가 개발한 언어(파이썬)는 회사 동료들부터 외 부에서까지 인정받았습니다. 이후 그는 점차 파이썬 언어의 완성도를 점차 높였 고 많은 기업에서 파이썬을 채택하기에 이르렀으며, 구글(Google)은 자바(Java)

와 함께 파이썬을 메인 언어로 채택하고 많은 서비스를 파이썬으로 만들기 시작했습니다.

파이썬(Python)의 사전적인 의미는 '비단뱀'입니다. 실제로 파이썬은 귀도 반 로섬이 좋아하는 코미디 쇼(Monty Python's Flying Circus)의 이름을 참고했다고 합니다.

▲ 파이썬 로고

1-2 | 파이썬의 특징

1 문법 구조가 쉽다

파이썬은 다른 언어보다 문법 구조가 아주 쉽습니다. 실제로 프로그래밍 언어를 처음 만나는 사람들 중에는 C/C++ 또는 Java 등과 같이 조금 어려운 언어로 시작해서 많은 어려움을 겪다가 결국 포기하는 경우가 종종 있습니다. 하지만 파이썬은 C/C++ 또는 Java와는 다르게 문법 구조가 쉬워 프로그래밍 언어를 처음 만나더라도 부담 없이 학습하고 프로그램 개발에 바로 사용할 수 있습니다.

▲ 다른 언어(복잡한 문법 구조)

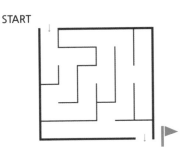

▲ 파이썬(간단한 문법 구조)

또한 파이썬은 C/C++ 또는 Java와 다르게 컴파일 언어가 아닌 인터프린터 언어로 만들어졌습니다. 인터프린터 언어는 프로그램의 개발, 수정 그리고 실행 단계가 빠르고 쉬워서 프로그래밍 언어에 처음 입문한다면 다른 언어보다 쉽게 친해질 수 있습니다.

② 무한 정수를 처리할 수 있다

파이썬은 컴퓨터의 메모리 용량이 넉넉하다면 무한 정수를 처리할 수 있습니다. 정수를 무한대로 처리할 수 있어 빅데이터를 처리하는 산업 분야에 효율적으로 적용할 수 있으며, 과학 분야에서도 다양하게 사용하고 있습니다.

메모리 용량
12345678901234567890123
정수

메모리 용량
12345678901234567890123456789012345
정수

메모리 용량
123456789012345678901234567890123456789012345678901234567
정수

③ 다양한 라이브러리(모듈)가 있다

파이썬의 특징 중 하나는 라이브러리가 많다는 것입니다. 라이브러리란 특정 기능에 대해 미리 만들어진 프로그램이라고 생각할 수 있습니다. 인터넷에는 이미 많은 라이브러리가 존재하며, 이러한 라이브러리는 실력이 좋은 개발자들이 무료로 배포한 것입니다. 우리는 필요한 라이브러리를 이용해서 좀 더 빠르고 쉽게 프로그래밍할 수 있습니다. 여러분도 실력을 높여서 특정 기능의 라이브러리를 만들고 인터넷에 배포해 보세요.

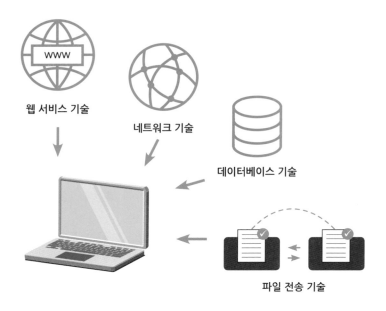

웹 서비스 기술

네트워크 기술

데이터베이스 기술

파일 전송 기술

4 이미지 처리에 능숙하다

일반적으로 이미지는 C/C++ 언어를 이용해서 처리해 왔으며, 인텔(Intel) 사에서 실시간 이미지 프로세싱을 구현하기 위한 목적으로 OpenCV 라이브러리를 만들었습니다. 이미지 처리를 위해 C/C++ 또는 OpenCV 라이브러리를 이용한 것은 연산 속도가 빠르기 때문입니다. 단점으로는 C/C++ 또는 OpenCV 라이브러리를 이용해서 이미지 처리 기술을 익히기란 고급 개발자가 아니면 매우 어렵습니다.

파이썬 라이브러리로 만들어진 OpenCV는 상대적으로 쉬워 이미지 처리를 해야 하는 많은 산업 분야에서 이용하고 있습니다. 최근 많이 사용하는 얼굴인식 기능이 바로 대표적인 예입니다.

▲ 구글 클라우드 비전(https://cloud.google.com/vision/)을 통한 이미지 분석

5 다양하게 활용할 수 있다

파이썬은 게임, 과학 및 웹 서비스 분야 등에 많이 사용하고 있습니다. 파이썬이 이렇게 많은 산업 분야에 사용될 수 있었던 것은 쉬운 문법 구조로 인한 빠른 생산 속도와 다양한 라이브러리 때문입니다. 또한 파이썬은 무료로 배포되어 누구나 쉽게 학습할 수 있고 아이디어를 프로그램으로 구체화하는데 아무런 장애가 없습니다.

1-3 │ 파이썬 설치하기

파이썬은 파이썬 공식 홈페이지(https://www.python.org/)에서 무료로 배포합니다. 따라서 PC만 있다면 인터넷에서 쉽게 파이썬을 다운로드하여 설치할 수 있고, 설치된 파이썬을 이용해서 다양한 프로그램을 만들 수 있습니다. 자, 그럼 다음의 과정을 따라해 본격적으로 파이썬을 설치해 보세요.

▣ 파이썬 폴더 만들기

파이썬을 공부하기 위해 다음과 같은 경로에 폴더를 만듭니다. 이 책에서 설명하는 경로와 다른 폴더를 이용해도 되지만, 다음과 같은 경로를 이용하면 학습이 더욱 편리해집니다.

```
c:\python
```

C 드라이브 아래에 python 폴더를 만들고, python 폴더에 다음과 같이 두 개의 폴더를 추가로 만듭니다.

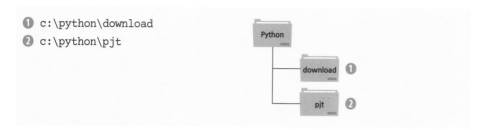

❶ c:\python\download
❷ c:\python\pjt

❶ **download 폴더** : 앞으로 다운로드하는 모든 파일을 저장하기 위한 폴더입니다. 예를 들어, 파이썬이나 예제 및 완성 파일 등을 저장합니다.
❷ **pjt 폴더** : pjt는 project의 약자로, 직접 코딩하는 프로젝트를 저장합니다.

▢ 파이썬 다운로드하기

01 파이썬을 다운로드하기 위해 공식 홈페이지(https://www.python.org/)에 접속합니다. 메뉴에서 'Downloads'를 클릭합니다.

파이썬 공식 홈페이지(https://www.python.org/) ▶

02 최신 버전의 파이썬을 다운로드할 수 있는 페이지로 이동됩니다. 다운로드 페이지에서는 윈도우 외에 맥, 리눅스 등 운영체제(OS)에 맞는 다양한 버전을 제공합니다. 노란색의 〈Download Python〉 버튼을 클릭합니다.

파이썬 다운로드 페이지 ▶

▶ 알아두기

대부분의 입문 개발자가 윈도우 운영체제를 이용하기 때문에 이 책에서는 윈도우를 기준으로 설명합니다. 윈도우 10은 퍼포먼스가 뛰어나며 안정화가 잘 이루어진 OS인 만큼 최근 가장 많이 이용하는 OS입니다.

03 팝업 창이 표시되면 〈저장〉 버튼을 클릭한 다음 다른 이름으로 저장을 실행합니다. 다른 이름으로 저장 대화상자가 표시되면 저장 위치를 지정하고 〈저장〉 버튼을 클릭하여 다운로드합니다. 파이썬 설치 파일은 용량이 약 24M 정도로 빠르게 다운로드됩니다.

c:\python\download

▲ 파이썬 다운로드 경로

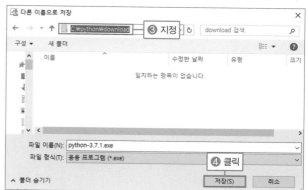

3 파이썬 설치하기

파이썬은 다운로드만큼 설치도 매우 쉽습니다. 몇 번의 클릭만으로 파이썬을 쉽고 빠르게 설치할 수 있습니다.

01 파이썬 설치 파일을 더블클릭해서 설치를 진행합니다.

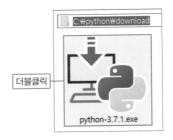

▲ 파일썬 설치 파일

02 파이썬 설치 경로는 기본으로 지정한 다음 'Install Now'를 클릭하여 설치합니다.

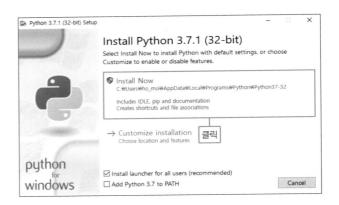

03 파이썬이 설치되기까지 약 3~5분 정도 기다립니다.

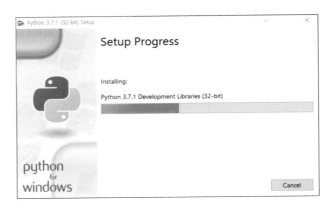

04 파이썬 설치가 완료되면 〈Close〉 버튼을 클릭합니다.

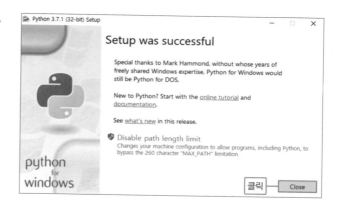

1-4 | 파이썬 개발 환경 설정하기

파이썬 언어를 이용해서 프로그래밍할 때는 코드 편집기라는 툴을 이용해야 합니다. 일반적으로 이러한 코드 편집기를 'IDLE(아이들)'이라고 부릅니다. IDLE (Intergrated Development Environment, 통합 개발 환경 툴)은 프로그램 개발에 필요한 모든 기능을 하나의 소프트웨어에서 처리하므로 파이썬 IDLE만 있으면 파이썬 프로그램을 개발할 수 있습니다.

파이썬은 두 종류의 IDLE이 있습니다. 하나는 파이썬 쉘(Shell)이고, 다른 하나는 코드 편집기(Code Editor)입니다. 파이썬 쉘 모드에서는 화면에 코딩하고 결과를 바로 알 수 있어서 주로 테스트와 같은 간단한 프로그램 등에 활용합니다.

1 파이썬 쉘(Shell)

파이썬 쉘은 파이썬 IDLE을 실행했을 때 나타나는 기본 툴입니다.

01 윈도우(Windows) 시작 버튼을 클릭한 다음 파이썬 IDLE에서 마우스 오른쪽 버튼을 클릭하고 자세히 → 작업 표시줄에 고정을 실행하여 작업 표시줄에 고정해서 사용하면 편리합니다.

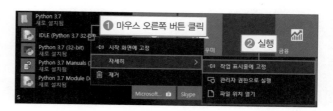

02 파이썬 IDLE을 실행하면 다음과 같은 시작 화면이 나타납니다. 파이썬 쉘 모드는 PC와 채팅하듯이 코딩하는 방식입니다.

▲ 파이썬 IDLE 실행 화면

03 'Hello'를 화면에 출력하려면 다음과 같이 'print("Hello")'를 코딩(입력)하고 [Enter]를 누릅니다.

▶ **알아두기 print( ) 함수란?**

함수는 어떤 기능을 수행하는 것이라고 생각하면 쉽습니다. 예를 들어, 계산기는 계산을 할 수 있고, 프린터는 출력을 할 수 있듯이 프로그래밍 언어에서도 특정 함수는 특정한 기능을 수행할 수 있습니다. 여기서 'print( )' 함수의 기능은 괄호 안의 내용을 화면에 출력하는 것입니다.

```
ex)
print("Hello Python") --> Hello Python
print("I like Python") --> I like Python
print("APPLE") --> APPLE
```

② 파이썬 코드 편집기(Code Editor)

01 파이썬 IDLE을 실행하고 메뉴에서 (File) → New File((Ctrl)+(N))을 실행하면 흰색의 또 다른 편집기가 나타나는데, 이것이 바로 파이썬 코드 편집기입니다.

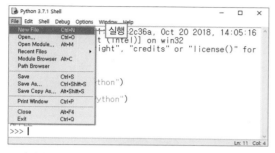

▲ 파이썬 IDLE 쉘

▲ 코드 편집기

02 코드 편집기는 쉘과 다르게 코딩한 데이터를 파일 단위로 저장한 후 사용할 수 있습니다. 쉘에서 'print("Hello")' 코드를 입력해 출력한 것처럼 코드 편집기를 이용해서도 출력해 봅니다.

다음과 같이 코드 편집기에 'print("Hello")'를 입력한 다음 (F5)를 누릅니다.

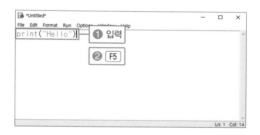

03 코드를 실행하기 전에 저장해야 한다는 Save Before Run or Check 대화상자가 표시되면 〈확인〉 버튼을 클릭합니다.

코드를 실행하기 전에 파일을 저장해야 한다. ▶

04 다른 이름으로 저장 대화상자가 표시되면 저장 위치를 앞서 지정한 'pythonＷpjt'로 지정하고 'chapter01' 폴더를 추가합니다. 파일 이름에 'ex01'을 입력한 다음 〈저장〉 버튼을 클릭해서 저장하세요.

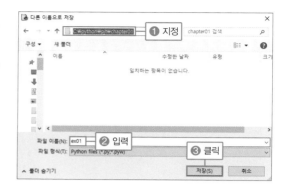

05 파일이 저장되면서 파이썬 파일이 자동으로 실행되고 다음과 같이 쉘에 결과가 출력됩니다.

▲ 코드 편집기에서 F5 를 눌러 쉘에서 실행된 화면

쉘에서 코딩 후 실행하는 방식과 코드 편집기에서 코딩 후 실행하는 방식의 차이를 느꼈나요? 결과가 똑같다고요? 맞습니다. 결과는 같지만 쉘과 코드 편집기의 차이는, 쉘에서는 즉석에서 바로 코딩하고 Enter 를 누르면 코드가 실행되는 반면, 코드 편집기에서는 파일을 저장한 다음 F5 를 눌러 코드를 실행해야 합니다. 물론 코드 편집기에서도 파일을 저장한 후에는 F5 만 누르면 쉘에서 바로 실행됩니다.

그렇다면 언제 쉘이나 코드 편집기를 이용해야 할까요? 쉘은 간단한 코드를 실행할 때(예, 테스트 코드 등) 사용하고, 코드 편집기는 프로젝트를 개발하는 등의 많은 코드를 실행할 때 사용합니다.

1-5 │ 명령 프롬프트 이용하기

코드 편집기를 이용하여 파이썬 IDLE에서 파일을 실행하는 방법 외에 명령 프롬 프트에서 실행하는 방법도 있습니다. 이 방법은 프로그램 입문 개발자가 주로 사용하는 방법은 아닌 만큼 어렵다고 느껴진다면 다음 챕터로 넘어간 후 프로그램 에 조금 친숙해진 다음 다시 봐도 좋습니다.

IDLE에서 파이썬 파일을 만든 후 F5를 누르면 쉘에서 실행된 것은 앞서 설치한 python.exe에 의해서 실행된 것입니다. 명령 프롬프트에서 파이썬 파일을 실행 하기 위해서는 IDLE 없이도 python.exe를 이용해서 실행할 수 있도록 컴퓨터의 패스(Path) 설정을 해야 합니다. 패스 설정은 복잡하지 않으므로 함께 해 봅니다.

01 ⊞+E를 눌러 파일 탐색기 창을 실행합니다. '내 PC'에서 마우스 오른쪽 버 튼을 클릭한 다음 속성을 실행합니다.

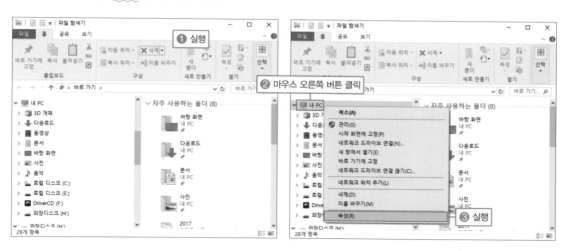

02 시스템 창이 실행되면 오른쪽의 '설정 변경'을 클릭해서 시스템 속성 창을
표시합니다.

03 [고급] 탭을 선택한 다음 〈환경 변수〉 버튼을 클릭해서 환경 변수 창을 표시
합니다.

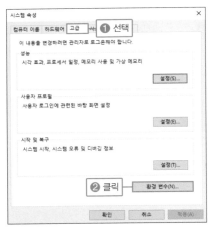
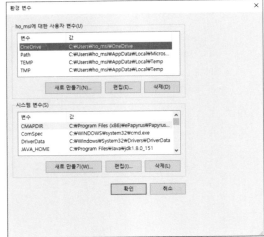

04 시스템 변수 항목에서 'Path'를 선택한 다음 〈편집〉 버튼을 클릭해서 환경 변수 편집 창을 실행합니다.

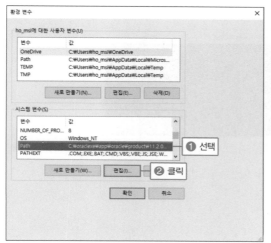 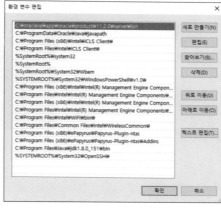

05 〈새로 만들기〉 버튼을 클릭해서 파이썬이 설치된 경로에 Scripts 경로를 입력한 다음 〈확인〉 버튼을 클릭하여 설정을 마무리합니다.

Scripts 경로 : C:\Users\ho_msi\AppData\Local\
                     Programs\Python\Python37-32

> ▶ 알아두기
> script 경로 중 ho_msi는 필자의 컴퓨터 이름으로 컴퓨터마다 다를 수 있습니다.

06 IDLE을 이용해 만든 'ex01.py' 파일을 명령 프롬프트 창에서 실행해 봅니다. ⊞+R을 눌러 실행 창을 실행한 다음 'cmd'를 입력하고 〈확인〉 버튼을 클릭하면 명령 프롬프트 창이 실행됩니다.

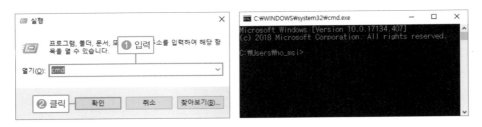

07 명령 프롬프트에서 'ex01.py' 파일이 저장되어 있는 경로로 이동하기 위해 다음과 같이 입력합니다.

```
> cd python\pjt\chapter01
```

08 'ex01.py'를 입력한 다음 Enter를 누르면 다음과 같이 파이썬 파일이 실행된 것을 확인할 수 있습니다.

▲ IDLE을 이용하지 않고 명령 프롬프트를 이용해서 파이썬 파일이 실행된 모습

어떤가요? 결과는 같지만 다소 번거롭기도 하고 명령 프롬프트 창이 조금은 낯설 거예요. 많은 프로그램 언어가 이런 번거로움과 불편한 점을 해결해서 개발자가 스트레스받지 않도록 IDLE이라는 툴을 제공하고 있습니다. 따라서 파이썬을 공부할 때 IDLE만 이용하면 충분합니다. 하지만 명령 프롬프트를 이용하는 방법도 알아 두면 좀 더 수준 높은 개발자가 될 수 있답니다.

지금까지 학습한 내용을 복습하는 시간으로 IDLE을 이용해서 쉘에 'Hello Python'을 출력해 봅니다.

01 파이썬 바로가기 아이콘을 더블클릭해서 파이썬 IDLE을 실행합니다. 메뉴에서 〔File〕 → New File(〔Ctrl〕+〔N〕)을 실행하여 새로운 코드 편집기를 만듭니다.

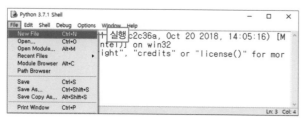

▲ 새로운 코드 편집기

02 코드 편집기에 다음의 내용을 코딩한 다음 〔F5〕를 눌러 파일을 저장하고 실행합니다. 이때 파일의 저장 경로는 'C:\python\pjt\chapter01\ex02.py'입니다.

▲ 실행 결과

```
print("Hello Python")
```

파이썬을 처음 만나서 파이썬의 역사 및 코딩하기 위한 몇 가지 설정을 해 봤는데요, 조금은 낯설고도 쉬운 느낌이 있었을 거예요. 만약 어렵게 느껴진 부분이 있다면 다시 한번 읽어 보세요. 앞으로 계속해서 이러한 작업을 하다 보면 어느새 파이썬이라는 프로그래밍 언어와 친숙해질 것입니다.

학습 정리

◼ 파이썬의 탄생 및 특징

파이썬은 1990년, 네덜란드의 귀도 반 로섬(Guido Van Rossum)에 의해서 탄생했으며, 이후 구글(Google)의 많은 서비스를 개발하기 위한 메인 언어로 채택되었습니다. 파이썬의 인기는 문법 구조가 쉬워 누구나 쉽게 접할 수 있으며 개발과 실행 속도가 빠르다는 것에 있습니다. 또한 인터넷에서 무료로 배포되는 풍부한 라이브러리 덕분에 개발자는 어려운 프로그램도 쉽게 개발할 수 있어요. 예를 들어, 인터넷을 이용한 웹 서비스 프로그램을 개발할 때 어려운 인터넷 기술에 대해서 몰라도 누군가 이미 만들어 놓은 인터넷 관련 라이브러리를 이용해서 쉽게 개발할 수 있습니다.

◼ 파이썬 다운로드 및 설치

파이썬 공식 홈페이지(https://www.python.org/)에서 자신의 컴퓨터 OS 버전에 맞는 파이썬을 다운로드(Downloads\Download Python 3.7.x)한 다음 'python-3.7.x.exe' 파일을 실행해서 설치합니다.

◼ IDLE을 이용한 코딩 및 실행

파이썬 IDLE(아이들)에는 쉘(Shell) 모드와 코드 편집기(Code Editor)가 있습니다.

❶ **쉘 모드** : 코딩 결과를 바로 확인할 수 있는 툴(Tool)로, 주로 테스트와 같은 간단한 프로그램 등에 활용합니다. 프로그램을 실행하려면 Enter 를 누릅니다.

❷ **코드 편집기** : 코딩 내용을 파일로 저장할 수 있는 툴로, 저장된 파일은 언제든지 오픈(Open)해서 실행할 수 있습니다. 일반적인 프로그램 개발은 대부분 코드 편집기를 이용하며, 프로그램을 실행하려면 F5 를 누릅니다.

1 파이썬 공식 사이트에 접속해 보세요.

▲ URL : https://www.python.org/

2 파이썬에서 코딩하고 실행하기 위한 두 가지 방법을 생각해 보세요.

• 쉘 모드와 코드 편집기를 이용한 코딩 및 실행

3 쉘 모드를 이용해서 'Hello Python'을 출력해 보세요.

쉘 모드

```
>>> print('Hello Python')
Hello Python
```

4 코드 편집기를 이용해서 'Hello Python'을 출력해 보세요.

코드 편집기

```
print('Hello Python')
```

쉘 모드

```
Hello Python
```

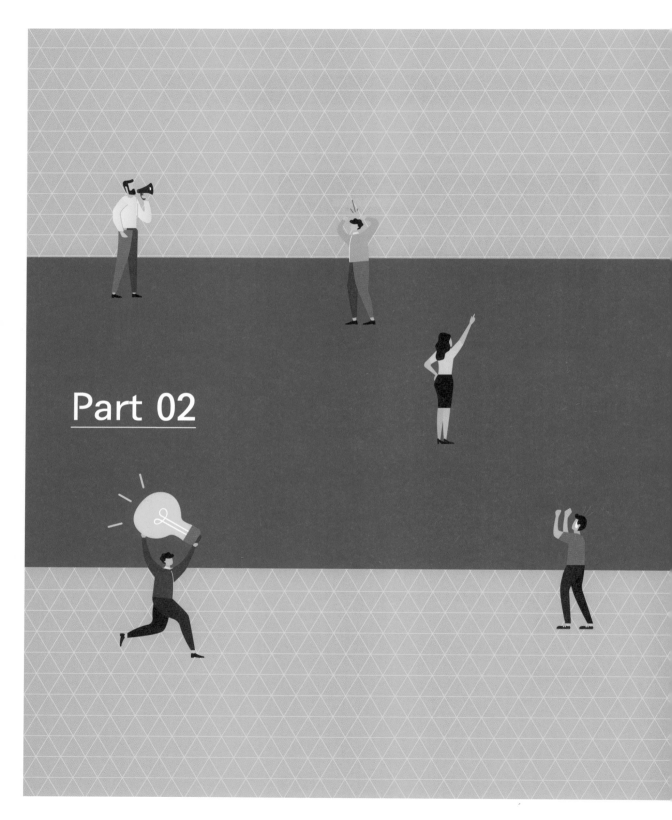

Part 02

파이썬 프로그래밍의
기본 문법 배우기

기억력 테스트 게임 만들기

● **컴퓨터가 숫자, 문자 등의 데이터를 기억하는 방법에 대해서 이해합니다.**

컴퓨터가 숫자, 문자, 문자열 등과 같은 데이터를 저장하는 방법에 대해서 살펴봅니다. 모든 프로그래밍 언어는 데이터를 효율적으로 관리하고 정확하게 처리하기 위한 다양한 방법이 있는데요, 수많은 방법 중에서 변수를 이용한 데이터 관리는 데이터를 효율적으로 다루기 위한 기초입니다.

● **무작위로 난수를 만드는 방법에 관해 알아봅니다.**

컴퓨터 프로그래밍을 하다 보면 무작위로 만들어지는 숫자가 필요할 수 있습니다. 예를 들어, 로또 게임을 만든다고 하면 실시간으로 7개의 서로 다른 숫자가 필요합니다. 이렇게 무작위 숫자가 필요할 때 파이썬에서는 Random(랜덤) 모듈을 이용해서 쉽게 난수를 만들 수 있습니다.

> ▶ 알아두기 **난수란?**
> 정해진 규칙 없이 무작위(불규칙)로 생성되는 수입니다. 프로그래밍 언어에서는 주로 난수의 범위를 설정해서 난수를 구합니다.
> ex) '0'부터 '100' 사이의 난수 생성 → 91

● 변수의 의미를 살펴보고, 프로그램에서 변수가 어떻게 사용되는지 학습합니다.

'기억력 테스트' 게임 실행 미리 보기

데이터와 메모리 이해하기

변수에 관한 구문 살펴보기

난수를 이용하여 '기억력 테스트' 게임 만들기

▶ 알아두기   Notepad++

파이썬 IDLE은 파이썬 언어를 이용해서 프로그램을 개발하기 위해 만들어진 툴이지만, 일반적으로 사용하는 다른 코드 편집기보다 다소 기능이 떨어져서 개발자의 스트레스를 증가시킬 수 있어 이 점을 보완하고자 많은 개발자가 파이썬 IDLE보다 좀 더 편리한 편집기를 사용합니다. IDLE보다 좀 더 편리한 편집기로는 'Notepad++'가 있습니다. Notepad++는 무료로 제공되며 공식 홈페이지(https://notepad-plus-plus.org/) 또는 포털 사이트(네이버, 다음 등)에서도 검색을 통해 쉽게 다운로드할 수 있는 프로그램입니다. 이 책의 뒤쪽 부록에서 Notepad++ 설치와 사용 방법을 소개하므로 참고해서 설치하기 바라며, 이후에 설명하는 예제는 Notepad++를 이용해서 코딩하고 실행하겠습니다.

2-1 프로그래밍 미리 보기

1 코드 미리 보기

Notepad++를 실행한 다음 chapter02 폴더의 'ex01.py' 파일을 불러옵니다.

★ 예제 파일) python\pjt\chapter02\ex01.py

```python
01.  import random
02.
03.  # 무작위 난수 생성
04.  ranNum = random.sample(range(1, 100), 1)
05.  print("난수 : ", ranNum)
06.
07.  # 난수 testNum 변수에 저장
08.  testNum = ranNum[0]
09.
10.  # 기억력 테스트 게임 시작
11.  print("당신의 기억력을 테스트합니다.")
12.  print("준비되셨습니까? ")
13.  print("1. yes / 2. no")
14.
15.  inputNum = int(input( ))
16.  type(inputNum)
17.
18.  if inputNum == 1:
19.      # 난수를 가리기 위해 공백 문자는 20번 출력
20.      for i in range(20):
21.          print( )
22.
```

```
23.        print("난수는?")
24.        myNum = int(input())
25.
26.        # 사용자 입력 수와 난수 비교
27.        if myNum == testNum:
28.            print("빙고~ 훌륭합니다.")
29.        else:
30.            print("아쉽습니다.")
31.
32.  else:
33.        print("게임을 종료합니다.")
```

2 게임 순서 알아보기

컴퓨터가 무작위로 하나의 난수를 만들면 이 숫자를 기억했다가 맞추는 게임입니다.

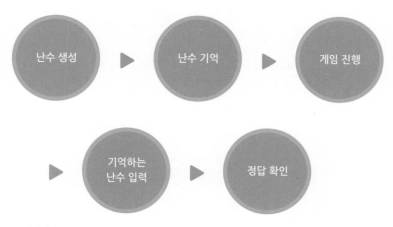

▲ 전체적인 게임 흐름도

❸ 프로그램 실행하기

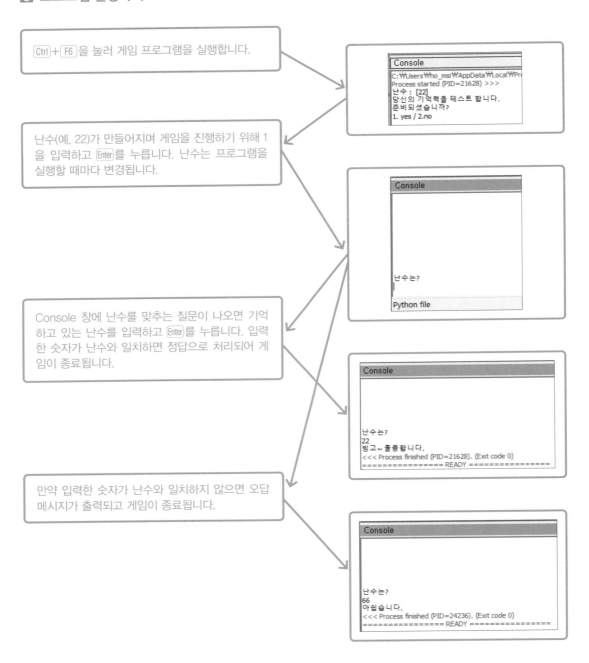

Ctrl + F6 을 눌러 게임 프로그램을 실행합니다.

```
Console
C:\Users\ho_msi\AppData\Local\Pr
Process started (PID=21628) >>>
난수 : [22]
당신의 기억력을 테스트 합니다.
준비 되셨습니까?
1. yes / 2.no
```

난수(예, 22)가 만들어지며 게임을 진행하기 위해 1을 입력하고 Enter를 누릅니다. 난수는 프로그램을 실행할 때마다 변경됩니다.

```
Console



난수는?
|

Python file
```

Console 창에 난수를 맞추는 질문이 나오면 기억하고 있는 난수를 입력하고 Enter를 누릅니다. 입력한 숫자가 난수와 일치하면 정답으로 처리되어 게임이 종료됩니다.

```
Console


난수는?
22
빙고~ 훌륭합니다.
<<< Process finished (PID=21628). (Exit code 0)
================ READY ================
```

만약 입력한 숫자가 난수와 일치하지 않으면 오답 메시지가 출력되고 게임이 종료됩니다.

```
Console


난수는?
66
아쉽습니다.
<<< Process finished (PID=24236). (Exit code 0)
================ READY ================
```

1 데이터와 메모리

컴퓨터와 관련된 일을 하다 보면 데이터, 메모리에 관한 이야기를 많이 합니다. 그만큼 컴퓨터에서 데이터와 메모리가 중요하다는 것이므로 데이터와 메모리에 대해서 자세히 살펴보겠습니다.

컴퓨터의 모든 자료를 '데이터'라고 하며 숫자, 문자, 문자열, 이미지, 음원 등이 데이터에 속합니다.

| 숫자 | 문자 | 문자열 | 음원 | 이미지 |

▲ 데이터의 종류

데이터는 임시로 저장해서 사용할 수 있고, 영구적으로 저장해서 사용할 수도 있습니다. 임시로 저장된 데이터는 일정 시점에 소멸되며, 영구적으로 저장된 데이터는 수동으로 데이터를 삭제하지 않는 한 영원히 존재합니다. 여기서 데이터를 임시로 저장하는 대표적인 도구가 '메모리(Ram)'이고, 영구적으로 저장하는 대표적인 도구가 '데이터베이스(DB; Database)'입니다.

▲ 데이터를 저장하는 메모리   ▲ 데이터베이스

메모리와 데이터베이스 중에서 메모리 구조에 관해 자세히 살펴보겠습니다. 메모리는 아파트와 비슷한 구조로 이루어지는데요, 다음과 같이 조그마한 방들의 집합체라고 생각하면 쉽습니다.

1								123
	a							
			h	e	l	l	o	

▲ 컴퓨터의 메모리 구조

이렇게 나누어진 방에 우리가 사용하는 데이터를 임시로 저장하고 필요에 따라서 데이터를 변경하거나 삭제할 수 있습니다. 그러면 어떻게 데이터를 메모리에 저장하고 사용할까요? 그 내용이 이번 챕터의 핵심이고 〈2. 변수란?〉에서 자세히 살펴봅니다. 만약 내가 사용하는 컴퓨터에 매우 큰 메모리가 장착되어 있다면 위의 그림에서 방의 개수가 많다는 것이고, 이것은 더 큰 데이터를 저장할 수 있다는 것입니다. 참고로 파이썬에서는 메모리 크기만 허용한다면 정수를 무한대로 저장할 수 있지만, 그렇다고 지금 당장 컴퓨터 메모리를 큰 용량으로 업그레이드할 필요는 없습니다. 그 이유는 우리가 일반적으로 사용하는 컴퓨터의 메모리 크기(용량)는 4G 이상으로 이 정도만 되어도 상상할 수 없을 만큼의 큰 정수를 저장할 수 있기 때문입니다.

2 변수란?

메모리는 데이터의 저장소와도 같습니다. 그렇다면 데이터를 어떻게 메모리에 저장하고 필요할 때 다시 꺼내어 사용할까요? 메모리는 많은 방으로 구성되며 그 방에 데이터가 저장되어 있고, 메모리의 모든 방에는 각각의 주소가 존재합니다. 마치 아파트의 '동/호수'처럼요. 이러한 메모리 주소를 이용하여 저장된 데이터를 꺼내서 사용하거나 저장된 데이터를 수정 및 삭제할 수도 있습니다.

1 주소:01	주소:02	주소:03	주소:04	주소:05	주소:06	주소:07	주소:08	주소:09
주소:10	a 주소:11	주소:12	주소:13	주소:14	주소:15	주소:16	주소:17	주소:18

▲ 메모리의 모든 방에는 각각의 주소가 있다.

메모리에 데이터를 저장해서 사용하는 것은 좋지만, 메모리에 저장된 데이터가 많아지면 개발자 입장에서는 어떤 주소에 어떤 데이터가 있는지 구분하기 어려워집니다. 숫자로 된 메모리 주소만 보고는 해당 주소에 어떤 데이터가 저장되어 있는지 쉽게 알 수 없지요.

개발자가 쉽게 메모리에 저장된 데이터를 구분하기 위해서는 '변수'를 이용합니다. 변수는 메모리 주소를 대체하는 닉네임이라고 생각할 수 있습니다. 즉, 숫자로 정의되는 메모리 주소에 변수라는 닉네임을 부여해서 변수만 보고도 어떤 데이터인지 쉽게 인식할 수 있습니다. 예를 들어, '주소:10'에 숫자 '1,000'이 저장되어 있고, 이 데이터가 프로그램에서 자산으로 활용된다고 할 때 '주소:10'보다 'myMoney'라고 하는 것이 더욱 편리합니다.

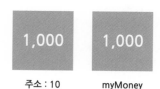

주소 : 10   **myMoney**

▲ 숫자로 된 주소(왼쪽)를 이용하기보다는 닉네임(오른쪽)을 이용하면 데이터를 구분하는 가독성이 높아진다.

이처럼 변수는 메모리 주소를 대신하는 역할을 합니다. 메모리에 데이터가 저장되어 있고, 여기에는 주소가 있으며, 이 주소를 변수가 대신하므로 결국 변수는 '데이터를 담는 저장소'라고 할 수 있습니다.

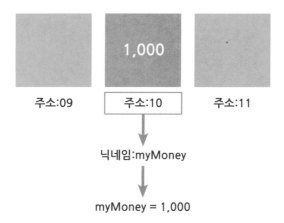

주소:09   주소:10   주소:11

닉네임:myMoney

myMoney = 1,000

▲ 1,000이 메모리의 주소:10에 저장되어 있고 myMoney는 주소:10의 닉네임이기 때문에
myMoney에 1,000이 저장되어 있다고 한다.

3 변수 선언 및 초기화

프로그램에서 변수를 선언하고 사용하는 방법에 관해 살펴보도록 합니다.

● 예제 파일 python\pjt\chapter02\ex02.py

모든 프로그램 언어에는 '변수'가 있습니다. 파이썬에도 다른 언어와 마찬가지로 변수가 존재하며, 파이썬의 변수는 다른 언어의 변수와 비교했을 때 훨씬 쉽게 사용할 수 있습니다.

변수를 사용하기 위해서는 먼저 변수의 선언과 초기화 단계를 이해해야 합니다. 변수 선언은 메모리에서 데이터가 들어갈 크기를 정하고 닉네임을 부여하는 단계입니다.

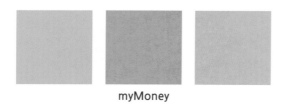

myMoney

▲ 변수 선언은 데이터가 들어갈 크기와 닉네임을 정한다.

변수 선언 단계에서는 메모리의 크기와 닉네임만을 정한다고 했습니다. 컴퓨터는 어떤 데이터가 저장될지 모르는데 데이터 크기를 어떻게 알고 데이터가 저장되는 메모리의 크기를 정할 수 있을까요? 다른 프로그래밍 언어에서는 변수 선언 단계에서 저장되는 데이터의 종류에 따라 메모리 크기를 정해야 합니다. 즉, 저장되는 데이터가 문자, 문자열, 정수, 실수인지에 따라서 메모리 크기가 정해지며, 한번 정해진 메모리 크기를 변경하려면 조금은 까다로운 별도의 과정을 거쳐야 합니다.

파이썬은 쉬운 문법 구조로 이루어져 프로그래밍 입문자도 쉽게 접할 수 있습니다. 즉, 파이썬에서 변수를 선언하여 메모리 크기를 정하는 것은 언제든지 변경할 수 있는 메모리 크기를 정하는 것과 같습니다. 따라서 개발자는 일단 변수를 선언한 다음 문자, 문자열, 정수, 실수 등의 데이터를 마음대로 저장하면 됩니다. 결국 변수를 선언할 때 개발자는 변수명을 무엇으로 할지만 고민하고, 향후 어떤 데이터가 들어갈지에 대해서는 고민하지 않아도 됩니다.

변수를 선언한 후 데이터를 저장하는 단계를 초기화 단계라고 하며, 저장 데이터는 언제든지 변경할 수 있습니다. 예를 들어, 변수에 최초 정수 1,000을 저장했다가 나중에 데이터를 100,000으로 변경할 수 있고, 심지어 문자열인 'Hello Python'으로 데이터를 변경해서 저장할 수도 있습니다. 코드에서 변수의 선언과 초기화는 다음과 같이 진행합니다.

myMoney = 1000
선언　　　　　초기화

▲ 변수의 선언 및 초기화

변수는 개발자가 필요할 때마다 언제든지 선언과 초기화를 통해서 만들 수 있습니다. 이렇게 변수를 만들면 컴퓨터는 자동으로 메모리의 일정한 공간(주소)에 1,000이라는 데이터를 저장합니다. 그리고 데이터가 필요한 곳에서 변수명(myMoney)을 호출하여 사용할 수 있습니다. 다음은 변수 호출 및 데이터 변경을 나타냅니다.

▲ 변수 호출 및 데이터 변경

필요에 따라서 데이터를 변경하면 메모리에 저장된 기존 데이터는 삭제되고 새로운 데이터가 저장됩니다. 이처럼 데이터가 수시로 변해서 '변수(변하는 수)'입니다. 그럼 간단하게 다음과 같이 부모님의 용돈 변수를 만들고 출력해 봅니다.

▲ papaMoney, momMoney 변수의 선언 및 초기화

4 변수를 이용해 숫자 다루기

변수에는 모든 데이터를 저장할 수 있다고 했는데요, 이번에는 변수에 저장된 숫자가 어떻게 사용되는지 살펴보겠습니다. 일반적으로 숫자는 정수, 실수를 뜻하고, 변수에는 정수, 실수 모두 저장할 수 있습니다. 다음의 코드를 보면서 이해해 봅니다.

> 코드

● 예제 파일   python\pjt\chapter02\ex03.py

```python
01. # 변수에 정수를 저장합니다.
02. myNum = 10
03. print("myNum: ", myNum)
04. myNum = 20
05. print("myNum: ", myNum)
```

```
myNum: 10
myNum: 20
```

변수는 연산도 가능합니다. 다음의 코드에서는 변수 2개를 만들고 이들을 이용해
사칙 연산을 하고 있습니다.

코드 　　　　　　　　　　　　　　　◎ 예제 파일　python\pjt\chapter02\ex03.py

```
07. # 변수를 이용한 사칙 연산을 합니다.
08. firstNum = 100
09. secondNum = 200
10. print("firstNum + secondNum: ", firstNum + secondNum)
11. print("firstNum - secondNum: ", firstNum - secondNum)
12. print("firstNum * secondNum: ", firstNum * secondNum)
13. print("firstNum / secondNum: ", firstNum / secondNum)
```

실행 결과

```
firstNum + secondNum: 300
firstNum - secondNum: -100
firstNum * secondNum: 20000
firstNum / secondNum: 0.5
```

이번에는 변수에 실수를 저장하고 사칙 연산을 하겠습니다.

코드 　　　　　　　　　　　　　　　◎ 예제 파일　python\pjt\chapter02\ex03.py

```
15. # 변수에 실수를 저장하고 사칙 연산을 합니다.
16. ratNum = 0.1
17. print("ratNum + 0.5: ", ratNum + 0.5)
18. print("ratNum - 0.5: ", ratNum - 0.5)
19. print("ratNum * 0.5: ", ratNum * 0.5)
20. print("ratNum / 0.5: ", ratNum / 0.5)
```

```
ratNum + 0.5: 0.6
ratNum - 0.5: -0.4
ratNum * 0.5: 0.05
ratNum / 0.5: 0.2
```

5 변수를 이용한 문자 및 문자열 다루기

변수에 문자를 저장하고 사용해 봅니다. 변수에 문자 또는 문자열을 저장하는 방법은 숫자를 저장하는 방법과 거의 비슷합니다. 단지 저장되는 데이터가 문자 또는 문자열임을 명확히 하기 위해서 따옴표를 이용합니다. 다음의 코드를 살펴보세요.

코드 ○ 예제 파일 python\pjt\chapter02\ex03.py

```
22. # 변수에 문자를 저장합니다.
23. char1 = 'h'
24. char2 = 'e'
25. char3 = 'l'
26. char4 = 'o'
27. print("char1: ", char1)
28. print("char2: ", char2)
29. print("char3: ", char3)
30. print("char4: ", char4)
31. print(char1, char2, char3, char3, char4)
```

실행 결과

```
char1: h
char2: e
char3: l
char4: o
hello
```

다음으로 문자열도 변수에 저장해 보세요.

코드

```
33. # 변수에 문자열을 저장합니다.
34. str1 = "hello"
35. str2 = " "
36. str3 = "Python"
37. print("str1:", str1)
38. print("str2:", str2)
39. print("str3:", str3)
40. print(str1, str2, str3)
```

실행 결과

```
str1:hello
str2:
str3:Python
hello Python
```

파이썬에서 변수로 저장하고 싶은 데이터가 있다면 '할당 연산자(=)'를 이용해서 쉽게 저장하고 사용할 수 있습니다. 다른 프로그램 언어에도 변수가 있지만, 데이터를 저장할 때 파이썬보다 코드가 많으므로 파이썬은 프로그래밍 언어에 입문하는 개발자의 부담을 덜어줍니다.

▶ 알아두기

변수에 문자 또는 문자열을 저장할 때 문자는 작은 따옴표(' '), 문자열은 큰 따옴표(" ")로 묶습니다. 다른 언어에서는 대부분 반드시 문자 데이터는 작은 따옴표를 사용하고, 문자열 데이터는 큰 따옴표를 사용해야 하지만 파이썬에서는 문자, 문자열 모두 작은 따옴표와 큰 따옴표 중 아무거나 사용해도 상관없습니다.

6 주석

모든 프로그램 언어에는 주석이 있습니다. 주석은 컴퓨터 몰래 개발자들끼리 속삭이는 대화라고 생각할 수 있습니다. 코딩을 하고 실행하면 파이썬 내부의 인터프리터가 코드를 해석해 실행 결과를 출력하는데요. 코드 중에서 주석 부분은 인터프리터가 해석하지 않고 건너뜁니다. 즉, 실행하지 않는 코드인 셈이지요. 다음의 코드 중 '#'이 붙은 부분이 바로 주석으로, 프로그램을 실행(Ctrl+F6)해도 주석 행은 실행되지 않습니다.

코드

```
42. # 주석은 실행되지 않습니다.
43. var1 = 100
44. var2 = 200
45. print("var1 + var2: ", var1 + var2)
46. #print("var1 * var2: ", var1 * var2)
```

실행 결과

```
var1 + var2: 300
```

왜 프로그램에서는 실행되지도 않는 코드를 사용할까요? 주석은 실행하기 위한 목적이 아니라 메모하기 위한 용도라고 생각하면 됩니다. 프로그래밍을 하다 보면 직접 코딩한 코드도 며칠이 지나고 나서 다시 보면 이해하지 못하는 경우가 있습니다. 또한 다른 사람이 코딩한 코드는 이해하기 쉽지 않지요. 이렇게 다음에 작업하거나 다른 사람에게 직접 코딩한 코드를 전달해야 할 때 주석을 이용해서 코드에 관한 설명 등을 남겨두면, 나중에라도 코드를 이해하는 데 많은 도움이 됩니다. 프로그램 언어마다 주석을 나타내는 방법에 차이가 있으며, 파이썬에서는 '#'을 이용해서 주석을 나타냅니다.

01 새 파일 만들고 Random 모듈 불러오기

Notepad++에서 Ctrl+N을 눌러 새로운 파일을 만들고 난수를 만들기 위한
Random 모듈을 불러옵니다. 파이썬에는 이미 검증된 많은 모듈이 있습니다. 난
수를 만들기 위해 고민하지 않아도 Random 모듈을 사용하면 됩니다.

```
01. import random
```

02 Ctrl+S를 눌러 파일을 저장합니다.
C:\python\pjt\chapter02 폴더에 'example.
py' 파일로 저장합니다.

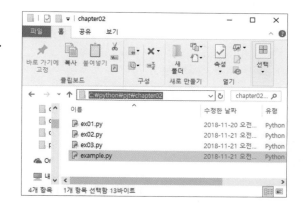

03 난수 발생과 변수 선언 및 초기화하기

Random 모듈을 불러왔기 때문에 난수를 발생할 수 있습니다. 난수를 발생하는
함수는 random.sample() 함수입니다.

```
02.
03. # 무작위 난수 생성
04. ranNum = random.sample(range(1, 100), 1)
```
> # random.sample() 함수를 이용해서 난수를 발생하고, 발생된 난수를 ranNum 변수에 담는다.
> sample() 함수 안의 range(1, 100)는 1부터 100 사이(1 이상 100 미만)의 난수 발생을 뜻하며, 1은 난수
> 1개를 발생한다는 의미이다.

```
05. print("난수 : ", ranNum)
```
> # 발생된 난수를 출력한다.

```
06.
07.  # 난수를 testNum 변수에 저장
08.  testNum = ranNum[0]
```

random.sample( ) 함수를 이용해서 발생한 난수는 list(리스트)로 나타난다. 리스트는 배열과 비슷하며, 난수 하나를 얻기 위해서는 list의 첫 번째 인자에 해당하는 데이터를 가져와야 한다. 첫 번째 인자를 가져오기 위해서 ranNum[0]을 사용했고 이렇게 가져온 난수 하나를 testNum이라는 변수에 담았다.

04 정답 맞추기

난수를 발생했으니 사용자가 문제를 맞히도록 유도하기 위해 다음의 코드를 입력합니다.

```
09.
10.  # 기억력 테스트 게임 시작
11.  print("당신의 기억력을 테스트합니다.")
12.  print("준비되셨습니까?")
13.  print("1. yes / 2. no")
14.
15.  inputNum = int(input( ))
```

사용자로부터 숫자를 입력받아 게임을 시작할지 또는 종료할지 물어본다.

```
16.  type(inputNum)
17.
18.  if inputNum == 1:
```

사용자가 입력한 숫자가 1이면 게임이 진행된다.

```
19.      # 난수를 가리기 위해 공백 문자를 20번 출력
20.      for i in range(20):
21.          print( )
22.
23.      print("난수는?")
```

사용자한테 위에서 발생한 난수를 물어본다.

```
24.      myNum = int(input( ))
```

사용자가 입력한 숫자를 myNum 변수에 담는다.

```
25.
26.     # 사용자가 입력한 수와 난수 비교
27.     if myNum == testNum:
28.         print("빙고~ 훌륭합니다.")
            # 사용자가 입력한 숫자(myNum)와 위에서 발생한 난수(testNum)가 일치하면 '빙고~ 훌륭
            합니다.'"를 출력한다.
29.     else:
30.         print("아쉽습니다.")
            # 사용자가 입력한 숫자(myNum)와 위에서 발생한 난수(testNum)가 일치하지 않으면 '아쉽
            습니다.'를 출력한다.
31.
32. else:
33.     print("게임을 종료합니다.")
        # 사용자가 입력한 숫자가 20이면 게임이 종료된다.
```

게임 시작	난수 발생	난수 맞추기
Console C:\Users\ho_msi\AppData\Local\Pro Process started (PID=12052) >>> 난수 : [80] 당신의 기억력을 테스트 합니다. 준비 되셨습니까? 1. yes / 2.no	Console 난수는?	Console 난수는? 80 빙고~ 훌륭합니다. <<< Process finished (PID=12052). (================ READY ==

▲ 전체적인 게임의 흐름

어떤가요? 비교적 간단한 예제이지만 좀 어려웠다면 당연한 결과입니다. 우리는
아직 파이썬의 많은 기능 중에서 극히 일부만 배웠을 뿐이고, 위의 예제에서 사용
하는 if 문, for 문 등은 아직 학습하지 않았습니다. 단지 변수가 무엇인가와 변수
를 사용하는 방법에 대해서만 배웠을 뿐이기 때문에 위의 예제를 혼자서 코딩하
기란 절대로 쉽지 않습니다. 따라서 예제 파일을 열어서 코드를 천천히 눈으로 읽
어 본 후 예제 파일과 똑같이 코딩하면 됩니다.

학습 정리

1 **데이터와 메모리의 관계**

데이터는 메모리에 저장되어 필요할 때마다 언제든지 호출해서 사용할 수 있어요. 메모리에 저장되는 데이터의 종류는 정수, 실수, 문자, 문자열 등 다양하며, 저장된 데이터는 언제든지 변경할 수 있습니다.

2 **변수란?**

메모리에 저장된 데이터는 메모리 주소에 의해 관리됩니다. 개발자가 메모리 주소를 가지고 프로그래밍하기에는 가독성이 떨어지는 등의 많은 어려움이 있어 메모리 주소를 대신하는 닉네임을 부여하는데요. 이 닉네임을 '변수'라 하며, 일반적으로 변수에 데이터가 저장되어 있다고 합니다.

3 **변수의 선언과 초기화**

데이터가 메모리에 저장될 때 메모리의 크기와 메모리 주소를 대신하는 닉네임을 정하는 단계를 변수 선언 단계라고 합니다. 그리고 메모리에 데이터가 처음 저장되는 단계를 변수 초기화 단계라고 하지요. 변수의 선언과 초기화는 다음과 같이 할당 연산자를 이용합니다.

myData = 100000

4 **난수란?**

무작위로 생성되는 숫자를 '난수'라고 합니다. 파이썬에서는 난수를 생성하는 Random 모듈을 제공하여 불러와서 바로 사용할 수 있습니다.

1 숫자가 저장된 변수 2개를 만들고 각각의 변수를 이용해서 사칙 연산을 실행해 보자.

코드　　　　　　　　　　　　● 예제 파일　python\pjt\chapter02\exercise01.py

```python
01.  import random
02.
03.  # 무작위 난수 생성
04.  ranNum = random.sample(range(1, 100), 2)
05.  print("난수 : ", ranNum)
06.
07.  num1 = ranNum[0]
08.  num2 = ranNum[1]
09.
10.  print('num1 : ', num1)
11.  print('num2 : ', num2)
12.
13.  print('num1 + num2 = ', (num1 + num2))
14.  print('num1 - num2 = ', (num1 - num2))
15.  print('num1 * num2 = ', (num1 * num2))
16.  print('num1 / num2 = ', (num1 / num2))
```

실행 결과

```
난수 : [36, 50]
num1 : 36
num2 : 50
num1 + num2 = 86
num1 - num2 = -14
num1 * num2 = 1800
num1 / num2 = 0.72
```

데이터 타입 맞추기

학습 목표

● **데이터를 다룰 때 정수, 문자 등으로 구분하는 방법에 대해서 살펴봅니다.**

사람들은 숫자, 문자 등의 데이터를 특별히 구분하지 않지만, 컴퓨터는 데이터가 숫자인지, 아니면 문자인지를 꼭 따져서 메모리에 저장합니다. 다시 말해서 컴퓨터는 데이터 타입을 구분해 메모리에 저장하고 관리합니다. 이번 챕터에서는 컴퓨터 내부에서 데이터를 어떻게 구분하며, 메모리에 저장된 데이터 타입은 어떻게 구분할 수 있는지에 관해 알아봅니다.

● **데이터 타입을 변환해 봅니다.**

사람의 성격이 변하는 것처럼 컴퓨터 메모리에 저장된 데이터도 타입을 변경할 수 있습니다. 예를 들어, 숫자를 문자로 또는 문자를 숫자로 변경할 수 있어요. 파이썬에서는 데이터 타입 변환에 관해 매우 쉬운 방법을 제공합니다. 자! 그럼 이제 데이터 타입에 대해서 본격적으로 살펴보겠습니다.

● 다양한 데이터 타입을 살펴보고, 데이터 타입 변환에 대해서도 살펴봅니다.

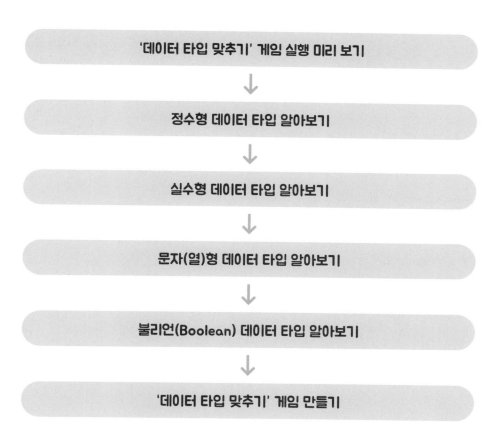

'데이터 타입 맞추기' 게임 실행 미리 보기

↓

정수형 데이터 타입 알아보기

↓

실수형 데이터 타입 알아보기

↓

문자(열)형 데이터 타입 알아보기

↓

불리언(Boolean) 데이터 타입 알아보기

↓

'데이터 타입 맞추기' 게임 만들기

1 코드 미리 보기

Notepad++에서 chapter03 폴더의 'ex01.py' 파일을 불러옵니다.

★ 예제 파일 python\pjt\chapter03\ex01.py

```python
01. import random
02.
03. varList = [3, 'a', 'hello', 3.14, -12]
04.
05. # 무작위 난수 생성
06. ranNum = random.sample(range(0, len(varList)), 1)
07.
08. # 난수를 이용해서 varList의 아이템 추출
09. print("아래 데이터의 타입은?")
10. print(varList[ranNum[0]])
11.
12. input()
13. print("== 정답 ==")
14. print(type(varList[ranNum[0]]))
```

2 게임 순서 알아보기

5개의 데이터를 미리 준비해 두고, 컴퓨터가 무작위로 데이터 하나를 뽑아서 화면에 출력하면 데이터의 타입을 맞추는 게임입니다.

▲ 전체적인 게임 흐름도

③ 프로그래밍 실행하기

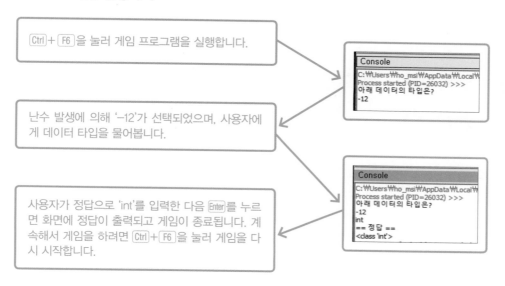

Ctrl + F6 을 눌러 게임 프로그램을 실행합니다.

Console
C:\Users\ho_msi\AppData\Local\
Process started (PID=26032) >>>
아래 데이터의 타입은?
-12

난수 발생에 의해 '-12'가 선택되었으며, 사용자에게 데이터 타입을 물어봅니다.

Console
C:\Users\ho_msi\AppData\Local\
Process started (PID=26032) >>>
아래 데이터의 타입은?
-12
int
== 정답 ==
<class 'int'>

사용자가 정답으로 'int'를 입력한 다음 Enter 를 누르면 화면에 정답이 출력되고 게임이 종료됩니다. 계속해서 게임을 하려면 Ctrl + F6 을 눌러 게임을 다시 시작합니다.

3-2 | 문법 구문의 이해

① 정수의 데이터 타입

우리는 일상생활에서 수없이 많은 숫자를 사용합니다. 아침에 일어나서 시계를 볼 때, 체중계를 이용할 때, 버스를 기다릴 때 등 다양한 상황에서 숫자를 아주 유용하게 사용하고 있습니다. 우리의 업무를 대신할 수 있는 컴퓨터도 엄청난 수를 이용하는데요, 컴퓨터는 숫자로 이루어진 거대한 생명체라고 할 정도로 엄청난 숫자를 저장할 수 있으며 빠르게 연산할 수도 있습니다. 이렇게 많은 숫자가 컴퓨터에서 사용됩니다. 컴퓨터 입장에서는 숫자의 종류를 따져서 저장하고 관리합니다. 숫자는 크게 정수와 실수로 나누어 볼 수 있는데요, 우선 컴퓨터가 정수를 어떻게 다루는지 살펴보고 다음으로 실수에 대해서 살펴보겠습니다.

숫자는 크게 정수와 실수로 나눌 수 있습니다. 먼저 컴퓨터가 정수를 어떻게 다루는지 살펴보고, 실수에 대해서도 살펴보겠습니다. 정수는 음수, 0, 양수로 구분할 수 있고, 파이썬에서는 음수, 0, 양수를 모두 'int'라는 데이터 타입으로 정의합니다. 즉, 파이썬에서 정수의 데이터 타입(줄여서 정수형)은 음수, 0, 양수를 모두 가리키는 말입니다.

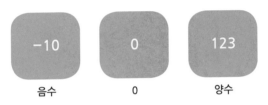

▲ 정수는 음수, 0, 양수로 구분

다음은 숫자 123의 데이터 타입을 type( ) 함수를 이용해서 출력하고 있습니다.

코드
● 예제 파일   python\pjt\chapter03\ex02.py

```
01.  print(type(123))
     # 정수 123의 데이터 타입을 type( ) 함수를 이용해서 출력한다.

02.

03.  print('----------------')

04.

05.  iNum = 123
     # iNum 변수에 정수 123을 담는다.

06.  print(type(iNum))
     # iNum 변수에 담긴 데이터 타입을 화면에 출력한다.
```

Console
C:\Users\ho_msi\AppData\Lo
Process started (PID=25708) >>>
<class 'int'>

<class 'int'>
<<< Process finished (PID=25708)

▲ type( ) 함수를 이용한 정수형 데이터 확인

데이터 타입을 확인하기 위해서는 type( ) 함수를 이용합니다. 매개 변수로 데이터 또는 데이터를 담는 변수명을 넣으면 해당 데이터의 타입을 화면에 출력합니다. 정수형 데이터는 'int'라는 데이터 타입을 출력하며, int는 영어 'Integer(정수)'의 약자입니다.

프로그래밍 언어에 익숙하지 않으면 흔히 하는 실수가 있습니다. 코드에서 123과 '123'은 완전히 다른 데이터인데요, 123은 정수로 읽을 때 '일백이십삼'으로 읽지만, '123'은 문자열로 읽을 때 '일이삼'으로 읽습니다. 따라서 개발자는 따옴표가 있거나 없음에 따라서, 정수인지 문자열인지 정확하게 인지하고 사용해야 합니다.

>>> 123	정수 데이터
>>> '123'	문자열 데이터

▲ 따옴표에 따른 데이터 타입 구분

> ▶ 알아두기 **Print와 type 함수**
>
> Notepad++에서는 데이터 타입을 Console 창에 출력하기 위해 print( ) 함수의 도움을 받습니다. 만약 파이썬 쉘을 이용한다면 print( ) 함수를 이용하지 않고, type( ) 함수만으로 데이터 타입을 확인할 수 있습니다. 다음은 Notepad++와 파이썬 쉘을 비교한 코드입니다.
>
> | 구분 | Notepad++ | Python 쉘 |
> |---|---|---|
> | 코드 | print(type(123)) | type(123) |
> | 결과 | Process started (PID=
<class 'int'>
<<< Process finished | >>> type(123)
<class 'int'> |
>
> 만약 Notepad++를 이용할 때 print( ) 함수를 이용하지 않으면, 화면에 아무것도 출력되지 않습니다. 다음은 Notepad++에서 print( ) 함수를 이용하지 않고 type( ) 함수로 데이터 타입을 확인하는 경우입니다.
>
> | 코드 | type(123) |
> |---|---|
> | 결과 | Console
C:\Users\ho_msi\AppData\Lo
Process started (PID=3784) >>>
<<< Process finished (PID=3784). |

파이썬에서 정수는 아주 작은 숫자부터 아주 큰 숫자까지 모두 사용 가능합니다. 예를 들어, 0, 1, 2 등의 작은 숫자부터 1234567890123456789012345678890과 같은 아주 커다란 정수도 모두 사용할 수 있습니다. 그렇다고 무한대로 큰 정수를 사용할 수 있는 것은 아닙니다. 파이썬에서 사용할 수 있는 정수의 범위는 컴퓨터 메모리의 크기에 따라서 결정됩니다. 사용하고 있는 컴퓨터의 메모리 용량이 크다면 큰 정수를 사용할 수 있으며, 메모리 용량이 작다면 비교적 작은 정수 데이터를 사용할 수 있습니다. 즉, 파이썬에서 정수는 메모리가 허용하는 범위의 데이터를 사용 가능합니다. 다음의 몇 가지 예를 통해 파이썬에서 정수가 어떻게 사용되는지 살펴봅니다.

코드　　　　　　　　　　　　　　　● 예제 파일　python\pjt\chapter03\ex03.py

```
01.  iNum1 = -1234567890
02.  iNum2 = 0
03.  iNum3 = 1234567890
     # 변수를 선언하고 음수, 0, 양수를 각각의 변수에 담고 있다.
04.
05.  print(type(iNum1))
06.  print(type(iNum2))
07.  print(type(iNum3))
     # type( ) 함수를 이용해서 변수에 담긴 데이터 타입을 확인한다.
08.
09   print('---------------')
10.
11.  print(type(-123))
12.  print(type(0))
13.  print(type(123))
     # 데이터를 변수에 담지 않고 type( ) 함수를 이용해서 데이터 타입을 확인한다.
14.
15.  print('---------------')
16.
```

```
17.  print(type(10+100))
18.  print(type(10-100))
19.  print(type(10*100))
20.  print(type(10/100))
     # 데이터를 연산한 결과에 대해서도 type( ) 함수를 이용할 수 있다.
```

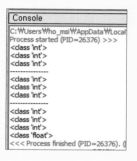

```
Console
C:\Users\Who_msi\AppData\Local
Process started (PID=26376) >>>
<class 'int'>
<class 'int'>
<class 'int'>
----------------
<class 'int'>
<class 'int'>
<class 'int'>
----------------
<class 'int'>
<class 'int'>
<class 'int'>
<class 'float'>
<<< Process finished (PID=26376). (
```

여기서는 정수의 데이터 타입을 type( ) 함수를 이용해서 확인하고 있습니다. 정
수는 흔히 일상생활에서 사용하는 데이터 타입으로 특별한 설명이 없어도 이해할
수 있을 거예요. 단, 조금 생소한 부분은 17~20행까지인데, type( ) 함수에 들어
가는 매개 변수는 정수와 정수를 담고 있는 변수 외에 연산식도 들어갈 수 있습니
다. 따라서 17행의 type( ) 함수에 들어가는 '10+100'은 덧셈 연산을 수행한 정수
110이 type( ) 함수의 매개 변수로 적용됩니다. 마찬가지로 18행에서는 뺄셈, 19
행에서는 곱셈, 20행에서는 나눗셈 연산을 수행한 결과 값이 type( ) 함수의 매개
변수로 적용되며, 20행의 나눗셈 결과 값은 정수가 아닌 실수이기 때문에 type( )
함수의 결과로 'int'가 아닌 'float'이 출력됐습니다. float는 실수 데이터 타입으로
이후에 학습하도록 합니다.

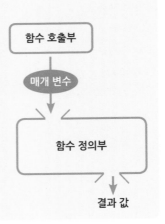

② 실수의 데이터 타입

정수처럼 많이 쓰이는 숫자 중에 실수는 소수점이 있는 숫자를 뜻합니다. type( ) 함수를 이용해서 데이터 타입을 확인하면 'float'으로 출력됩니다.

`코드`   ● 예제 파일 python\pjt\chapter03\ex04.py

```
01.  iNum = 3.14
02.  print(type(iNum))
```

`실행 결과`

정수(int)와 실수(float)는 type( ) 함수를 이용해 데이터 타입을 확인하는데 특별한 문제는 없지만, 큰 차이가 있습니다. 파이썬에서 정수는 메모리가 허용하는 범위 안에서 무한대로 큰 수를 이용할 수 있지만, 실수는 메모리에 저장될 때 8byte(바이트)의 공간만 주어져 8byte가 넘는 데이터의 경우 데이터가 달라질 수 있어요. 다음의 코드를 통해 실제 코드와 메모리에 저장된 데이터를 비교해 봅니다.

```
04.  iNumLarge = 123.123456789012345670
05.  print(iNumLarge)
```

실행 결과

```
Process started (PID=21...
123.12345678901235
<<< Process finished (PID...
```

▲ 실제 입력한 데이터와 메모리에 저장된 데이터에는 차이가 있다.

정확하고 신속하게 숫자를 처리하는 컴퓨터가 데이터를 왜곡해서 실망했나요? 모든 프로그램 언어는 데이터 종류마다 할당되는 메모리 크기가 정해져 있습니다. 좀 어려운 분야라서 깊은 설명은 생략하고, 우선 데이터 종류에 따라서 할당되는 메모리 공간(크기)에 차이가 있고, 할당된 공간보다 더 큰 데이터가 저장되면 어쩔 수 없이 데이터 손실이 발생한다는 것만 알아두세요. 사실 우리가 사용하는 거의 모든 데이터는 메모리 크기를 넘길 만큼 크지 않아 특별히 문제 되지는 않습니다. 실제로 필자의 경우 15년 넘게 프로그래밍 업무를 하고 있지만 한 번도 숫자와 관련해서 메모리 크기에 대한 문제를 경험해 본 적은 없습니다. 따라서 여러분도 컴퓨터가 데이터를 왜곡하는 상황에 대해 예민할 필요는 없으며, 파이썬에서 실수를 사용할 때 데이터가 왜곡되는 경우가 있을 수도 있다는 정도만 알아둡니다. 몇 가지 예를 통해서 파이썬에서 실수가 어떻게 사용되는지 살펴봅니다.

코드

● 예제 파일 python\pjt\chapter03\ex05.py

```
01.  iNum1 = 123.456
02.  iNum2 = 0.0
03.  iNum3 = 123.456
     # 변수를 선언하고 실수를 각각의 변수에 담고 있다.
04.
05.  print(type(iNum1))
06.  print(type(iNum2))
07.  print(type(iNum3))
     # type( ) 함수를 이용해서 변수에 담겨 있는 데이터 타입을 확인한다.
08.
```

```
09.  print('---------------')

10.

11.  print(type(123.456))

12.  print(type(0.0))

13.  print(type(-123.456))
     # 데이터를 변수에 담지 않고 type( ) 함수를 이용해서 데이터 타입을 확인한다.

14.

15.  print('---------------')

16.

17.  print(type(10+123.456))

18.  print(type(10-123.456))

19.  print(type(10*123.456))

20.  print(type(10/123.456))
     # 데이터를 연산한 결과에 대해서도 type( ) 함수를 이용할 수 있다.
```

실행 결과

```
Console
C:\Users\ho_msi\AppDat
Process started (PID=25320)
<class 'float'>
<class 'float'>
<class 'float'>
---------------
<class 'float'>
<class 'float'>
<class 'float'>
---------------
<class 'float'>
<class 'float'>
<class 'float'>
<class 'float'>
<<< Process finished (PID=
```

③ 문자(열)의 데이터 타입

컴퓨터에서는 숫자 외에도 문자 및 문자열도 많이 사용합니다. 일반적으로 다른 프로그래밍 언어에서는 문자와 문자열을 구분해서 다루지만, 파이썬에서는 문자와 문자열을 특별히 구분하지는 않습니다. 문자열의 데이터 타입은 'str'로 'String'의 약자입니다. 다음은 문자(열)의 데이터 타입을 type( ) 함수를 이용해 확인합니다.

● 예제 파일 python\pjt\chapter03\ex06.py

```
01.  str1 = 'h'
       # 변수를 선언하고 문자('h')와 문자열('hello')을 각각의 변수에 담고 있다.
02.  str2 = 'hello'
03.  print(type(str1))
04.  print(type(str2))
       # type() 함수를 이용해서 변수에 담겨 있는 데이터 타입을 확인한다.
05.
06.  print('---------------')
07.
08.  print(type('h'))
09   print(type('hello'))
       # 데이터를 변수에 담지 않고 type() 함수를 이용해서 데이터 타입을 확인한다.
10.
11.  print('---------------')
12.
13.  print(type('1'))
14.  print(type('123456789'))
       # 숫자도 작은 따옴표(' ')로 묶으면 문자(열)로 취급된다.
```

실행 결과

파이썬에서는 문자(열)에 관한 다양한 함수를 제공하며, 이러한 함수를 메서드 (Method)라고 합니다. 다음은 문자(열)에 관한 메서드를 나타냅니다.

```
01.  str1 = 'hello'
02.  str2 = ' '
03.  str3 = 'world'
04.  str4 = '      hello world      '
05.  str5 = 'korea, usa, japan, china, russia'
06.  str6 = 'KOREA, USA, JAPAN, CHINA, RUSSIA'
07.
08.  # find( ) 메서드
```
　　　　# 매개 변수 문자(열)를 찾는다. 만약 찾는 문자(열)가 없으면 '-1'을 반환한다.
```
09.  print('\nfind( ) -------------')
10.  print(str1.find('he'))
11.  print(str1.find('lo'))
12.  print(str1.find('ss'))
13.
14.  # count( ) 메서드
```
　　　　# 매개 변수 문자(열) 위치를 앞에서부터 찾는다.
```
15.  print('\ncount( ) -------------')
16.  print(str1.count('e'))
17.  print(str1.count('l'))
18.
19.  # replace( ) 메서드
```
　　　　# 매개 변수 문자(열)로 변경한다.
```
20.  print('\nreplace( ) -------------')
21.  print(str3)
22.  print(str3.replace('world', 'python'))
23.
24.  # startswith( ) 메서드
```
　　　　# 매개 변수 문자(열)로 시작하는지 검사하고, true 또는 false를 반환한다.
```
25.  print('startswith( ) -------------')
26.  print(str1.startswith('he'))
27.  print(str1.startswith('el'))
```

28.

29. # endswith( ) 메서드
     # 매개 변수 문자(열)로 끝나는지 검사하고, true 또는 false를 반환한다.

30.  ```python
     print('endswith( ) -------------')
     ```

31.  ```python
     print(str1.endswith('lo'))
     ```

32.  ```python
     print(str1.endswith('ell'))
     ```

33.

34. # strip( ) 메서드
     # 문자(열)의 시작과 끝부분 공백 문자를 모두 제거한다.

35.  ```python
     print('\nstrip( ) -------------')
     ```

36.  ```python
     print(str4)
     ```

37.  ```python
     print(str4.strip( ))
     ```

38.

39. # split( ) 메서드
     # 매개 변수를 이용해서 데이터를 문자(열)로 분리한다. 결과 값은 리스트(List) 타입을 가진다.

40.  ```python
     print('\nsplit( ) -------------')
     ```

41.  ```python
     print(str5.split(','))
     ```

42.

43. # upper( ) 메서드
     # 문자(열)를 모두 대문자로 변경한다.

44.  ```python
     print('\nupper( ) -------------')
     ```

45.  ```python
     print(str5.upper( ))
     ```

46.

47. # lower( ) 메서드
     # 문자(열)를 모두 소문자로 변경한다.

48.  ```python
     print('\nlower( ) -------------')
     ```

49.  ```python
     print(str6.lower( ))
     ```

```
find() -------------
0
3
-1

count() -------------
1
2

replace() -------------
world
python
startswith() -------------
True
False
endswith() -------------
True
False
```

```
strip() -------------
     hello world
hello world

split() -------------
['korea', ' usa', ' japan', ' china', ' russia']

upper() -------------
KOREA, USA, JAPAN, CHINA, RUSSIA

lower() -------------
korea, usa, japan, china, russia
```

4 불리언(bool)의 데이터 타입

마지막으로 살펴볼 불리언(Boolean)은 참, 거짓을 구분하는 데이터 타입으로, 불리언 데이터를 type( ) 함수로 출력하면 'bool'이라고 출력합니다. 다음은 bool 타입의 데이터를 type( ) 함수로 확인하고 있습니다.

코드   ● 예제 파일 python\pjt\chapter03\ex08.py

```python
01. boolVar1 = True
02. boolVar2 = False
    # 변수를 선언하고 'bool' 타입의 데이터를 각각의 변수에 담고 있다.

03.
04. print(type(boolVar1))
05. print(type(boolVar2))
    # type( ) 함수를 이용해서 변수에 담겨 있는 데이터 타입을 확인한다.

06.
07. print(type(3 > 5))
08. print(type(3 < 5))
    # 정수를 비교한 결과 값의 데이터 타입을 type( ) 함수를 이용해서 확인한다.
```

```
Console
C:₩Users₩ho_msi₩AppDa
Process started (PID=27120
<class 'bool'>
<class 'bool'>
<class 'bool'>
<class 'bool'>
<class 'bool'>
<<< Process finished (PID=
```

▶ 알아두기

불리언(Boolean) 변수를 초기화할 때 조심해야 합니다. True 또는 False의 첫 글자는 대문자 (T, F)이기 때문에 실제로 'T'와 'F'를 소문자로 해서 예외(에러)가 발생하는 경우가 있으므로 유의합니다.

5 데이터 타입 변환(형 변환)

지금까지 정수형, 실수형 그리고 문자(열)형에 대해서 살펴봤는데요, 숫자와 문자는 때에 따라서 타입을 변환할 수 있습니다. 서로 다른 데이터의 타입이 변환되는 것을 '데이터 타입 변환'이라고 하며, 간단하게 줄여서 '형 변환'이라고도 합니다. 다음은 숫자와 문자(열)의 데이터 타입을 변경하면서 데이터가 연산되는 것을 나타냅니다.

코드

◉ 예제 파일 python\pjt\chapter02\ex03.py

```
01.  var1 = '123'
02.  var2 = 456
     # 변수를 문자(열)와 정수로 초기화한다.

03.
04.  # 예외(에러) 발생
05.  print(var1 + var2)
     # 문자(열)와 정수를 이용해서 덧셈 연산을 시도하면 예외(에러)가 발생한다.

06.
```

```
07.   # 문자(열)를 정수로 변경
08.   print(int(var1) + var2)
      # 문자(열)를 정수로 변환하면 정수의 덧셈 연산을 할 수 있다.

09.
10.   # 정수를 문자(열)로 변경
11.   print(var1 + str(var2))
      # 정수를 문자(열)로 변환하면 문자의 덧셈 연산을 할 수 있다.
```

실행 결과

```
Process started (
579
123456
<<< Process finis
```

05행에서는 문자열('123')과 정수 456을 이용해서 덧셈 연산을 시도하는데, 문자열과 정수는 덧셈 연산을 할 수 없어서 예외(에러)가 발생합니다. 아직 산술 연산자에 대해서 배우지 않았지만, 일반적으로 문자열과 정수는 산술 연산을 할 수 없다는 것이 상식입니다.

08행에서는 문자열('123')을 int( ) 함수를 이용해서 정수로 변경한 후 덧셈 연산을 시도합니다. 결과는 579로 정수 123과 456이 더해졌습니다. 이처럼 문자를 정수로 변환하기 위해서는 int( ) 함수를 이용합니다. 그렇다고 해서 모든 문자와 문자열을 정수로 변경할 수 있는 것은 아닙니다. 문자열 '123'처럼 정수로 변환했을 때 숫자가 되는 경우에만 형 변환이 가능하며, 'Hello'처럼 정수가 될 수 없는 문자열은 int( ) 함수를 이용해서 형 변환이 불가능합니다. 만약 'hello'와 같은 문자열을 int( ) 함수로 형 변환하면 다음과 같은 예외(에러)가 발생합니다. 예외 내용은 int( ) 함수에 유효하지 않은 매개 변수가 적용되었다는 것으로, 'hello'는 정수로 형 변환을 할 수 없음을 나타냅니다.

코드

```
print(int('hello'))    # 'hello'는 정수로 형 변환될 수 없다.
```

실행 결과

```
ValueError: invalid literal for int() with base 10: 'hello'
```

01 새 파일 만들고 Random 모듈 불러오기

Notepad++에서 Ctrl+N을 눌러 새로운 파일을 만듭니다. 난수를 만들기 위한 Random 모듈을 불러옵니다.

```
01. import random
```

02

Ctrl+S를 눌러 파일을 저장합니다. 이때 C:\python\ pjt\chapter03 폴더에 'example.py' 파일로 저장합니다.

03 리스트(List) 변수 선언 및 초기화하기

varList 변수를 선언하고 다음과 같이 초기화합니다.

```
03. varList = [3, 'a', 'hello', 3.14, -12]
    # varList 변수에 정수, 실수 그리고 문자(열)가 혼합된 리스트 형식의 데이터를 저장한다.
```

04

리스트는 쉽게 말해 배열과 같습니다. 변수 하나에 데이터를 하나만 담는 것이 아니라, 여러 개의 데이터를 배열 형식으로 여러 개 담는 것입니다. varList 변수에는 정수(3), 실수(3.14) 그리고 'hello'와 같은 문자열 데이터가 저장되어 있습니다. 이렇게 저장된 데이터들은 인덱스(첨자)를 이용해서 관리합니다. 예를 들어, 'hello' 문자열에 접근하기 위해서는 다음과 같이 '[ ]' 안에 인덱스 값을 넣습니다.

```
varList[2] ==> 'hello'
```

한 가지 중요한 점은, 인덱스는 0부터 시작하므로 varList 변수의 인덱스는 0부터 4까지 존재한다는 것입니다.

05 난수 발생하기

varList 변수에 저장된 5개의 데이터를 무작위로 뽑기 위해 난수를 발행할 차례입니다. 다음은 난수를 발생시켜 ranNum 변수에 저장하는 코드입니다.

```
05.  # 무작위 난수 생성
06.  ranNum = random.sample(range(0, len(varList)), 1)
     # 0부터 varList의 길이보다 1이 작은 범위 안에서 난수를 발생한다.

07.
08.  # 난수를 이용해서 varList의 아이템 추출
09.  print("아래 데이터의 타입은?")
10.  print(varList[ranNum[0]])
     # random.sample( ) 함수를 이용해서 발생된 난수는 배열 형태이므로 인덱스(0)를 이용해서 난수를 추출
       하고, 이를 이용해서 varList의 데이터 하나를 무작위로 추출한다.

11.
12.  input( )
     # input( ) 함수를 이용해서 사용자로부터 정답을 입력받는다.
13.  print("== 정답 ==")
14.  print(type(varList[ranNum[0]]))
     # type( ) 함수를 이용해서 해당하는 데이터의 타입을 확인한다.
```

06 정답 맞추기

Ctrl + F6을 눌러 프로그램을 실행하면 varList 변수에 담겨 있는 데이터 하나를 출력하고, 출력된 데이터의 타입을 물어봅니다. 사용자는 무작위로 추출된 데이터의 타입을 입력하고 Enter를 누르면 컴퓨터가 type( ) 함수를 이용해서 무작위로 추출된 데이터의 타입을 Console 창에 출력합니다.

정답이 출력되면 사용자가 입력한 데이터 타입과 컴퓨터가 출력한 데이터 타입이 일치하는지 확인합니다.

게임 시작	사용자 입력 및 정답 공개
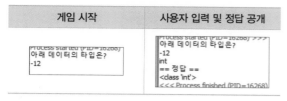	Process started (PID=16266) >>> 아래 데이터의 타입은? -12 int == 정답 == <class 'int'> <<< Process finished (PID=16268)

▲ 전체적인 게임의 흐름

지금까지 메모리에 저장되는 데이터의 타입(종류)을 살펴봤습니다. 다른 프로그래밍 언어는 파이썬보다 데이터 타입이 훨씬 복잡합니다. 데이터 타입이 복잡한 이유는 그만큼 개발자가 신경 쓸 일이 많다는 것을 의미합니다. 하지만 파이썬은 데이터 타입이 상대적으로 단순해서 쉽게 학습할 수 있어 개발자의 스트레스를 최소화할 수 있습니다.

학습 정리

1 데이터 타입이란?

컴퓨터에서 사용하는 모든 데이터에는 타입이 있습니다. 대표적인 데이터 타입으로 정수형(int), 실수형(float), 문자열(str) 그리고 불리언(boolean)이 있으며, 데이터 타입 확인은 type( ) 함수를 이용합니다.

2 정수형이란?

정수형은 음수, 0, 양수의 데이터를 말하며, 컴퓨터의 메모리가 허용하는 범위에서는 매우 큰 정수도 사용 가능합니다. 일반적인 컴퓨터 사양이라면 매우 큰 정수를 모두 사용할 수 있습니다. type( ) 함수를 이용하면 결과 값으로 'int'가 출력됩니다.

③ 실수형이란?

실수형은 3.14, 0.5, 1.0 등 소수점이 있는 숫자를 말합니다. 실수는 메모리에 저장할 때 8byte의 공간이 할당되므로 8byte가 넘는 데이터의 경우 누락되어 왜곡될 수 있습니다. type( ) 함수를 이용하면 결과 값으로 'float'이 출력됩니다.

```
>>> iNum = 123.123456789012345670
>>> print(iNum)
123.12345678901235
```

④ 문자형이란?

문자형은 'a', 'hello'와 같은 모든 문자와 문자열을 말하며, ' '와 같은 공백 문자도 포함합니다. 또한 '123'처럼 숫자를 따옴표로 묶으면 정수가 아닌 문자형이 됩니다. type( ) 함수를 이용하면 결과 값으로 'str'이 출력됩니다.

⑤ 문자(열)와 관련된 메서드

메서드(Method)	기능
find( )	매개 변수 문자(열)를 찾는다. 만약 찾는 문자(열)가 없으면 '–1'을 반환한다.
count( )	매개 변수 문자(열) 위치를 앞에서부터 찾는다.
replace( )	매개 변수 문자(열)로 변경한다.
startswith( )	매개 변수 문자(열)로 시작하는지 검사하고, true 또는 false를 반환한다.
endswith( )	매개 변수 문자(열)로 끝나는지 검사하고, true 또는 false를 반환한다.
strip( )	문자(열)의 시작과 끝부분 공백 문자를 모두 제거한다.
split( )	매개 변수를 이용해서 데이터를 문자(열)로 분리한다. 결과 값은 리스트(List) 타입을 가진다.
upper( )	문자(열)를 모두 대문자로 변경한다.
lower( )	문자(열)를 모두 소문자로 변경한다.

1 다음은 'Python'에 대한 위키피디아(https://en.wikipedia.org)의 검색 결과랍니다. 지문과 문자열에 관한 메서드를 이용해서 다음의 문제를 풀어보세요.

> Python is an interpreted, high-level, general-purpose programming language. Created by Guido van Rossum and first released in 1991, Python has a design philosophy that emphasizes code readability, notably using significant whitespace. It provides constructs that enable clear programming on both small and large scales.Van Rossum led the language community until stepping down as leader in July 2018.

1. 'Guido van Rossum'의 위치(인덱스)를 찾아보세요.

2. 'Python'이 몇 번 등장하는지 찾아보세요.

3. 'Python'을 '파이썬'으로 변경해 보세요.

4. ' ' 문자(공백 문자)를 이용해서 단어를 리스트(List)로 분리해 보세요.

5. 모든 문자를 소문자로 변경해 보세요.

6. 모든 문자를 대문자로 변경해 보세요.

코드　　　　　　　　　　　　　　　　　　ⓞ 예제 파일 　python\pjt\chapter03\exercise01.py

```
01.    # 지문을 py 변수에 담는다.
02.    py = 'Python is an interpreted, high-level, general-
purpose programming language. Created by Guido van Rossum and first
released in 1991, Python has a design philosophy that emphasizes
code readability, notably using significant whitespace. It provides
constructs that enable clear programming on both small and large
scales. Van Rossum led the language community until stepping down
as leader in July 2018.'
03.
04.    # find( )를 이용해서 'Guido van Rossum'의 인덱스를 찾는다.
05.    print(py.find('Guido van Rossum'))
```

```
06.
07.        # count( )를 이용해서 'Python'의 횟수를 찾는다.
08.        print(py.count('Python'))
09.
10.        # replace( )를 이용해서 'Python'을 '파이썬'으로 변경한다.
11.        print(py.replace('Python', '파이썬'))
12.
13.        # split( )와 공백 문자('')를 이용해 모든 문자열을 문자로 구분한다.
14.        print(py.split(' '))
15.
16.        # lower( )를 이용해서 소문자로 변경한다.
17.        print(py.lower( ))
18.
19.        # upper( )를 이용해서 대문자로 변경한다.
20.        print(py.upper( ))
```

실행 결과

```
87
2
파이썬 is an interpreted, high-level, general-purpose programming
language. Created by Guido van Rossum and first released in 1991,
파이썬 has a design philosophy that emphasizes code readability,
notably using significant whitespace. It provides constructs that
enable clear programming on both small and large scales. Van Rossum
led the language community until stepping down as leader in July
2018.
['Python', 'is', 'an', 'interpreted,', 'high-level,', 'general-
purpose', 'programming', 'language.', 'Created', 'by', 'Guido',
'van', 'Rossum', 'and', 'first', 'released', 'in', '1991,', 'Python',
'has', 'a', 'design', 'philosophy', 'that', 'emphasizes', 'code',
'readability,', 'notably', 'using', 'significant', 'whitespace.',
'It', 'provides', 'constructs', 'that', 'enable', 'clear',
```

'programming', 'on', 'both', 'small', 'and', 'large', 'scales.',
'Van', 'Rossum', 'led', 'the', 'language', 'community', 'until',
'stepping', 'down', 'as', 'leader', 'in', 'July', '2018.']
python is an interpreted, high-level, general-purpose programming
language. created by guido van rossum and first released in 1991,
python has a design philosophy that emphasizes code readability,
notably using significant whitespace. it provides constructs that
enable clear programming on both small and large scales. van rossum
led the language community until stepping down as leader in july
2018.
PYTHON IS AN INTERPRETED, HIGH-LEVEL, GENERAL-PURPOSE PROGRAMMING
LANGUAGE. CREATED BY GUIDO VAN ROSSUM AND FIRST RELEASED IN 1991,
PYTHON HAS A DESIGN PHILOSOPHY THAT EMPHASIZES CODE READABILITY,
NOTABLY USING SIGNIFICANT WHITESPACE. IT PROVIDES CONSTRUCTS THAT
ENABLE CLEAR PROGRAMMING ON BOTH SMALL AND LARGE SCALES. VAN ROSSUM
LED THE LANGUAGE COMMUNITY UNTIL STEPPING DOWN AS LEADER IN JULY
2018.

문구 관리대장 만들기

● **많은 데이터를 효율적으로 관리하기 위한 방법을 알아봅니다.**

지금까지는 변수에 하나의 데이터를 담아 사용했습니다. 하지만 프로그래밍을 하다 보면 여러 개의 데이터를 묶어서 관리해야 하는 경우가 많습니다. 학급 학생 명단, 회사 직원 명단, 급식 식단 메뉴 등 알게 모르게 데이터를 묶어서 사용하는 경우가 매우 많지요. 이렇게 많은 데이터마다 각각의 변수를 만들어서 관리하면 너무 비효율적이지만, '컨테이너 타입'을 이용하면 쉽게 효율적으로 데이터를 관리할 수 있습니다.

● **리스트(List), 튜플(Tuple), 딕셔너리(Dictionary)의 컨테이너 타입을 알아봅니다.**

파이썬의 컨테이너 타입에는 대표적으로 리스트(List)가 있으며, 튜플(Tuple)과 딕셔너리(Dictionary)도 많이 사용합니다. 각각의 컨테이너 타입은 서로 다른 특징이 있으므로 어떤 것이 더 좋다고 말할 수 없으며, 자료의 용도 또는 전체 프로그램 구조에 따라서 적절하게 선택해야 합니다.

● 많은 데이터를 효율적으로 관리하기 위해서 '리스트(List)'를 만들고, 리스트와 비슷하면
서도 각각의 개성이 있는 '튜플(Tuple)'과 '딕셔너리(Dictionary)'에 관해 살펴봅니다.

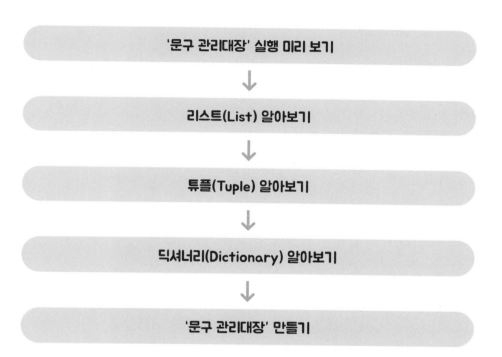

'문구 관리대장' 실행 미리 보기

↓

리스트(List) 알아보기

↓

튜플(Tuple) 알아보기

↓

딕셔너리(Dictionary) 알아보기

↓

'문구 관리대장' 만들기

1 코드 미리 보기

Notepad++에서 chapter04 폴더의 'ex01.py' 파일을 불러옵니다.

★ 예제 파일 python\pjt\chapter04\ex01.py

```
01. myStationery = {}
02. myStationery["지우개"] = 5
03. myStationery["연필"] = 10
04. myStationery["색연필"] = 20
05. myStationery["공책"] = 10
06. myStationery["필통"] = 2
07.
08. print(myStationery)
09. print(myStationery.keys())
10. print(myStationery.values())
11.
12. # 지우개 1개를 다 썼다.
13. myStationery["지우개"] = myStationery["지우개"] - 1
14. print(myStationery["지우개"])
15.
16. # 연필 2자루를 잃어버렸다.
17. myStationery["연필"] = myStationery["연필"] - 2
18. print(myStationery["연필"])
19.
20. # 공책 2권을 선물 받았다.
21. myStationery["공책"] = myStationery["공책"] + 2
22. print(myStationery["공책"])
```

프로그램 이해하기

'문구 관리대장'에 문구 목록을 나열하고 문구마다 개수를 입력합니다. 문구 개수
가 늘어나거나 줄어들 때마다 데이터를 수정합니다.

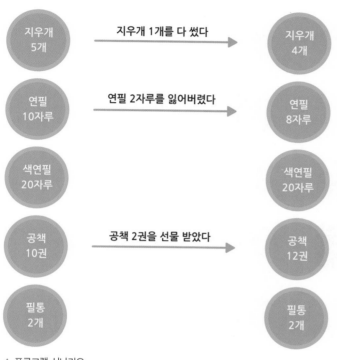

▲ 프로그램 시나리오

3 프로그램 실행하기

Ctrl + F6 을 눌러 프로그램을 실행하고, 시나리오
에 맞게 문구 개수가 수정된 것을 확인합니다.

문구 개수가 달라질 때마다 수정할 수 있으며, 새
로운 문구가 생기면 문구 항목을 추가할 수 있습
니다.

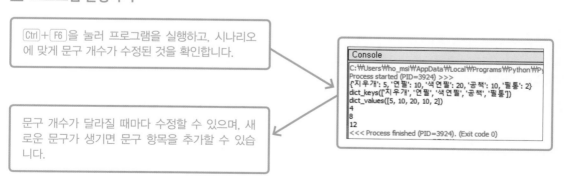

```
Console
C:\Users\ho_msi\AppData\Local\Programs\Python\Py
Process started (PID=3924) >>>
{'지우개': 5, '연필': 10, '색연필': 20, '공책': 10, '필통': 2}
dict_keys(['지우개', '연필', '색연필', '공책', '필통'])
dict_values([5, 10, 20, 10, 2])
4
8
12
<<< Process finished (PID=3924). (Exit code 0)
```

1 컨테이너 타입이란?

데이터 타입의 종류로는 정수(int), 실수(float), 문자열(str), 불리언(boolean) 등이 있습니다. 이러한 데이터 타입은 공통으로 하나의 데이터에 대한 타입을 말하는 것으로 예를 들어, 숫자 123은 정수이고 'hello'는 문자열입니다.

컨테이너란, 하나의 데이터가 아닌 0개 또는 하나 이상의 데이터가 모여 있는 집합체를 뜻하는 데이터 타입으로 다양한 데이터가 묶여있는 형태라서 '컨테이너(Container)'라고 합니다. 다음은 컨테이너 타입의 예입니다.

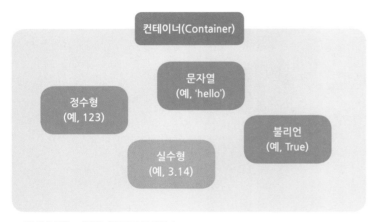

▲ 컨테이너에는 다양한 데이터가 묶여있다.

파이썬뿐만 아니라 다른 프로그래밍 언어에서도 컨테이너는 데이터를 효율적으로 관리하기 위한 매우 훌륭한 방법입니다. 파이썬의 대표적인 컨테이너 종류로는 리스트(List), 튜플(Tuple), 딕셔너리(Dictionary)가 있습니다. 프로그래밍 언어마다 조금씩 차이가 있지만, 모든 프로그래밍 언어에서 다양한 컨테이너를 만들고 사용하는 이유는 딱 한 가지로 많은 데이터를 효율적으로 관리하기 위함입니다. 참고로 Java 언어에서는 컨테이너의 종류만 10개 이상이며, 계속해서 새로운 컨테이너가 만들어지고 있습니다.

이제 컨테이너 타입이 무엇인지 감이 오나요? 그럼 계속해서 컨테이너를 종류별 로 살펴보겠습니다. 파이썬에서 가장 대표적인 컨테이너 타입인 리스트(List)에 대해 살펴본 후 튜플(Tuple)과 딕셔너리(Dictionary)에 관해서 알아봅니다. 각각 의 컨테이너가 어떤 특징이 있는지에 초점을 맞춰 학습하기 바랍니다.

2 리스트(List)

리스트(List)는 배열과 비슷한 컨테이너 타입으로, 데이터 목록을 이용해서 하나 이상의 데이터를 관리하기 위한 목적으로 사용합니다. 예를 들어, 10명의 학생이 있 는 학급에서 학생 이름만 가지고 관리하 는 것보다 학생 목록을 만들어 'students' 변수에 담으면 학생들을 효율적으로 관리 할 수 있습니다.

학생 개인별 관리   학생 목록을 이용한 관리

▲ 학생 목록을 이용하면 학생 관리가 효율적이다.

이때 학생 목록을 리스트(List)라고 합니다. 리스트는 메모리에 저장되고 해당 메모리 주소는 'students'와 같은 변수에 담깁니다.

▲ 변수는 리스트(List)의 메모리 주소를 담고 있다.

다음은 리스트를 이용해서 학급의 학생을 관리하는 프로그램 코드입니다. 리스트의 사용 방법에 대해서 하나씩 살펴보도록 합니다.

코드

○ 예제 파일   python\pjt\chapter04\ex02.py

```
01.  students = ["정우람", "박으뜸", "배힘찬", "천영웅", "신석기", "배민규",
     "전민수", "박건우", "박찬호", "이승엽"]
         # 리스트 변수(students)를 만들고 10명의 학생 이름을 담는다.

02.

03.  # 전체 학생 명단

04.  print(students)
         # 학생 전체를 출력한다.

05.

06.  # 학생 개인 이름

07.  print(students[0])

08.  print(students[1])

09.  print(students[2])

10.  print(students[3])
         # 인덱스를 이용해서 학생 개인의 이름을 출력한다.
```

```
11.
12.    # 전체 학생 수
13.    print(len(students))
       # 학급의 학생 수를 출력한다.
```

```
Process started (PID=6712) >>>
['정우람', '박으뜸', '배힘찬', '천영웅', '신석기', '배민규', '전민수', '박건우', '박찬호', '이승엽']
정우람
박으뜸
배힘찬
천영웅
10
<<< Process finished (PID=6712) (Exit code 0)
```

▲ 리스트를 이용한 학급 학생 관리

리스트는 데이터를 목록으로 만들고, 목록을 만들 때 데이터의 시작과 끝에 대괄호([,])를 명시하면 됩니다.

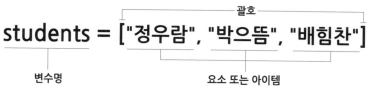

▲ 리스트의 기본 구조

리스트는 변수명, 아이템 그리고 괄호로 구성됩니다. 변수명은 데이터가 메모리에 저장될 때 메모리 주소를 대체하는 이름으로 변수와 같습니다. 리스트의 요소는 아이템이라고도 하며, 리스트에 포함되는 데이터들을 나타냅니다. 마지막으로 리스트 요소의 시작과 끝부분에 대괄호를 이용해서 리스트에 포함되는 데이터를 감쌉니다. 변수와 거의 비슷한 구조로, 리스트가 일반 변수와 다른 점은 여러 개의 데이터를 포함하기 위해서 시작과 끝에 대괄호를 이용한다는 점입니다. 그리고 한 가지 중요한 점이 있는데요, 리스트에 포함되는 요소는 어떤 데이터 타입이든 상관없습니다. 예를 들어, 하나의 리스트에 정수, 실수, 문자(열) 모두가 포함될 수도 있습니다.

listVar = [123, 3.14, "파이썬"]

▲ 리스트에는 정수, 실수, 문자(열) 등의 모든 데이터가 포함될 수 있다.

리스트 요소에 접근하기 위해서는 인덱스(첨자)를 이용하며 인덱스는 리스트를 만들면 첫 번째 요소부터 자동으로 부여되고 첫 번째 요소의 인덱스는 '0'부터 시작합니다. 위의 listVar에서 인덱스 0에 해당하는 요소는 123이고, 인덱스 1에 해당하는 요소는 3.14, 인덱스 2에 해당하는 요소는 "파이썬"입니다.

인덱스 번호	0	1	2
요소	123	3.14	"파이썬"

▲ 요소에 접근하기 위해서는 인덱스를 이용한다.

코드   ◉ 예제 파일 python\pjt\chapter04\ex03.py

```python
01.  listVar1 = [123, 3.14, "파이썬"]
     # 리스트를 선언하고 초기화한다.

02.

03.  print(listVar1)
     # 리스트의 전체 데이터를 출력한다.

04.

05.  print(listVar1[0])
     # 인덱스 0에 해당하는 데이터(123)를 출력한다.

06.  print(listVar1[1])
     # 인덱스 1에 해당하는 데이터(3.14)를 출력한다.

07.  print(listVar1[2])
     # 인덱스 2에 해당하는 데이터("파이썬")를 출력한다.
```

실행 결과

```
Console
C:\Users\ho_msi\AppDa
Process started (PID=2148-
[123, 3.14, '파이썬']
123
3.14
파이썬
<<< Process finished (PID=
```

지금까지 리스트의 기본 내용으로 리스트 생성 및 참조 방법에 대해서 살펴봤습니다. 이제 리스트가 뭔지 감을 잡았으니, 본격적으로 리스트의 다양한 기능에 대해 살펴보겠습니다.

• 리스트에 요소(데이터) 추가하기

리스트에 데이터를 추가하기 위해서는 append( ) 함수를 이용합니다. append( ) 함수를 이용해서 데이터를 추가하면 리스트 끝에 데이터가 추가됩니다. 즉, 마지막 인덱스 다음에 데이터가 추가되고 인덱스도 자동으로 증가됩니다.

코드   ○ 예제 파일 python\pjt\chapter04\ex03.py

```
10. listVar1.append("python")
    # append( ) 함수를 이용해서 listVar1 리스트에 "python" 요소를 추가한다.

11. print(listVar1)
    # 리스트 전체 데이터를 출력해서 요소(데이터)가 추가된 것을 확인한다.
```

실행 결과

```
Console
C:₩Users₩ho_msi₩AppData₩Local
Process started (PID=23228) >>>
[123, 3.14, '파이썬']
123
3.14
파이썬
[123, 3.14, '파이썬', 'python']
<<< Process finished (PID=23228). (
```

• 리스트 요소(데이터) 삭제하기

리스트에서 데이터를 삭제하기 위해서는 pop( ) 함수를 이용합니다. pop( ) 함수를 이용하면 리스트의 마지막 데이터가 삭제됩니다. 만약 특정 인덱스에 해당하는 데이터를 삭제하고자 한다면 pop( ) 함수에 매개 변수로 인덱스 값을 넣습니다.

코드   ○ 예제 파일 python\pjt\chapter04\ex03.py

```
11. print(listVar1)

12.

13. # 데이터 삭제

14. listVar1.pop( )
    # 리스트에서 마지막 데이터를 삭제한다.

15. print(listVar1)
    # 리스트 전체 데이터를 출력해서 데이터가 삭제된 것을 확인한다.

16.
```

17. # 특정 인덱스의 데이터 삭제

18.  ```
     listVar1.pop(1)
     ```
     # 인덱스가 1인 데이터를 삭제한다.

19.  ```
     print(listVar1)
     ```
     # 리스트의 전체 데이터를 출력해서 데이터가 삭제된 것을 확인한다.

실행 결과

```
[123, 3.14, '파이썬', 'python']
[123, 3.14, '파이썬']
[123, '파이썬']
<<< Process finished (PID=21456)
```

• 리스트 길이 확인하기

리스트의 길이는 리스트에 포함된 데이터의 개수입니다. 프로그램을 개발하다 보면 꼭 필요한 기능으로 len( ) 함수를 이용합니다.

코드   ● 예제 파일   python\pjt\chapter04\ex03.py

21. # 리스트 길이

22.  ```
     print(len(listVar1))
     ```
     # len( ) 함수를 이용해서 listVar1 리스트의 길이를 출력한다.

실행 결과

```
[123, '파이썬']
2
<<< Process finish
```

▶ 알아두기   len( ) 함수

len( ) 함수의 경우 앞에서 살펴본 append( ) 또는 pop( )과 다르게 리스트 변수를 len( ) 함수의 매개 변수에 넣는데요, append( )와 pop( )는 리스트에 속해 있는 함수이고, len( )은 리스트에 속해 있는 것이 아닌 파이썬에 기본으로 내장되어 있는 함수(내장 함수)이기 때문입니다. 즉 len( )은 파이썬이 기본으로 제공하는 함수로 리스트가 아닌 다른 곳에서도 사용할 수 있습니다. 예를 들어, 다음의 코드는 문자열의 개수를 알아내기 위해 사용한 예입니다.

```
>>> len('hello')
5
```
```

• 리스트 연장하기

리스트에 다른 리스트를 붙여서 연장할 수 있습니다. 이때 사용하는 함수는 extend()
입니다.

코드

○ 예제 파일   python\pjt\chapter04\ex03.py

```
24.  # 리스트 연장
25.  listVar2 = ["c", "c++", "java"]
     # 새로운 리스트(listVar2)를 만든다.

26.
27.  listVar1.extend(listVar2)
     # listVar1에 extend( ) 함수를 이용해서 listVar2 리스트를 붙여 연장한다.

28.  print(listVar1)
     # 데이터가 연장된 listVar1 리스트를 출력한다.
```

실행 결과

[123, '파이썬', 'c', 'c++', 'java']

• 특정 위치에 데이터 삽입하기

리스트의 특정 위치에 데이터를 삽입할 수 있으며, insert( ) 함수를 이용하면 원
하는 위치에 데이터를 추가할 수 있습니다. insert( ) 함수에는 2개의 매개 변수가
들어갑니다. 첫 번째 매개 변수는 특정 위치 값으로 인덱스 값을 넣고, 두 번째
매개 변수에는 삽입하려는 데이터를 넣습니다.

코드

○ 예제 파일   python\pjt\chapter04\ex03.py

```
30.  # 특정 위치에 데이터 삽입
31.  listVar1.insert(2, "program")
     # insert( ) 함수를 이용해서 인덱스 2에 "program" 문자열을 추가한다.

32.  print(listVar1)
     # 데이터가 추가된 listVar1 리스트를 출력한다.
```

실행 결과

[123, '파이썬', 'program', 'c', 'c++', 'java']

• 특정 데이터 삭제하기

pop( ) 함수는 리스트의 마지막 위치 또는 특정 위치의 데이터를 삭제할 수 있습니다. 이번에는 특정 위치가 아닌 특정 데이터를 찾아서 삭제하는 함수에 관해 알아봅니다. remove( ) 함수를 이용하면 특정 데이터를 삭제할 수 있습니다. remove( ) 함수에 리스트에서 삭제하고자 하는 데이터를 매개 변수로 넣으면 해당 데이터가 삭제되고 리스트의 길이도 줄어듭니다.

코드

◐ 예제 파일 python\pjt\chapter04\ex03.py

```
34.  # 특정 데이터 삭제
35.  listVar1.remove("c")
     # insert( ) 함수를 이용해서 데이터가 "c"인 요소를 찾아 삭제한다.
36.  print(listVar1)
     # 데이터('c')가 제거된 listVar1 리스트를 출력한다.
37.  listVar1.remove("c++")
     # insert( ) 함수를 이용해서 데이터가 "c++"인 요소를 찾아 삭제한다.
38.  print(listVar1)
     # 데이터('c++')가 제거된 listVar1 리스트를 출력한다.
```

실행 결과

```
[123, '파이썬', 'program', 'c++', 'java']
[123, '파이썬', 'program', 'java']
```

remove( ) 함수를 이용해서 특정 데이터를 삭제하는 방법에 대해 살펴봤는데요, 만약 리스트에 특정 데이터가 여러 개라면 어떻게 될까요? 정답은 맨 앞에 있는 데이터만 삭제됩니다. 다음의 코드를 실행해 보면 쉽게 이해할 수 있습니다.

코드

◐ 예제 파일 python\pjt\chapter04\ex03.py

```
40.  # 특정 데이터가 여러 개인 경우 삭제
41.  listVar3 = ["c", "c++", "java", "c", "c++"]
     # 중복 데이터가 존재하는 리스트를 만든다.
42.  print(listVar3)
```

43.

44.   `listVar3.remove("c")`
      # remove( ) 함수를 이용해서 리스트의 첫 번째 "c" 데이터를 삭제한다.

45.   `print(listVar3)`
      # 첫 번째 "c"만 삭제된 것을 확인할 수 있다.

```
['c', 'c++', 'java', 'c', 'c++']
['c++', 'java', 'c', 'c++']
```

• 데이터 정렬하기

sort( ) 함수를 이용하면 리스트에 포함된 데이터를 정렬할 수 있습니다. 옵션에 따라서 오름차순과 내림차순으로 정렬 가능합니다.

                                    ◎ 예제 파일   python\pjt\chapter04\ex03.py

47.   `# 데이터 정렬`

48.   `listVar4 = [4, 1, 5, 2, 3]`
      # 정렬되지 않은 리스트를 만든다.

49.   `print(listVar4)`

50.

51.   `listVar4.sort(reverse = False)`
      # sort( ) 함수를 이용해서 데이터를 정렬(오름차순)한다.

52.   `print(listVar4)`

53.

54.   `listVar4.sort(reverse = True)`
      # sort( ) 함수를 이용해서 데이터를 정렬(내림차순)한다.

55.   `print(listVar4)`

```
[4, 1, 5, 2, 3]
[1, 2, 3, 4, 5]
[5, 4, 3, 2, 1]
```

51행에서는 'reverse=False' 옵션을 이용해서 오름차순으로 정렬합니다. 오름차순 정렬의 경우 기본(default) 설정으로 꼭 'reverse=False' 옵션을 명시하지 않아도 됩니다.

```
listVar4.sort(reverse = False) → listVar4.sort( )
```

• 데이터를 역순으로 나타내기

reverse( ) 함수를 이용하면 리스트의 데이터를 반대로 뒤집을 수 있습니다.

◎ 예제 파일 python\pjt\chapter04\ex03.py

코드

```
57.  # 데이터 역순
58.  listVar5 = ["c", "c++", "c#", "java", "python"]
     # listVar5 리스트를 만든다.
59.  print(listVar5)
60.
61.  listVar5.reverse( )
     # reverse( ) 함수를 이용해서 데이터를 반대로 뒤집는다.
62.  print(listVar5)
63.
64.  listVar5.reverse( )
     # reverse( ) 함수를 이용해서 데이터를 다시 뒤집는다. 결국 처음 상태로 돌아온다.
65.  print(listVar5)
```

실행 결과

```
['c', 'c++', 'c#', 'java', 'python']
['python', 'java', 'c#', 'c++', 'c']
['c', 'c++', 'c#', 'java', 'python']
```

• 데이터 슬라이싱하기

데이터 슬라이싱이란 리스트에서 필요한 부분의 데이터만 뽑아내는 것을 말합니다. 예를 들어, 5개의 데이터가 있는 리스트에서 앞/뒤 또는 중간의 3개 데이터만 뽑아내고자 할 때 다음과 같이 인덱스를 이용해서 처리합니다.

```
67.  # 데이터 슬라이싱
68.  listVar6 = ["호랑이", "사자", "곰", "여우", "늑대"]
     # 길이가 5인 listVar6 리스트를 만든다.
69.  print(listVar6)
70.
71.  # 앞에서 3개의 데이터 슬라이싱
72.  print(listVar6[:3])
     # 맨 앞에서부터 인덱스 3 앞까지의 데이터를 슬라이싱한다.
73.
74.  # 중간에서 3개의 데이터 슬라이싱
75.  print(listVar6[1:4])
     # 인덱스 1부터 인덱스 4 앞까지의 데이터를 슬라이싱한다.
76.
77.  # 뒤에서 3개의 데이터 슬라이싱
78.  print(listVar6[len(listVar6)-2:])
     # 인덱스 3부터 끝까지의 데이터를 슬라이싱한다(len(listVar6) → 리스트 전체 길이(5)).
```

실행 결과

```
['호랑이', '사자', '곰', '여우', '늑대']
['호랑이', '사자', '곰']
['사자', '곰', '여우']
['여우', '늑대']
```

지금까지 리스트와 관련된 여러 기능을 살펴봤습니다. 프로그래밍 언어를 공부할 때는 일단 '이런 기능들이 있구나.' 하는 정도만 알아 두세요. 추후 예제 또는 개발 프로젝트가 있을 때 참고 문서를 찾아서 몇 번 사용하다 보면 어느새 외워서 사용하는 날이 오게 될 거예요. 그런 의미에서 아주 간단한 예제 하나를 준비했습니다. 앞에서 살펴본 학급 학생 리스트를 이용해서 학생을 쉽게 관리하는 방법을 알아봅니다. 시나리오가 아주 쉬운 만큼 자신이 있다면 시나리오만 보고 직접 코딩해 보는 것도 좋습니다. 조금 어렵게 느껴진다면 예제 파일(ex04.py)을 천천히 따라 해 보세요.

● 예제 파일   python\pjt\chapter04\ex04.py

▶ 시나리오 #1 : 학급 학생 수가 10명인 리스트를 만든다.

```python
students = ["정우람", "박으뜸", "배힘찬", "천영웅", "신석기", "배민규", "전
민수", "박건우", "박찬호", "이승엽"]
print(students)
```

▶ 시나리오 #2 : '가나다' 순으로 정렬한다.

```python
students.sort()
print(students)
```

▶ 시나리오 #3 : '박찬호' 학생의 전학으로 학급에서 제외하고 전체 학생 수를 나타내자.

```python
students.remove("박찬호")
print(students)
print(len(students))
```

▶ 시나리오 #4 : 선생님을 돕기 위해 앞에서 3명의 학생을 뽑는다.

```python
print(students[:3])
```

▶ 시나리오 #5 : 새로운 친구가 전학 왔다(이름 : 이병규).

```python
students.append("이병규")
students.sort()
print(students)
```

▶ 시나리오 #6 : 자리를 바꾸기 위해서 학생 순서를 역순으로 뒤집는다.

```python
students.reverse()
print(students)
```

▶ 시나리오 #7 : '정우람' 학생의 이름이 '정잘남'으로 개명됐다.

```
ind = students.index("정우람")
students[ind] = "정잘남"
print(students)
```

③ 튜플(Tuple)

튜플은 앞에서 살펴본 리스트와 비슷한 컨테이너 데이터 타입이지만, 한 가지 아주 큰 차이점이 있습니다. 바로 튜플 요소에 해당하는 데이터는 수정이 불가하다는 것입니다. 컴퓨터에서 수정이 불가하다니 좀 이상하지만, 사실 컴퓨터 프로그램에서는 수정되면 안 되는 데이터가 종종 있습니다.

식당의 메뉴 가격, 회사의 월급 명세서 등은 관리자 권한 없이 수정되어서는 절대로 안 되는 데이터입니다. 만약 데이터가 관리자의 권한 없이 수정된다면 어느 날 식당 메뉴의 가격이 달라지거나 월급을 받지 못하는 상황이 올 수도 있겠지요. 이런 이유로 데이터가 수정되면 안 되는 경우 리스트보다는 튜플로 데이터를 관리하면 더욱 안전합니다. 물론 데이터 수정(삭제 포함)만 안 될 뿐 리스트와 마찬가지로 참조는 가능하답니다. 우선 튜플을 만드는 방법부터 살펴보고, 다음으로 몇 가지 예제를 통해 튜플의 사용 방법을 익힙니다.

▲ 튜플의 기본 구조

튜플도 리스트와 마찬가지로 변수명, 요소 그리고 괄호를 이용해서 쉽게 만들 수 있으며, 요소는 어떤 데이터라도 상관없습니다. 여기서 리스트와 다른 점은 바로 괄호입니다. 리스트에서는 대괄호([,])를 이용했지만, 튜플에서는 소괄호((,))를 이용합니다.

튜플을 만들었으면 이제 사용 방법을 알아야 하는데, 튜플은 리스트보다 훨씬 쉽습니다. 데이터를 변경할 수 없어 기능이 제한적이기 때문입니다. 이제 가벼운 마음으로 튜플의 사용 방법에 대해서 살펴보도록 합니다.

• 데이터 참조하기

리스트와 마찬가지로 인덱스를 이용해서 데이터를 참조할 수 있습니다.

코드　　　　　　　　　　　　　　　　　⊙ 예제 파일　python\pjt\chapter04\ex05.py

```
01.  class1 = ("정우람", "박으뜸", "배힘찬")
     # 길이가 3인 class1 튜플을 만든다.

02.  print(class1)
     # class1 전체를 출력한다.

03.

04.  print(class1[0])

05.  print(class1[1])

06.  print(class1[2])
     # 인덱스를 이용해서 데이터를 참조한다.
```

실행 결과

```
Console
C:\Users\ho_msi\AppData\Loca
Process started (PID=27668) >>>
('정우람', '박으뜸', '배힘찬')
정우람
박으뜸
배힘찬
<<< Process finished (PID=27668).
```

• 튜플 길이(크기) 확인하기

리스트와 마찬가지로 len( ) 함수를 이용해서 튜플의 전체 길이를 알 수 있습니다.

코드　　　　　　　　　　　　　　　　　⊙ 예제 파일　python\pjt\chapter04\ex05.py

```
08.  length = len(class1)
     # len( ) 함수를 이용해서 튜플의 길이를 확인한다.

09.  print(length)
     # 튜플의 길이를 출력한다.
```

```
3
```

• 튜플 결합하기

'+' 연산자를 이용해서 튜플 간 결합할 수 있습니다.

코드   ● 예제 파일   python\pjt\chapter04\ex05.py

```
11.  class2 = ("박찬호", "이승엽", "이병규")
        # 새로운 class2 튜플을 만든다.

12.

13.  classSum = class1 + class2
        # class1과 class2를 '+' 연산자를 이용해서 결합하고 classSum에 담는다.

14.  print(type(classSum))
        # classSum의 데이터 타입을 확인한다. classSum은 Tuple 타입이다.

15.  print(classSum)
        # classSum을 출력해서 튜플이 정상 결합된 것을 확인한다.
```

실행 결과

```
<class 'tuple'>
('정우람', '박으뜸', '배힘찬', '박찬호', '이승엽', '이병규')
```

• 데이터 슬라이싱하기

리스트와 마찬가지로 인덱스와 대괄호를 이용한 데이터 슬라이싱이 가능합니다.

코드   ● 예제 파일   python\pjt\chapter04\ex05.py

```
17.  # 데이터 슬라이싱

18.  print(classSum)

19.  print(classSum[:3])
        # 인덱스 0부터 인덱스 3 앞까지의 데이터를 슬라이싱한다.

20.  print(classSum[1:4])
        # 인덱스 1부터 인덱스 4 앞까지의 데이터를 슬라이싱한다.
```

```
21.  print(classSum[len(classSum)-3:])
```
인덱스 3부터 끝까지의 데이터를 슬라이싱한다(len(classSum) → 튜플 전체 길이(6)).

```
('정우람','박으뜸','배힘찬','박찬호','이승엽','이병규')
('정우람','박으뜸','배힘찬')
('박으뜸','배힘찬','박찬호')
('박찬호','이승엽','이병규')
```

• 특정 데이터의 인덱스 찾기

index() 함수를 이용하면 튜플에서 특정 데이터가 위치하는 인덱스 값을 얻을 수 있습니다.

코드 　　　　　　　　　　　　　　　◉ 예제 파일　python\pjt\chapter04\ex05.py

```
23.  # index( ) 메서드
24.  indexNum = classSum.index("박찬호")
```
"박찬호" 데이터의 인덱스 값을 index( ) 메서드를 이용해서 찾는다.

```
25.  print(type(indexNum))
```
반환된 index 값의 데이터 타입을 확인한다.

```
26.  print(indexNum)
```
반환된 index 값을 출력한다.

```
<class 'int'>
3
```

• 특정 데이터의 개수 찾기

count() 함수를 이용하면 튜플에서 특정 데이터를 몇 개 포함하는지 알 수 있습니다.

코드 　　　　　　　　　　　　　　　◉ 예제 파일　python\pjt\chapter04\ex05.py

```
28.  # count( ) 메서드
29.  class3 = ("정우람", "박으뜸", "배힘찬", "정우람", "이승엽", "배힘찬")
```
중복 데이터가 포함된 튜플을 만든다.

```
30.   print(class3)
      # 튜플 전체를 출력한다('정우람'과 '배힘찬'은 중복 데이터).

31.

32.   num = class3.count("정우람")

33.   print(num)
      # count( ) 메서드를 이용해서 '정우람'이 몇 개(2개)인지 확인한다.

34.

35.   num = class3.count("박으뜸")

36.   print(num)
      # count( ) 메서드를 이용해서 '박으뜸'이 몇 개(1개)인지 확인한다.

37.

38.   num = class3.count("배힘찬")

39.   print(num)
      # count( ) 메서드를 이용해서 '배힘찬'이 몇 개(2개)인지 확인한다.
```

실행 결과

```
('정우람', '박으뜸', '배힘찬', '정우람', '이승엽', '배힘찬')
2
1
2
<<< Process finished (PID=28404) (Exit code 0)
```

4 딕셔너리(Dictionary)

딕셔너리는 앞에서 살펴본 리스트와 함께 프로그래밍에서 많이 사용하는 컨테이너로 데이터 검색 속도가 리스트보다 좀 더 빠르다는 장점이 있습니다. 리스트의 경우 인덱스를 이용한 데이터 참조가 가능하지만, 딕셔너리의 경우 인덱스 대신 키(Key)를 이용해서 데이터 참조가 가능합니다. 이제 딕셔너리를 만들고 사용 방법에 대해서 하나씩 살펴보도록 하겠습니다.

• 딕셔너리의 기본 구조 알아보기

딕셔너리는 키(Key)와 밸류(Value)가 한 쌍으로 이루어져 있습니다. 이것은 마치 수영장 라커룸에 있는 옷장과 같은 구조입니다. 라커룸에는 옷장마다 열쇠가 있고 열쇠에 따라서 다른 사람과 나의 옷장을 구분합니다. 그리고 옷장에는 내가 넣고 싶은 것은 뭐든지 넣을 수 있지요. 옷장 열쇠가 딕셔너리의 키에 해당하고, 옷장 안의 내용물이 딕셔너리의 밸류에 해당합니다.

▲ 딕셔너리의 키, 밸류는 옷장 열쇠와 내용물과 같다.

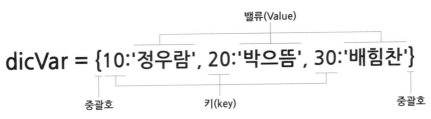

▲ 딕셔너리의 기본 구조

키와 밸류로 구성된 딕셔너리에서 키 값은 중복될 수 없고 밸류 값은 중복될 수 있습니다. 그 이유는 만약 키 값이 중복된다면 하나의 키를 가지고 여러 요소(데이터)에 접근 가능한 불상사가 일어나기 때문입니다. 마치 수영장 라커룸에서 다른 사람이 나의 옷장을 열어 보는 것과 같겠지요. 그리고 딕셔너리 시작과 끝은 중괄호('{', '}')를 이용합니다.

리스트가 데이터를 참조할 때 인덱스를 이용한다고 했는데요, 딕셔너리는 키 값을 이용해서 데이터를 검색하기 때문에 처리 검색 속도가 좀 더 빠릅니다. 딕셔너리의 기본 구조를 살펴봤으니 이제 사용 방법을 살펴보도록 합니다.

• 데이터 추가하기

대괄호([,])를 이용해서 키와 밸류 값만 넣으면 쉽게 데이터를 추가할 수 있습니다.

코드   ● 예제 파일   python\pjt\chapter04\ex06.py

```
11.   # 딕셔너리 생성
12.   dicVar2 = {}
      # 데이터가 없는 비어있는 딕셔너리를 만든다.

13.
14.   # 데이터 추가
15.   dicVar2['정우람'] = 30
16.   dicVar2['박으뜸'] = 26
17.   dicVar2['배힘찬'] = 31
18.   dicVar2['천영웅'] = 28
19.   dicVar2['신석기'] = 25
      # 키와 밸류를 이용해서 5개의 데이터를 추가한다.

20.
21.   print(dicVar2)
      # 딕셔너리 전체 데이터를 출력한다.
```

실행 결과

```
{'정우람': 30, '박으뜸': 26, '배힘찬': 31, '천영웅': 28, '신석기': 25}
```

• 데이터 참조 및 수정하기

데이터 추가와 마찬가지로 대괄호([,])를 이용해서 데이터를 참조하고 수정할 수 있으며, 대괄호 안에는 키 값이 입력됩니다.

코드   ● 예제 파일   python\pjt\chapter04\ex06.py

```
23.   # 데이터 참조 및 수정
24.   print(dicVar2['천영웅'])
      # 키가 '천영웅'에 해당하는 데이터를 출력한다.
25.   print(dicVar2['배힘찬'])
      # 키가 '배힘찬'에 해당하는 데이터를 출력한다.
```

```
26.  print(dicVar2['신석기'])
```
　　# 키가 '신석기'에 해당하는 데이터를 출력한다.

```
27.
28.  dicVar2['천영웅'] = 31
```
　　# 키가 '천영웅'에 해당하는 데이터를 31로 수정한다.

```
29.  dicVar2['배힘찬'] = 32
```
　　# 키가 '배힘찬'에 해당하는 데이터를 32로 수정한다.

```
30.  dicVar2['신석기'] = 26
```
　　# 키가 '신석기'에 해당하는 데이터를 27로 수정한다.

```
31.
32.  print(dicVar2['천영웅'])
33.  print(dicVar2['배힘찬'])
34.  print(dicVar2['신석기'])
```

실행 결과

```
28
31
25
31
32
26
```

· 데이터 삭제하기

데이터를 삭제하기 위해서는 del 키워드와 키를 이용합니다.

코드　　　　　　　　　　　　◑ 예제 파일　python\pjt\chapter04\ex06.py

```
36.  # 데이터 삭제
37.  print(dicVar2)
```
　　# 데이터 삭제 전 dicVar2의 전체 데이터를 출력한다.

```
38.  del dicVar2['정우람']
```
　　# dicVar2에서 키 값이 '정우람'인 데이터를 del 키워드를 이용해서 삭제한다.

```
39.  print(dicVar2)
```
　　# 데이터 삭제 후 dicVar2의 전체 데이터를 출력한다.

```
{'정우람': 30, '박으뜸': 26, '배힘찬': 32, '천영웅': 31, '신석기': 26}
{'박으뜸': 26, '배힘찬': 32, '천영웅': 31, '신석기': 26}
```

• 데이터 개수 확인하기

리스트와 마찬가지로 len() 함수를 이용해서 딕셔너리 전체의 데이터 개수를 확인할 수 있습니다.

코드　　　　　　　　　　　　　　　○ 예제 파일　python\pjt\chapter04\ex06.py

```
41.  # 데이터 개수 확인
42.  print(len(dicVar2))
     # len() 함수를 이용하면 데이터 개수를 확인할 수 있다.
```

실행 결과

4-3 | 문구 관리대장 만들기

01 새 파일 만들기

Notepad++에서 Ctrl+N을 눌러 새로운 파일을 만들고, Ctrl+Alt+S를 눌러 파일을 저장합니다. 이때 C:\python\pjt\chapter04 폴더에 'example.py' 파일로 저장합니다.

02 딕셔너리(Dictionary)를 이용한 문구 관리대장 만들기

딕셔너리로 사용할 myStationery 변수를 선언하고 다음과 같이 초기화합니다.

```
01.  myStationery = {}
     # myStationery 변수를 만들고 중괄호({, })를 이용해서 딕셔너리 컨테이너로 초기화한다.
```

03 자신의 문구 데이터를 다음과 같이 입력합니다.

```
02. myStationery["지우개"] = 5      # 지우개 5개가 있다.
03. myStationery["연필"] = 10       # 연필 10자루가 있다.
04. myStationery["색연필"] = 20     # 색연필 20자루가 있다.
05. myStationery["공책"] = 10       # 공책 10권이 있다.
06. myStationery["필통"] = 2        # 필통 2개가 있다.
```

04 가지고 있는 문구 개수를 이용해서 쉽게 문구 목록을 만들 수 있습니다. 다음은 문구의 전체 목록을 출력한 것입니다.

> 코드

```
08. print(myStationery)
```

> 실행 결과

```
'지우개': 5, '연필': 10, '색연필': 20, '공책': 10, '필통': 2}
```

05 문구 품명과 각각의 개수를 따로 출력할 수도 있습니다. 이때 keys( )와 values( )를 이용하세요.

> 코드

```
09. print(myStationery.keys( ))
    # keys( )를 이용하면 키 값들만 얻을 수 있다.

10. print(myStationery.values( ))
    # values( )를 이용하면 밸류 값들만 얻을 수 있다.
```

> 실행 결과

```
dict_keys(['지우개', '연필', '색연필', '공책', '필통'])
dict_values([5, 10, 20, 10, 2])
```

06 프로그램 실행하기

이제 문구 대장을 만들었으니 다음의 상황에 맞춰 프로그래밍합니다.

▶ 시나리오 #1 : 지우개 1개를 다 썼다.

```
myStationery["지우개"] = myStationery["지우개"] - 1
print(myStationery["지우개"])
```

▶ 시나리오 #2 : 연필 2자루를 잃어버렸다.

```
myStationery["연필"] = myStationery["연필"] - 2
print(myStationery["연필"])
```

▶ 시나리오 #2 : 공책 2권을 선물 받았다.

```
myStationery["공책"] = myStationery["공책"] + 2
print(myStationery["공책"])
```

07 Ctrl + F6 을 눌러 프로그램을 실행하면 다음과 같은 결과가 나타납니다.

실행 결과

```
{'지우개': 5, '연필': 10, '색연필': 20, '공책': 10, '필통': 2}
dict_keys(['지우개', '연필', '색연필', '공책', '필통'])
dict_values([5, 10, 20, 10, 2])
4
8
12
```

08 처음에는 지우개 5개가 있었으나 1개를 썼으므로 현재 4개가 남아 있습니다. 연필과 공책은 각각 잃어버리고 선물 받아서 해당하는 숫자만큼 수정되었습니다. 다음의 전체 프로그램 코드를 천천히 살펴보면서 머릿속으로 정리해 봅니다.

코드

● 예제 파일 python\pjt\chapter04\example.py

```
01. myStationery = {}
02. myStationery["지우개"] = 5
```

```
03. myStationery["연필"] = 10
04. myStationery["색연필"] = 20
05. myStationery["공책"] = 10
06. myStationery["필통"] = 2
07.
08. print(myStationery)
09. print(myStationery.keys())
10. print(myStationery.values())
11.
12. # 지우개 1개를 다 썼다.
13. myStationery["지우개"] = myStationery["지우개"] - 1
14. print(myStationery["지우개"])
15.
16. # 연필 2자루를 잃어버렸다.
17. myStationery["연필"] = myStationery["연필"] - 2
18. print(myStationery["연필"])
19.
20. # 공책 2권을 선물 받았다.
21. myStationery["공책"] = myStationery["공책"] + 2
22. print(myStationery["공책"])
```

학습 정리

■ 컨테이너(Container)란?

하나 이상의 데이터가 모여 있는 데이터 타입으로 다양한 데이터가 묶여있는
형태여서 '컨테이너(Container)'라고 합니다. 파이썬에서 컨테이너의 종류로
는 리스트(List), 튜플(Tuple) 그리고 딕셔너리(Dictionary)가 있으며, 개발
자는 각각의 특징을 이해하고 적절히 선택해서 사용해야 합니다.

2 리스트(List)란?

배열과 비슷한 형태로 데이터를 목록화해서 관리하며, 인덱스를 이용해서 데이터를 참조합니다. 인덱스의 시작은 '1'이 아니라 '0'입니다. 리스트는 대괄호([,])를 이용해서 정의하며, 메모리에 저장된 리스트의 메모리 주소는 변수에 담깁니다. 다음은 리스트에 관한 기능입니다.

기능	내용
append( )	데이터 추가
pop( )	데이터 삭제
extend( )	리스트 연장
insert( )	데이터 삽입
remove( )	특정 데이터 삭제
sort( )	데이터 정렬
reverse( )	데이터 역순 정렬
리스트[인덱스:인덱스]	데이터 추출
len(리스트)	리스트 길이 반환

3 튜플(Tuple)이란?

리스트와 비슷하게 데이터를 목록으로 관리하지만, 저장된 데이터는 수정(삭제 포함)될 수 없습니다. 리스트와 마찬가지로 인덱스를 이용해서 데이터를 참조하며 소괄호((,))를 이용해서 정의합니다.

4 딕셔너리(Dictionary)란?

딕셔너리는 키(Key)와 밸류(Value)를 이용해서 데이터를 관리하는 것으로, 밸류는 중복될 수 있지만 키는 중복될 수 없습니다. 딕셔너리는 중괄호({, })를 이용해서 정의하며 데이터 삭제에서는 del 키워드를 사용합니다.

```
>>> del dicVar2['정우람']
```

1 문구에 변동이 있을 때마다 문구 전체 개수가 출력되는 문구 관리대장으로 업그레이드해 보자.

문구의 전체 개수를 알기 위한 두 가지 방법을 소개합니다. 첫 번째는 쉬워 보이지만 프로그래밍 언어에 입문하는 사람들이 가장 쉽게 생각할 수 있는 방법이고, 두 번째는 반복문을 이용하는 방법입니다. 두 가지 방법에 대한 코드와 해설은 다음과 같으므로 직접 고민해 보고 문제를 풀어 보세요.

코드 #1   ⊙ 예제 파일   python\pjt\chapter04\exercise01.py

```
01. total = 0
    # 문구 전체 개수를 담기 위한 total 변수를 정의한다.

02.
03. myStationery = {}
04. myStationery["지우개"] = 5
05. myStationery["연필"] = 10
06. myStationery["색연필"] = 20
07. myStationery["공책"] = 10
08. myStationery["필통"] = 2
09.
10. print(myStationery)
11. print(myStationery.keys())
12. print(myStationery.values())
13.
14. # 지우개 1개를 다 썼다.
15. myStationery["지우개"] = myStationery["지우개"] - 1
16. print(myStationery["지우개"])
17.
18. total = myStationery["지우개"] + myStationery["연필"] +
    myStationery["색연필"] + myStationery["공책"] + myStationery["필통"]
    # 키(key) 값을 이용해서 문구 개수를 모두 더한 후 total에 담는다.
```

```
19.  print("total : ", total, '개')
         # total을 출력한다.
20.
21.  # 연필 2자루를 잃어버렸다.
22.  myStationery["연필"] = myStationery["연필"] - 2
23.  print(myStationery["연필"])
24.
25.  total = myStationery["지우개"] + myStationery["연필"] +
     myStationery["색연필"] + myStationery["공책"] + myStationery["필통"]
26.  print("total : ", total, '개')
         # 18~19행과 같은 코드로 문구 전체 개수를 출력한다.
27.
28.  # 공책 2권을 선물 받았다.
29.  myStationery["공책"] = myStationery["공책"] + 2
30.  print(myStationery["공책"])
31.
32.  total = myStationery["지우개"] + myStationery["연필"] +
     myStationery["색연필"] + myStationery["공책"] + myStationery["필통"]
33.  print("total : ", total, '개')
         # 18~19행과 같은 코드로 문구 전체 개수를 출력한다.
```

실행 결과#1

```
{'지우개': 5, '연필': 10, '색연필': 20, '공책': 10, '필통': 2}
dict_keys(['지우개', '연필', '색연필', '공책', '필통'])
dict_values([5, 10, 20, 10, 2])
4
total :  46 개
8
total :  44 개
12
total :  46 개
```

첫 번째 방법은 문구 이름을 이용해서 각각의 개수를 모두 더하는 방법으로 가장 쉽게 생각할 수 있지만, 좋은 방법은 아닙니다. 그 이유는 문구 종류가 추가되면 18~19행, 25~26행 그리고 32~33행의 모든 코드를 수정해야 하기 때문입니다. 예를 들어, '볼펜'이 추가되면 다음과 같이 코드를 수정해야 합니다.

전(Before)	total = myStationery["지우개"] + myStationery["연필"] + myStationery["색연필"] + myStationery["공책"] + myStationery["필통"]
후(After)	total = myStationery["지우개"] + myStationery["연필"] + myStationery["색연필"] + myStationery["공책"] + myStationery["필통"] + myStationery["볼펜"]

프로그램을 개발할 때 반드시 생각해야 하는 부분은 바로 '유지 보수'입니다. 개발자는 가능하면 유지 보수가 발생하지 않도록 프로그램을 유연하게 개발할 필요가 있는데요, 예시에서 문구 종류가 한 개라도 늘어나면 개발자는 그때마다 코드를 수정해야 하는 번거로움이 있습니다. 그럼 어떻게 문구 종류가 늘어나도 프로그램 수정 없이 자동으로 전체 개수를 구할 수 있을까요? 해답은 다음의 두 번째 방법에 있습니다.

코드 #2
● 예제 파일 python\pjt\chapter04\exercise01_01.py

```
01. total = 0
    # 문구 전체 개수를 담기 위한 total 변수를 정의한다.

02.

03. myStationery = {}
04. myStationery["지우개"] = 5
05. myStationery["연필"] = 10
06. myStationery["색연필"] = 20
07. myStationery["공책"] = 10
08. myStationery["필통"] = 2

09.

10. print(myStationery)
11. print(myStationery.keys())
12. print(myStationery.values())

13.
```

```
14.  # 지우개 1개를 다 썼다.
15.  myStationery["지우개"] = myStationery["지우개"] - 1
16.  print(myStationery["지우개"])
17.
18.  total = 0
19.  for v in myStationery.values():
20.              total += v
```
myStationery.values( )를 이용해 문구마다 개수를 구한 후 반복문(for문)을 이용해서 모든 문구 개수를 더한다.

```
21.  print('total : {0}'.format(total))
```
문구의 전체 개수를 출력한다.

```
22.
23.  # 연필 2자루를 잃어버렸다.
24.  myStationery["연필"] = myStationery["연필"] - 2
25.  print(myStationery["연필"])
26.
27.  total = 0
28.  for v in myStationery.values():
29.              total += v
30.  print('total : {0}'.format(total))
```
19~21행과 같은 코드로 문구의 전체 개수를 출력한다.

```
31.
32.  # 공책 2권을 선물 받았다.
33.  myStationery["공책"] = myStationery["공책"] + 2
34.  print(myStationery["공책"])
35.
36.  total = 0
37.  for v in myStationery.values():
38.              total += v
39.  print('total : {0}'.format(total))
```
19~21행과 같은 코드로 문구의 전체 개수를 출력한다.

19행의 myStationery.values()는 myStationery 딕셔너리에서 모든 밸류 값을 나타냅니다. 이때 데이터 타입은 'dict_values'입니다. 다음은 type()을 이용해서 데이터 타입을 확인하고 있습니다.

```
>>> print(type(myStationery.values( )))
<class 'dict_values'>
```

'dict_values'는 리스트(List)와 비슷한 형태로 데이터를 관리합니다. 반복문 이란 것을 이용하면 dict_values 데이터 타입의 모든 요소를 참조할 수 있습니다. 즉, 반복문을 이용해서 모든 밸류 값을 참조한 후 total 변수에 더하면 문구의 전체 개수를 쉽게 구할 수 있습니다. 문구 종류가 늘어나더라도 프로그램의 코드는 수정하지 않아도 됩니다.

실행 결과 #2
```
{'지우개': 5, '연필': 10, '색연필': 20, '공책': 10, '필통': 2}
dict_keys(['지우개', '연필', '색연필', '공책', '필통'])
dict_values([5, 10, 20, 10, 2])
4
total : 46
8
total : 44
12
total : 46
```

두 번째 방법이 첫 번째 방법보다 훨씬 좋은 프로그램이지만, 아직 파이썬의 많은 부분을 학습하지 않았기 때문에 어렵게 느껴질 것입니다. 따라서 지금은 가능한 두 번째 방법처럼 유연하게 개발하는 것이 좋다는 정도만 알아 두고 다음 챕터에서 반복문을 학습한 후 다시 풀어 보세요.

계산기 만들기

● **컴퓨터는 덧셈, 뺄셈, 곱셈, 나눗셈 등의 연산을 어떻게 처리하는지 살펴봅니다.**

프로그램을 개발한다고 할 때 가장 먼저 떠오르는 것은 수많은 데이터와 연산자일 것입니다. 간혹 TV에서도 IT와 관련된 자료 화면을 보면, 대부분의 영상에 수많은 데이터와 연산자가 등장합니다. 이처럼 컴퓨터 프로그램에서는 단순하거나 복잡한 연산 기능을 빼놓을 수 없는데요, 컴퓨터가 처음 만들어진 계기도 인간이 직접 하기 어려운 연산을 정확하고 빠르게 하기 위해서이므로 컴퓨터가 어떻게 연산하는지에 대해서 살펴봅니다.

● **산술 연산자, 비교 연산자, 논리 연산자 등에 대해서 살펴봅니다.**

연산하면 주로 산술 연산자(덧셈, 뺄셈, 곱셉, 나눗셈)를 가장 먼저 떠올립니다. 하지만 연산자의 종류에는 산술 연산자 말고도 비교 연산자, 논리 연산자 등이 있습니다. 먼저 산술 연산자를 살펴보고 비교 연산자와 논리 연산자는 차례로 살펴보겠습니다.

● 산술, 비교 그리고 논리 연산자를 차례로 살펴봅니다.

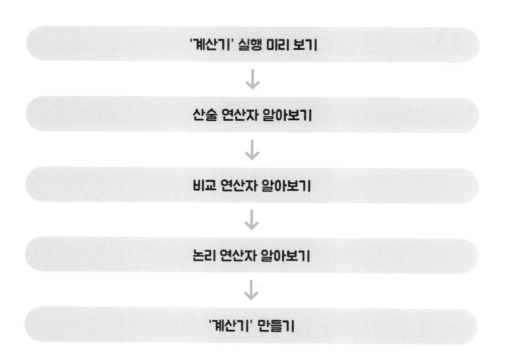

'계산기' 실행 미리 보기

↓

산술 연산자 알아보기

↓

비교 연산자 알아보기

↓

논리 연산자 알아보기

↓

'계산기' 만들기

1 코드 미리 보기

Notepad++에서 chapter05 폴더의 'ex01.py' 파일을 불러옵니다.

★ 예제 파일 python\pjt\chapter05\ex01.py

```
01.  firstNum = input( )
02.  operator = input( )
03.  secondNum = input( )
04.
05.  if operator == '+':
06.      # 덧셈 연산
07.      print('덧셈 연산 결과 : ')
08.      print(int(firstNum) + int(secondNum))
09.  elif operator == '-':
10.      # 뺄셈 연산
11.      print('뺄셈 연산 결과 : ')
12.      print(int(firstNum) - int(secondNum))
13.  elif operator == '*':
14.      # 곱셈 연산
15.      print('곱셈 연산 결과 : ')
16.      print(int(firstNum) * int(secondNum))
17.  elif operator == '/':
18.      # 나눗셈 연산
19.      print('나눗셈 연산 결과 : ')
20.      print(int(firstNum) / int(secondNum))
21.  elif operator == '%':
22.      # 나머지 연산
23.      print('나머지 연산 결과 : ')
```

```
24.        print(int(firstNum) % int(secondNum))
25.   elif operator == '//':
26.        # 몫 연산
27.        print('몫 연산 결과 : ')
28.        print(int(firstNum) // int(secondNum))
```

2 프로그램 이해하기

'계산기'를 만들어 봅니다. 사용자로부터 2개의 숫자와 1개의 연산자를 입력받아
연산을 실행합니다.

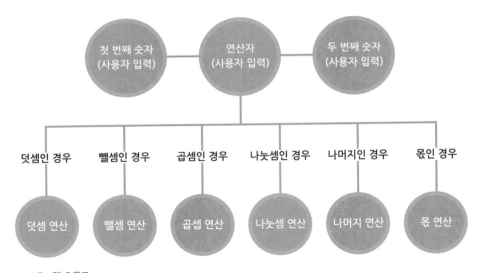

▲ 프로그램 흐름도

[Ctrl]+[F6]을 눌러 게임 프로그램을 실행한 다음 첫 번째 숫자를 입력하고, 이어서 희망하는 연산자와 두 번째 숫자를 차례로 입력합니다. [Enter]를 누르면 입력한 숫자와 연산자를 이용해서 연산한 결과가 Console 창에 출력됩니다.

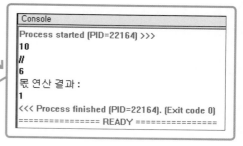

반복문 등을 학습하면 한번 연산하고 끝나는 것이 아니라 계속해서 연산하는 프로그램을 만들 수 있습니다.

5-2 │ 문법 구문의 이해

1 산술 연산자

산술 연산자는 일상생활에서 많이 사용하는 연산자입니다. 덧셈, 뺄셈, 곱셈, 나눗셈 등이 바로 산술 연산자인데요, 프로그램에서는 4개의 사칙 연산자 말고도 추가로 나머지를 구하는 나머지 연산자와 몫만을 구하는 몫 연산자가 있습니다. 다음은 파이썬에서 사용하는 산술 연산자입니다.

연산 기호	연산 내용	연산 예제
+	덧셈 연산	10 + 3 = 13
−	뺄셈 연산	10 − 3 = 9
*	곱셈 연산	10 * 3 = 30
/	나눗셈 연산	3.3333333333333335
%	나머지만 구하는 연산	1
//	몫만 구하는 연산	3

▲ 파이썬에서는 사칙 연산자 외에 나머지, 몫 연산자를 제공한다.

연산하면 숫자만을 이용한 연산을 생각하는데, 프로그램에서는 숫자 외에도 문자

(열)를 이용해서 연산할 수 있습니다. 덧셈 연산부터 자세히 알아봅니다.

• 덧셈 연산

덧셈 연산은 말 그대로 피연산자를 이용해서 더하기 연산을 합니다. 너무 쉬워서 다음의 예제를 살펴보면 쉽게 이해할 수 있습니다.

코드 ● 예제 파일 python\pjt\chapter05\ex02.py

```
01.  firstNum = 10
02.  secondNum = 3
03.
04.  firstStr = 'Hello'
05.  secondStr = ' '
06.  thirdStr = 'python'
07.
08.  # 덧셈 연산
09.  print(firstNum + secondNum)
        # 정수를 이용해서 덧셈 연산을 한다.
10.  print(firstStr + secondStr + thirdStr)
        # 문자(열)를 이용해서 덧셈 연산을 한다.
```

실행 결과

```
C:\Users\ho_msi\AppData\Local\Programs\P
Process started (PID=22800) >>>
13
Hello python
<<< Process finished (PID=22800). (Exit code 0)
================ READY ================
```

위의 예제를 통해 덧셈 연산은 숫자를 이용한 연산도 가능하지만 문자(열)를 이용한 연산도 가능한 것을 알 수 있습니다. 문자열을 이용한 연산은 문자(열)와 문자(열)를 붙이는 결과입니다. 만약 숫자와 문자(열)를 이용해서 덧셈 연산을 시도하면 어떻게 될까요? 다음은 숫자와 문자(열)를 이용해서 덧셈 연산을 했을 때 에러가 발생하는 것을 보여줍니다.

```
11. print(10 + 'abc')
```

```
print(10 + 'abc')
TypeError: unsupported operand type(s) for +: 'int' and 'str'
```

▲ 숫자와 문자(열)를 덧셈 연산하면 에러가 발생한다.

정수와 문자(열) 데이터 타입은 덧셈 연산을 할 수 없다는 에러로 문자(열)의 덧셈 연산은 문자(열)끼리만 가능합니다.

• 뺄셈 연산

뺄셈 연산은 말 그대로 피연산자를 이용해서 빼기 연산을 합니다. 다음의 예제를 보면 쉽게 이해할 수 있습니다.

◉ 예제 파일 python\pjt\chapter05\ex02.py

```
12. # 뺄셈 연산
    # 정수를 이용해서 뺄셈 연산을 한다.

13. print(firstNum - secondNum)
```

```
C:\Users\ho_msi\AppData\Local\Programs\
Process started (PID=22504) >>>
7
<<< Process finished (PID=22504). (Exit code 0)
```

덧셈은 문자(열)를 이용한 연산도 가능하지만, 뺄셈의 경우에는 문자(열)를 이용한 연산이 불가능합니다. 만약 문자(열)를 이용한 뺄셈을 하면 다음과 같은 에러가 발생합니다.

```
14. print('ab' - 'ef')
```

```
print('abc' - 'def')
TypeError: unsupported operand type(s) for -: 'str' and 'str'
```

▲ 문자(열)를 뺄셈 연산하면 에러가 발생한다.

문자(열)를 이용한 연산은 덧셈 연산만 가능하며, 다른 연산자(-, *, /, %, //)를 이용해서 연산하는 경우에는 에러가 발생합니다.

• 곱셈 연산

곱셈 연산에서도 피연산자를 이용합니다. 다음의 예제를 보면 쉽게 이해할 수 있습니다.

코드　　　　　　　　　　　　　　　　● 예제 파일　python\pjt\chapter05\ex02.py

```
15.  # 곱셈 연산
16.  print(firstNum * secondNum)
     # 정수를 이용해서 곱셈 연산을 한다.
```

실행 결과

```
c.wosers\hd_hrsiwAppuataw Local\Programs\P
Process started (PID=20680) >>>
30
<<< Process finished (PID=20680). (Exit code 0)
```

• 나눗셈 연산

나눗셈 연산도 피연산자를 이용합니다. 다음의 예제를 보면 쉽게 이해할 수 있습니다.

코드　　　　　　　　　　　　　　　　● 예제 파일　python\pjt\chapter05\ex02.py

```
18.  # 나눗셈 연산
19.  print(firstNum / secondNum)
     # 정수를 이용해서 나눗셈 연산을 한다.
```

```
C.wUserswho_insiwAppDatawLocalwProgramswF
Process started (PID=22896) >>>
3.3333333333333335
<<< Process finished (PID=22896). (Exit code 0)
```

• 나머지 연산

나머지 연산은 피연산자를 이용해 나눗셈한 결과에서 나머지만 구하는 연산입니다. 일상에서는 보기 드문 연산으로 다음의 예제를 보면 쉽게 이해할 수 있습니다.

나눗셈 연산자를 이용해서 10을 3으로 나누면 3.3333333333333335이 나오지만, 나머지 연산자(%)를 이용하면 결과 값으로 나머지 '1'이 나옵니다. 일상에서는 사용하지 않는 연산자이지만 컴퓨터 프로그램에서는 자주 사용하는 연산자인 만큼 잘 알아둡니다.

코드 　　　　　　　　　　　　　　　　　⊙ 예제 파일　python\pjt\chapter05\ex02.py

```
21.  # 나머지 연산
22.  print(firstNum % secondNum)
        # 10을 3으로 나눈 나머지 1이 출력된다.
```

실행 결과

```
C.wUserswho_insiwAppDatawLocalwProgramsw
Process started (PID=5656) >>>
1
<<< Process finished (PID=5656). (Exit code 0)
```

• 몫 연산

몫 연산은 피연산자를 이용하여 나눗셈한 결과에서 몫만을 구하는 연산입니다. 몫 연산자 또한 일상에서는 보기 드문 연산으로 다음의 예제를 보면 쉽게 이해할 수 있습니다.

나눗셈 연산자를 이용해서 10을 3으로 나누면 3.3333333333333335이 나오지만, 몫 연산자(//)를 이용하면 결과 값으로 '3'이 나옵니다. 나머지 연산자와 마찬가지로 일상에서는 사용하지 않는 연산자이지만 컴퓨터 프로그램에서는 자주 사용하는 연산자인 만큼 잘 알아둡니다.

● 예제 파일　python\pjt\chapter05\ex02.py

코드

```
24.  # 몫 연산
25.  print(firstNum // secondNum)
     # 10을 3으로 나눈 몫 30이 출력된다.
```

실행 결과

```
C:\Users\ho_msi\AppData\Local\Programs\P
Process started (PID=15336) >>>
3
<<< Process finished (PID=15336). [Exit code 0]
```

지금까지 산술 연산자에 대해서 살펴봤는데요, 산술 연산자는 모든 프로그램에서 가장 많이 사용하는 연산자인 만큼 복습을 통해 잘 알아 둡니다. 특히 문자(열)의 덧셈 연산과 나머지 연산자 그리고 몫 연산자는 일상생활에서 사용하지 않는 연산자인 만큼 복습을 통해서 완벽하게 이해하도록 합니다.

2 비교 연산자

우리는 어렸을 때부터 무수히 많은 비교를 했습니다. 나의 키가 친구 키보다 큰지 작은지, 지난번 시험 성적보다 이번 성적이 올랐는지 떨어졌는지 등 많은 비교를 했습니다. 프로그램에서도 특정 상황에서 비교해야 하는 경우가 종종 발생하는데, 비교 결과는 앞에서 살펴본 'boolean' 데이터 타입의 'True' 또는 'False'로 나타납니다. 다음은 파이썬에서 비교를 위해 사용하는 비교 연산자의 종류입니다.

비교 연산자	내용	예
a == b	a와 b가 같으면 True, 그렇지 않으면 False	print(10 == 10) 결과 : True print(10 == 3) 결과 : False

a != b	a와 b가 같으면 False, 그렇지 않으면 True	print(10 != 10) 결과 : False
		print(10 != 3) 결과 : True
a > b	a가 b보다 크면 True, 작거나 같으면 False	print(10 > 3) 결과 : True
		print(10 <= 3) 결과 : False
a >= b	a가 b보다 크거나 같으면 True, 작으면 False	print(10 >= 3) 결과 : True
		print(10 < 3) 결과 : False
a < b	a가 b보다 작으면 True, 크거나 같으면 False	print(3 < 10) 결과 : True
		print(3 >= 10) 결과 : False
a <= b	a가 b보다 작거나 같으면 True, 크면 False	print(3 <= 10) 결과 : True
		print(3 > 10) 결과 : False

▲ 비교 연산자의 종류

좀 많지만 어렵지 않고 이미 일상생활에서 사용했던 내용을 프로그램으로 옮긴
것뿐이라서 쉽게 이해할 수 있을 것입니다. 다음은 비교 연산자를 이용한 실제 코
드입니다.

코드　　　　　　　　　　　　　　　　**○ 예제 파일** python\pjt\chapter05\ex03.py

```
01.  # 숫자 비교
02.  firstNum = 10
03.  secondNum = 3
     # 정수를 담고 있는 변수 firstNum과 secondNum를 정의한다.
04.
05.  # ==
06.  print(firstNum == secondNum) #False
     # firstNum과 secondNum는 다르므로 결과 값은 False다.
```

```
07.
08.  # !=
09.  print(firstNum != secondNum) #True
     # firstNum과 secondNum는 다르므로 결과 값은 True다.

10.
11.  # >
12.  print(firstNum > secondNum) #True
     # firstNum이 secondNum보다 크므로 결과 값은 True다.

13.
14.  # >=
15.  print(firstNum >= secondNum) #True
     # firstNum이 secondNum보다 크거나 같으므로 결과 값은 True다.

16.
17.  # <
18.  print(firstNum < secondNum) #False
     # firstNum이 secondNum보다 작지 않으므로 결과 값은 False다.

19.
20.  # <=
21.  print(firstNum <= secondNum) #False
     # firstNum이 secondNum보다 작거나 같지 않으므로 결과 값은 False다.
```

비교 연산자는 숫자에만 적용할 수 있는 것은 아니며, 문자(열)에도 어느 정도 적용할 수 있습니다. 다음은 문자(열)를 비교하는 예입니다.

비교 연산자의 예	내용
print('python' == 'python')	문자(열)가 같으면 True, 그렇지 않으면 False
print('python' != 'c++')	문자(열)가 다르면 True, 그렇지 않으면 False
print('a' > 'z')	아스키코드 값을 이용한 비교 결과 : False
print('a' >= 'a')	아스키코드 값을 이용한 비교 결과 : True

print('a' < 'z')	아스키코드 값을 이용한 비교 결과 : True
print('a' <= 'z')	아스키코드 값을 이용한 비교 결과 : True

▲ 문자(열) 비교

문자(열) 비교는 문자와 문자열로 구분할 수 있습니다. 우선 문자열은 피연산자의 문자열이 같은지를 비교해서 True 또는 False로 나타냅니다. 반면 문자는 아스키코드 값을 이용하는데, 아스키코드란 컴퓨터에서 문자를 사용할 수 있도록 각각의 문자에 고유한 숫자를 정의한 데이터를 말합니다. 예를 들어, 문자 'a'를 숫자로 나타내면 97이고, 'z'는 122입니다. 따라서 'a > z'라 하면 False가 나오고, 'a < z'라 하면 True가 나옵니다. 다음은 아스키코드 값을 표로 나타냈는데요, 아스키코드 값은 외우는 것이 아니라 필요할 때마다 참고하면 됩니다.

10진수	16진수	문자	10진수	16진수	문자	10진수	16진수	문자	10진수	16진수	문자
64	0x40	@	80	0x50	P	96	0x60	`	112	0x70	p
65	0x41	A	81	0x51	Q	97	0x61	a	113	0x71	q
66	0x42	B	82	0x52	R	98	0x62	b	114	0x72	r
67	0x43	C	83	0x53	S	99	0x63	c	115	0x73	s
68	0x44	D	84	0x54	T	100	0x64	d	116	0x74	t
69	0x45	E	85	0x55	U	101	0x65	e	117	0x75	u
70	0x46	F	86	0x56	V	102	0x66	f	118	0x76	v
71	0x47	G	87	0x57	W	103	0x67	g	119	0x77	w
72	0x48	H	88	0x58	X	104	0x68	h	120	0x78	x
73	0x49	I	89	0x59	Y	105	0x69	i	121	0x79	y
74	0x4A	J	90	0x5A	Z	106	0x6A	j	122	0x7A	z
75	0x4B	K	91	0x5B	[	107	0x6B	k	123	0x7B	{
76	0x4C	L	92	0x5C	₩	108	0x6C	l	124	0x7C		
77	0x4D	M	93	0x5D	]	109	0x6D	m	125	0x7D	}
78	0x4E	N	94	0x5E	^	110	0x6E	n	126	0x7E	~
79	0x4F	O	95	0x5F	_	111	0x6F	o	127	0x7F	DEL

▲ 아스키 코드표

다음은 비교 연산자를 이용한 문자열과 문자를 비교한 실제 코드입니다.

코드

⊙ **예제 파일**   python\pjt\chapter05\ex03.py

```
23.  # 문자열 비교
24.  firstStr = 'Hello'
25.  secondStr = 'python'
     # 문자열을 담고 있는 변수 firstStr과 secondStr을 정의한다.
26.
27.  # ==
28.  print(firstStr == secondStr) #False
     # firstStr과 secondStr은 같지 않으므로 결과 값은 False다.
29.
30.  # !=
31.  print(firstStr != secondStr) #True
     # firstStr과 secondStr은 같지 않으므로 결과 값은 True다.
32.
33.  # 문자 비교
34.  firstChar = 'a'
35.  secondChar = 'z'
     # 문자를 담고 있는 변수 firstChar과 secondChar를 정의한다.
36.
37.  # ==
38.  print(firstChar == secondChar) #False
     # firstChar와 secondChar는 같지 않으므로 결과 값은 False다.
39.
40.  # !=
41.  print(firstChar != secondChar) #True
     # firstChar와 secondChar는 같지 않으므로 결과 값은 True다.
42.
43.  # >
44.  print(firstChar > secondChar) #False
     # firstChar가 secondChar보다 크지 않으므로 결과 값은 False다(아스키코드 값 비교).
```

```
45.
46.  # >=
47.  print(firstChar >= secondChar) #False
     # firstChar가 secondChar보다 크거나 같지 않으므로 결과 값은 False다(아스키코드 값 비교).
48.
49.  # <
50.  print(firstChar < secondChar) #True
     # firstChar가 secondChar보다 크지 않으므로 결과 값은 True다(아스키코드 값 비교).
51.
52.  # <=
53.  print(firstChar <= secondChar) #True
     # firstChar가 secondChar보다 크거나 같지 않으므로 결과 값은 True다(아스키코드 값 비교).
```

3 논리 연산자

논리 연산자는 not, and, or 연산자가 있습니다. not 연산자는 현재 상태를 부정하는 연산자로 현재 상태가 True면 False를, False면 True를 반환합니다. and 연산자는 논리곱이라고도 하며, 피연산자가 모두 True면 True를 반환하고, 피연산자 중 하나라도 False면 False를 반환합니다. or 연산자는 논리합이라고도 하며, 피연산자 중 하나라도 True가 있으면 True를 반환하고, 피연산자 모두 False면 False를 반환합니다. 어렵게 느껴지지만, 다음의 예를 보면 쉽게 이해할 수 있습니다.

논리 연산자	내용	예
not a	a가 True면 False, False면 True 반환	print(not True) 결과 : False print(not False) 결과 : True
a and b	a와 b 모두 True면 True, 그렇지 않으면 False 반환	print(True and True) 결과 : True print(True and False) 결과 : False print(False and False) 결과 : False

논리 연산자	내용	예
a or b	a와 b중 하나라도 True면 True, 그렇지 않으면 False 반환	print(True and True) 결과 : True print(True and False) 결과 : True print(False and False) 결과 : False

▲ 논리 연산자의 종류

다음은 논리 연산자를 이용한 실제 코드입니다.

코드 ○ 예제 파일 python\pjt\chapter05\ex04.py

```python
01. # 숫자 비교
02. firstbool = True
03. secondbool = False
    # boolean 타입의 데이터를 담고 있는 변수 firstbool과 secondbool을 정의한다.
04.
05. # not
06. print(not firstbool) #False
    # firstbool이 True지만 not을 이용했기 때문에 결과 값은 False다.
07.
08. # and
09. print(firstbool and secondbool) #False
    # firstbool이 True지만 secondbool이 False이므로 결과 값은 False다.
10. print(firstbool and not secondbool) #True
    # firstbool이 True이고, secondbool이 not을 이용해서 True이기 때문에 결과 값은 True다.
11.
12. # or
13. print(firstbool or secondbool) #True
    # secondbool이 False지만 firstbool이 True이므로 결과 값은 True다.
14. print(not firstbool or secondbool) #False
    # secondbool이 False이고, firstbool이 not을 이용해서 False이기 때문에 결과 값은 False다.
```

01 새 파일 만들기

Notepad++에서 Ctrl + N 을 눌러 새로운 파일을 만들고, Ctrl + Alt + S 를 눌러 파일을 저장합니다. 이때 C:\python\pjt\chapter05 폴더에 'example.py' 파일로 저장합니다.

02 계산기 만들기

사용자로부터 2개의 숫자와 1개의 연산자를 받기 위해 input( ) 함수를 이용해서 다음과 같이 3개의 변수를 만듭니다.

```
01.  firstNum = input( )
     # 사용자가 입력한 첫 번째 숫자를 firstNum 변수에 담는다.

02.  operator = input( )
     # 사용자가 입력한 연산자를 operator 변수에 담는다.

03.  secondNum = input( )
     # 사용자가 입력한 두 번째 숫자를 secondNum 변수에 담는다.
```

03 비교 연산자(==)를 이용해서 사용자가 입력한 연산자를 찾고, 해당 연산을 실행한다.

```
05.  if operator == '+':
06.      # 덧셈 연산
07.      print('덧셈 연산 결과 : ')
08.      print(int(firstNum) + int(secondNum))
         # 만약 사용자가 입력한 연산 기호가 '+'면 덧셈 연산을 실행한다.

09.  elif operator == '-':
10.      # 뺄셈 연산
11.      print('뺄셈 연산 결과 : ')
12.      print(int(firstNum) - int(secondNum))
         # 만약 사용자가 입력한 연산 기호가 '-'면 뺄셈 연산을 실행한다.
```

```
13.  elif operator == '*':
14.      # 곱셈 연산
15.      print('곱셈 연산 결과 : ')
16.      print(int(firstNum) * int(secondNum))
         # 만약 사용자가 입력한 연산 기호가 '*'면 곱셈 연산을 실행한다.

17.  elif operator == '/':
18.      # 나눗셈 연산
19.      print('나눗셈 연산 결과 : ')
20.      print(int(firstNum) / int(secondNum))
         # 만약 사용자가 입력한 연산 기호가 '/'면 나눗셈 연산을 실행한다.

21.  elif operator == '%':
22.      # 나머지 연산
23.      print('나머지 연산 결과 : ')
24.      print(int(firstNum) % int(secondNum))
         # 만약 사용자가 입력한 연산 기호가 '%'면 나머지 연산을 실행한다.

25.  elif operator == '//':
26.      # 몫 연산
27.      print('몫 연산 결과 : ')
28.      print(int(firstNum) // int(secondNum))
         # 만약 사용자가 입력한 연산 기호가 '//'면 몫 연산을 실행한다.
```

04 프로그램 실행하기

계산기 프로그램을 다음의 시나리오에 맞춰 실행(Ctrl + F6)합니다.

▶ 시나리오 #1 : 10과 100을 입력하고 덧셈 연산을 실행한다.

```
10
+
100
덧셈 연산 결과 :
110
```

▶ 시나리오 #2 : 10과 3을 입력하고 나눗셈 연산을 실행한다.

```
10
/
3
나눗셈 연산 결과 :
3.3333333333333335
```

▶ 시나리오 #3 : 10과 3을 입력하고 나머지 연산을 실행한다.

```
10
%
3
나머지 연산 결과 :
1
```

학습 정리

1 **산술 연산자**

프로그래밍 언어에서 산술 연산자는 덧셈, 뺄셈, 곱셈, 나눗셈과 나머지만 구하는 나머지 연산자 그리고 몫만을 구하는 몫 연산자가 있습니다.

연산 기호	연산	예
+	덧셈 연산	10 + 3 = 13
−	뺄셈 연산	10 − 3 = 9
*	곱셈 연산	10 * 3 = 30
/	나눗셈 연산	3.33333333333333335
%	나머지만 구하는 연산	1
//	몫만 구하는 연산	3

덧셈 연산자는 다른 연산자와 다르게 문자 또는 문자열의 결합도 가능합니다.

133

```
>>> print('a' + 'b')
ab
>>> print('a' + 'bc')
abc
>>> print('Hello' + ' python')
Hello python
```

하지만 숫자와 문자(열)의 덧셈 연산은 불가능합니다.

```
>>> print(123 + 'python')
Traceback (most recent call last):
  File "<pyshell#3>", line 1, in <module>
    print(123 + 'python')
TypeError: unsupported operand type(s) for +: 'int' and 'str'
```

2 비교 연산자

비교 연산자는 데이터 비교를 통해서 True 또는 False 결과 값을 나타냅니다.

비교 연산자	내용	예
a == b	a와 b가 같으면 True, 그렇지 않으면 False	print(10 == 10) 결과 : True print(10 == 3) 결과 : False
a != b	a와 b가 같으면 False, 그렇지 않으면 True	print(10 != 10) 결과 : False print(10 != 3) 결과 : True
a 〉 b	a가 b보다 크면 True, 작거나 같으면 False	print(10 〉 3) 결과 : True print(10 <= 3) 결과 : False
a 〉= b	a가 b보다 크거나 같으면 True, 작으면 False	print(10 〉= 3) 결과 : True print(10 〈 3) 결과 : False

		print(3 〈 10) 결과 : True
a 〈 b	a가 b보다 작으면 True, 크거나 같으면 False	print(3 〉= 10) 결과 : False
a 〈= b	a가 b보다 작거나 같으면 True, 크면 False	print(3 〈= 10) 결과 : True
		print(3 〉 10) 결과 : False

비교 연산은 숫자뿐만 아니라 문자에도 적용되는데, 이때 문자는 아스키코드 값을 이용한 비교 연산이 이루어집니다.

3 논리 연산자

논리 연산자는 not, and, or가 있습니다. not은 현재 상태를 부정하고, and 는 피연산자 모두가 True면 결과 값이 True이며, or는 피연산자 중 하나로 True가 있으면 결과 값이 True입니다.

논리 연산자	내용	예
not a	a가 True이면 False, False이면 True 반환	print(not True) 결과 : False print(not False) 결과 : True
a and b	a와 b 모두 True이면 True, 그렇지 않으면 False 반환	print(True and True) 결과 : True print(True and False) 결과 : False print(False and False) 결과 : False
a or b	a와 b 중 하나라도 True이면 True, 그렇지 않으면 False 반환	print(True and True) 결과 : True print(True and False) 결과 : True print(False and False) 결과 : False

1 학생 5명의 수학 점수를 입력한 다음 평균 값을 계산하여 80점 이상이라면 'Pass'를 출력하고, 그렇지 않으면 'Try again'을 출력해보자.

코드

◉ 예제 파일   python\pjt\chapter05\exercise01.py

```
01. std01 = int(input('학생01 점수 : '))
02. std02 = int(input('학생02 점수 : '))
03. std03 = int(input('학생03 점수 : '))
04. std04 = int(input('학생04 점수 : '))
05. std05 = int(input('학생05 점수 : '))
06.
07.
08. total = std01 + std02 + std03 + std04 + std05
09. average = total / 5
10.
11. print('Total : {0}'.format(total))
12. print('Average : {0}'.format(average))
13.
14. if average >= 80:
15.     print('Pass')
16. else:
17.     print('Try again')
```

실행 결과

```
학생01 점수 : 90
학생02 점수 : 80
학생03 점수 : 70
학생04 점수 : 90
학생05 점수 : 100
Total : 430
Average : 86.0
Pass
```

홀/짝 게임 만들기

● 방학에는 학교에 가지 않고 여행을 떠날 수 있듯이, 컴퓨터에서도 특정 조건에 맞춰 하던
일을 멈추고 다른 일을 진행하도록 프로그래밍하는 방법을 알아봅니다.

프로그램을 개발하다 보면 특정 조건에 따라서 프로그램의 흐름을 나눠야 하
는 경우가 종종 발생합니다. 예를 들어, 시험 성적이 80점 이상이면 칭찬을 받
고 80점 미만이면 다음에는 더 잘할 수 있도록 격려를 받는 경우나, 매일 오전
7시 스마트폰에 기상 알람을 설정하고 주말에는 알람이 울리지 않게 하는 경
우 등을 생각하면 개발자는 프로그래밍할 때 어떤 특정 조건이 되면 프로그램
의 흐름을 변경해야 합니다. 이렇게 프로그램의 실행 변경을 '조건문' 또는 '분
기문'이라고 합니다. 파이썬에서 제공하는 조건문 중에서 'if 문'에 관해 살펴보
고, if 문을 이용해 홀/짝 게임을 만들어 봅니다.

● if 문의 다양한 사용 방법을 차례로 살펴봅니다.

> ## '홀/짝' 게임 실행 미리 보기

> ## if 문 알아보기

> ## '홀/짝' 게임 만들기

6-1 | 프로그래밍 미리 보기

1 코드 미리 보기

Notepad++에서 chapter06 폴더의 'ex01.py' 파일을 불러옵니다.

★예제 파일 python\pjt\chapter06\ex01.py

```
01. import random
02.
03. # 무작위 난수 생성(1 or 2)
04. ranNum = random.sample(range(1, 3), 1)
05.
06. # 난수를 comNum 변수에 저장
07. comNum = ranNum[0]
08.
```

```
09. print('홀수일까요? 짝수일까요? 1.홀, 2.짝')
10.
11. userNum = int(input( ))
12.
13. if (userNum % 2) == (comNum % 2):
14.     print('맞췄습니다.')
15. else:
16.     print('틀렸습니다.')
17.
18. print('컴퓨터 숫자: ')
19. print(comNum)
```

2 프로그램 실행하기

컴퓨터와 함께 하는 '홀/짝' 게임에서 컴퓨터는 '1'과 '2' 중 무작위로 한 개의 숫자를 만들고, 사용자는 컴퓨터가 만든 숫자의 홀/짝을 맞춥니다. 간단한 프로그램 코드이지만 실제로 많이 쓰이는 게임인 만큼 흥미 있고 쉽게 학습할 수 있습니다.

Ctrl + F6 을 눌러 게임 프로그램을 실행하면, 컴퓨터는 '1'과 '2' 중에서 하나의 숫자를 만들고 사용자에게 '홀/짝'을 물어봅니다. 사용자는 홀/짝을 맞추고 결과가 Console 창에 출력됩니다.

```
Console
C:\Users\ho_msi\AppData\Local\Programs\
Process started (PID=2124) >>>
홀일까요? 짝일까요? 1.홀, 2.짝
1
맞췄습니다.
컴퓨터 숫자:
1
<<< Process finished (PID=2124). (Exit code 0)
```

1 if 문

일반적으로 프로그래밍 언어에서 조건문은 if 문과 switch 문을 사용하지만, 파이썬에서는 if 문만 사용합니다. 실제 다른 언어에서도 if 문의 사용 빈도가 훨씬 높기 때문에 switch 문 없이 if 문만으로도 모든 조건문을 만들 수 있습니다.

if 문은 말 그대로 '만약 ~라면'이라는 뜻입니다. 특정 조건에 만족하는 경우와 그렇지 않은 경우에 따라서 프로그램의 흐름을 나눌 수 있습니다. if 문을 좀 더 자세히 살펴보면 사용 방법을 몇 가지로 나눌 수 있습니다. 그중 가장 기본이 되는 if 문부터 살펴봅니다.

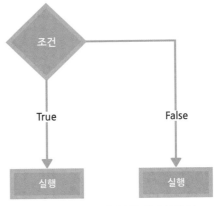

▲ 조건에 따라서 프로그램의 실행 흐름이 나뉜다.

• if 문

if 문은 다음과 같이 if, 조건문, 콜론(:), 그리고 실행문으로 구성됩니다.

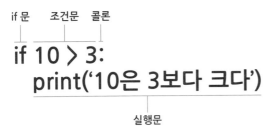

▲ if 문의 구조

if 문에서 가장 중요한 부분은 조건문입니다. 조건문의 결과는 bool 타입으로, 결과가 True면 실행문이 실행되고, 그렇지 않으면 실행문은 실행되지 않습니다. 위의 그림에서 10이 3보다 크다는 조건은 True이므로 실행문(print( ) 실행)이 실행됩니다. 다음은 if 문을 이용한 코드입니다.

● 예제 파일 python\pjt\chapter06\ex02.py

```
01. myScore = 90
02. targetScore = 80
03.
04. # if 문
05. if myScore >= targetScore:
        # if 문을 이용해서 나의 점수(myScore)와 목표 점수(targetScore)를 비교한다.
06.     print('잘했어요~')
        # 조건에 만족(True)하므로 실행문이 실행된다.
```

실행 결과

잘했어요~

• if~else 문

위의 if 문 예제를 좀 더 깊게 생각해 보면, 프로그램이 어딘가 좀 어설퍼 보입니다. if 문만 단독으로 사용하는 경우 조건에 만족하면 해당하는 실행문을 나타낼수 있지만, 조건에 만족하지 않으면 별다른 실행문이 없다는 점이 문제입니다. 만약 점수가 80점 이상일 때 '잘했어요~'를 출력하지만, 80점 미만일 때 '좀 더 노력하세요~'를 출력해야 하는 경우에 사용하는 구문이 바로 if~else 문입니다. 다음은 if 문과 if~else 문을 다이어그램으로 설명합니다.

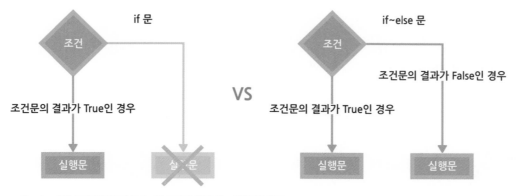

▲ if~else 문은 조건의 결과가 False인 경우에 해당하는 실행문이 있다.

다음은 if~else 문을 이용해 프로그램이 나뉘는 것을 나타냅니다. 05행의 if 문과 09행의 if~else 문의 차이를 중점적으로 살펴보세요.

```
코드                                              ◉ 예제 파일   python\pjt\chapter06\ex02.py

01. myScore = 75
02. targetScore = 80
03.
04. # if 문
05. if myScore >= targetScore:
06.     print('잘했어요~')
07.
08. # if~else 문
09. if myScore >= targetScore:
        # if 문을 이용해서 나의 점수(myScore)와 목표 점수(targetScore)를 비교한다.
10.     print('잘했어요~')
        # 조건에 만족(True)하는 경우 10행의 실행문이 실행된다.
11. else:
        # else 문을 이용해서 조건에 만족하지 않는 경우(False) 12행의 실행문이 실행된다.
12.     print('좀 더 노력하세요~')
```

실행 결과

```
Process started [PID=28544] ???
좀 더 노력하세요~
<<< Process finished (PID=28544). (Exit code 0)
```

if~else 문은 조건의 결과가 True인 경우와 False인 경우에 따라 실행되는 실행문이 다릅니다. if~else 문을 사용할 때는 주의할 점이 있습니다. if 문 끝에도 콜론(:)을 붙였듯이 else에도 반드시 콜론(:)을 붙여야 합니다.

• if~elif 문

앞서 설명한 if~else 문의 시나리오를 약간 변경하겠습니다. 80점을 기준으로 칭찬 또는 격려하는 프로그램을 이제는 점수에 따라서 '수/우/미/양/가'로 평가해 봅니다. 점수를 5개의 등급으로 나타내기 위해서는 다섯 번의 비교가 필요하며 다음의 상황에 따라 등급을 나눠야 합니다.

▶ 점수가 90점 이상인 경우 : 수
▶ 점수가 80점 이상이고, 90점 미만인 경우 : 우
▶ 점수가 70점 이상이고, 80점 미만인 경우 : 미
▶ 점수가 60점 이상이고, 70점 미만인 경우 : 양
▶ 점수가 60점 미만인 경우 : 가

이처럼 여러 번의 비교가 필요할 때 사용하는 조건문이 바로 if~elif 문으로, elif 다음에는 조건문이 나옵니다. 다음은 if~elif 문을 다이어그램으로 나타냅니다.

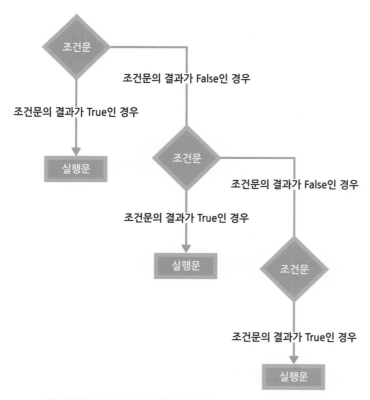

▲ elif 문을 이용해서 여러개의 조건문을 만들 수 있다.

다음의 예제를 통해 if~elif 문의 사용 방법을 이해합니다.

● 예제 파일   python\pjt\chapter06\ex02.py

코드

```
14.   # if~elif 문
15.   if myScore >= 90:
16.       print('수')
          # 점수가 90점 이상일 때 실행한다.
17.   elif myScore >= 80:
18.       print('우')
          # 점수가 80점 이상이고 90점 미만일 때 실행한다.
19.   elif myScore >= 70:
20.       print('미')
          # 점수가 70점 이상이고 80점 미만일 때 실행한다.
21.   elif myScore >= 60:
22.       print('양')
          # 점수가 60점 이상이고 70점 미만일 때 실행한다.
23.   else:
24.       print('가')
          # 점수가 60점 미만일 때 실행한다.
```

if~elif 문은 다양한 조건 중에서 하나만 실행됩니다. 예를 들어, 점수가 85점이면 18행이 실행되고 조건문은 종료됩니다. 따라서 85점이면 Console 창에 '우'만 출력되고 아래쪽의 '미' 또는 '양'은 출력되지 않습니다. if~elif 문은 여러 조건문을 만들 수 있는 장점이 있지만 조건의 순서를 잘 지키지 않으면 낭패를 볼 수도 있습니다. 방금 살펴본 예제의 코드를 조금 수정해 보겠습니다.

코드

```
14.   # if~elif 문
15.   if myScore >= 60:
16.       print('양')
17.   elif myScore >= 70:
18.       print('미')
```

```
19.  elif myScore >= 80:
20.      print('우')
21.  elif myScore >= 90:
22.      print('수')
23.  else:
24.      print('가')
```

수정된 코드는 기존 코드와 모두 같은 조건이지만, 조건의 순서가 변경되어서 등급을 올바르게 나타낼 수 없습니다. 만약 myScore가 85점이라면 '우'가 출력되는 것이 정상이지만 결과는 '양'이 출력됩니다. 심지어 100점, 95점, 75점, 65점일 때에도 결과는 언제나 '양'만 출력됩니다. 그 이유는 모든 점수가 첫 번째 조건에서 'True'의 결과를 나타내기 때문에 첫 번째 실행문(print('양'))만 실행하고 다른 조건문은 실행되지 않는 것입니다. 이처럼 if~elif 문을 사용할 때는 조건의 순서를 신중하게 선택해야 합니다.

▶ 알아두기

C++, Java 언어 등에도 조건문(if 문)이 있으며, 문법 구조는 파이썬과 약간 다릅니다. 기본 C++, Java 언어 등에서는 중괄호({, })를 이용해서 실행문을 나타냅니다.

```
[ java 언어 ]
if(myScore>= 90) {
실행문1
} else if(myScore>= 80) {
 실행문2
} else {
    실행문3
}
```

즉, 실행문은 들여쓰기와 상관없이 실행문의 범위를 중괄호가 시작해서 끝나는 부분까지로 정의합니다. 하지만 파이썬에서는 중괄호를 사용하지 않고 들여쓰기로 실행문의 범위를 정의합니다. 따라서 실행문을 들여쓰기하지 않으면 에러가 발생하므로 들여쓰기를 맞춰 코딩해야 조건문이 정상으로 실행됩니다.

01   새 파일 만들기

Notepad++에서 Ctrl + N 을 눌러 새로운 파일을 만들고, Ctrl + Alt + S 를 눌러 파일을 저장합니다. 이때 C:\python\pjt\chapter06 폴더에 'example.py' 파일로 저장합니다.

02   홀/짝 게임 만들기

컴퓨터에서 '1'과 '2' 중 무작위로 숫자 하나를 나타내기 위해서 Random 모듈을 불러오고 comNum 변수에 담습니다.

```
01.   import random
          # random 모듈을 불러온다.

02.

03.

04.   # 무작위 난수 생성(1 or 2)

05.   ranNum = random.sample(range(1, 3), 1)
          # '1'과 '2' 중에서 무작위로 숫자 하나를 발생한다.

06.

07.   # 난수를 comNum 변수에 저장

08.   comNum = ranNum[0]
          # 난수를 comNum 변수에 담는다.
```

03   사용자에게 홀/짝 문제를 제시하고 숫자를 입력받아 userNum 변수에 담습니다.

```
09.   print('홀일까요? 짝일까요? 1.홀, 2.짝')

10.

11.   userNum = int(input( ))
          # 사용자로부터 숫자를 입력받아 userNum 변수에 담는다.

12.
```

04 컴퓨터와 사용자가 모두 숫자를 선택했으므로 if 문을 이용해서 사용자가 컴퓨터의 숫자를 맞췄는지 비교합니다.

```
13.  if (userNum % 2) == (comNum % 2):
         # userNum과 comNum을 2로 나눠 나머지가 같은지 비교한다.
14.      print('맞췄습니다.')
             # userNum과 comNum이 같은 경우이다.
15.  else:
16.      print('틀렸습니다.')
             # userNum과 comNum이 다른 경우이다.
17.
18.  print('컴퓨터 숫자: ')
19.  print(comNum)
         # 컴퓨터에 저장된 난수를 확인한다.
```

05 프로그램 실행하기

홀/짝 게임 프로그램을 실행(Ctrl+F6)합니다.

맞춘 경우

```
홀일까요? 짝일까요? 1.홀, 2.짝
1
맞췄습니다.
컴퓨터 숫자:
1
```

틀린 경우

```
홀일까요? 짝일까요? 1.홀, 2.짝
1
틀렸습니다.
컴퓨터 숫자:
2
```

1 if 문

if 문은 조건문으로 if, 조건문, :(콜론) 그리고 실행문으로 구성됩니다.

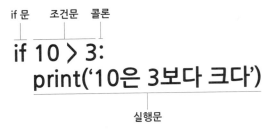

조건문의 결과가 True라면 실행문이 실행되지만, 그렇지 않으면 실행문이 실행되지 않습니다.

2 if~else 문

if 문은 조건문의 결과가 True인 경우에만 실행문이 실행되지만, if~else 문은 조건문의 결과가 False인 경우에도 해당하는 실행문이 실행됩니다. 즉, 조건문의 결과가 True인 경우와 False인 경우 반드시 하나의 실행문이 실행됩니다.

3 if~elif 문

다양한 조건문이 필요한 경우 if~elif 문을 이용합니다. elif 문 다음에는 조건문을 나타낼 수 있으며, 조건문의 결과가 True일 때까지 계속해서 다음 elif 문의 조건문이 실행됩니다. if~elif 문을 이용할 때는 조건문의 순서를 신중히 정해야 합니다. 그렇지 않으면 다중 비교가 되지 않습니다.

1 2명이 할 수 있는 홀짝 게임을 만들어 보자.

코드

○ 예제 파일 python\pjt\chapter06\exercise01.py

```python
01.  import random
02.
03.  # 무작위 난수 생성(1 or 2)
04.  ranNum = random.sample(range(1, 3), 1)
05.
06.  # 난수를 comNum 변수에 저장
07.  comNum = ranNum[0]
08.
09.  print('홀수일까요? 짝수일까요? 1.홀, 2.짝')
10.
11.  user01Num = int(input('첫 번째 사용자 입력 : '))
12.  user02Num = int(input('두 번째 사용자 입력 : '))
13.
14.  if (user01Num % 2) == (comNum % 2):
15.      print('첫 번째 사용자는 맞췄습니다.')
16.  else:
17.      print('첫 번째 사용자는 틀렸습니다.')
18.
19.  if (user02Num % 2) == (comNum % 2):
20.      print('두 번째 사용자는 맞췄습니다.')
21.  else:
22.      print('두 번째 사용자는 틀렸습니다.')
23.
24.  print('컴퓨터 숫자: ')
25.  print(comNum)
```

홀수일까요? 짝수일까요? 1.홀, 2.짝
첫 번째 사용자 입력 : 1
두 번째 사용자 입력 : 1
첫 번째 사용자 틀렸습니다.
두 번째 사용자 맞췄습니다.
컴퓨터 숫자:
1

▲ 1 사용자 모두 맞춘 경우(난수:1)

홀수일까요? 짝수일까요? 1.홀, 2.짝
첫 번째 사용자 입력 : 1
두 번째 사용자 입력 : 2
첫 번째 사용자 틀렸습니다.
두 번째 사용자 맞췄습니다.
컴퓨터 숫자:
2

▲ 2 사용자 한 명만 맞춘 경우(난수:2)

홀수일까요? 짝수일까요? 1.홀, 2.짝
첫 번째 사용자 입력 : 1
두 번째 사용자 입력 : 1
첫 번째 사용자 틀렸습니다.
두 번째 사용자 틀렸습니다.
컴퓨터 숫자:
2

▲ 3 사용자 모두 틀린 경우(난수:2)

구구단 게임 만들기

● 세상에는 반복되는 일이 참 많은데요, 컴퓨터는 반복 업무를 지치치 않고 효율적으로 수행할 수 있는 방법을 알고 있습니다.

대량 메일 발송, 정해진 시간에 울리는 알람 소리, MP3 플레이어의 음원 반복 재생 등 세상에는 반복 업무가 아주 많습니다. 이러한 반복 업무를 사람이 일일이 처리한다면 너무나도 재미없고, 집중력이 떨어져 정확한 업무 수행이 힘들 수 있습니다. 하지만 이런 반복 업무를 프로그램으로 만들어서 컴퓨터에 시키면 매우 빠르고 정확하게 업무를 수행할 수 있습니다. 물론 지치지도 않습니다. 이번 챕터에서는 컴퓨터에 반복 업무를 지시하는 방법에 관해 학습합니다.

'구구단' 게임 실행 미리 보기

for 문 알아보기

while 문 알아보기

continue와 break 키워드 알아보기

'구구단' 게임 만들기

7-1 | 프로그래밍 미리 보기

1 코드 미리 보기

Notepad++에서 chapter07 폴더의 'ex01.py' 파일을 불러옵니다.

★예제 파일 python\pjt\chapter07\ex01.py

```
01. # 2단부터 9단까지 구구단 실행
02.
03. for i in range(2, 10, 1):
```

```
04.     print(i, end = "")
05.     print("단", end = "")
06.     print( )
07.     for j in range(1, 10, 1):
08.         print(i, end = "")
09.         print(" * ", end = "")
10.         print(j, end = "")
11.         print(" = ", end = "")
12.         print(i * j, end = "")
13.         print( )
14.     print( )
```

2 게임 이해하기

어린 시절, 열심히 외우고 생활에서 많이 사용하는 구구단 게임입니다. 구구단은
간단한 규칙이 있습니다. 순서대로 피연산자가 증가하면서 곱셈을 반복하는 것입
니다. 다음의 예를 살펴보세요.

예 : 구구단 2단

2*1=2, 2*2=4, 2*3=6, 2*4=8, 2*5=10, 2*6=12, 2*7=14, 2*8=16, 2*9=18

구구단 2단은 피연사자가 1부터 9까지 올라가면서 2에 곱셈 연산이 반복해서 이
루어집니다. 여기서 중요한 것은 '반복'인데요, 컴퓨터는 사람과 다르게 반복 업
무에도 절대 지치거나 지루해하지 않지요. 당연히 잘못된 연산으로 오류가 생기
지도 않습니다. 그럼 컴퓨터가 어떻게 반복 업무를 지치지 않고 쉽게 할 수 있는
지 구구단 게임을 만들면서 '반복문'에 대해 살펴봅니다. 다음은 우리 생활에서
반복적으로 이루어지는 사례입니다. 이번 챕터에서 배울 반복문을 이용하면 이러
한 것들을 모두 프로그램으로 쉽게 구현할 수 있답니다.

생활 속에서 반복되는 일들의 예
생일 파티에 친구들을 초대하기 위해 초대장을 발송한다.
매일 아침 7시마다 알람(모닝콜)이 울린다.
10분 간격으로 셔틀버스가 정류장에 정차한다.

3 프로그램 실행하기

Ctrl + F6을 눌러 구구단 프로그램을 실행하면, 다음과 같이 구구단 2단부터 9단까지 모두 Console 창에 출력됩니다.

실행 결과

```
2단
2 * 1 = 2
2 * 2 = 4
2 * 3 = 6
… 중략
3단
3 * 1 = 3
3 * 2 = 6
3 * 3 = 9
… 중략
9단
9 * 1 = 9
9 * 2 = 18
9 * 3 = 27
… 중략
```

▲ Console 창에 출력된 구구단 프로그램

구구단 게임 프로그램은 조금 쉬워 보일 수도 있습니다. 하지만 처음 프로그래밍 언어를 공부한다면 컴퓨터 프로그램을 개발하기 위한 논리적 사고와 반복 업무를 실행하기 위한 방법 등 매우 많은 것을 알려줍니다.

1 for 문

프로그램에서 반복 업무에 해당하는 로직을 코딩하기 위해서는 for 문을 많이 이용합니다. 기본 문법 구조는 다음과 같습니다.

for i in range(시작, 끝, 단계):

▲ for 문은 range( ) 함수를 이용해서 쉽게 구현할 수 있다.

for 문은 우리말로 '어떤 작업을 ~하는 동안 반복해라'입니다. 여기서 '~하는 동안'에 해당하는 설정은 range( ) 함수를 이용하며, 반복 실행을 위한 시작과 끝을 정의한다고 생각할 수 있습니다. 예를 들어, 1부터 10까지의 숫자를 더하면 다음과 같이 코딩합니다.

코드   ● 예제 파일   python\pjt\chapter07\ex02.py

```
01. # 1부터 10까지 정수의 합
02. sum = 0
    # sum 변수를 0으로 초기화한다.
03. for i in range(1, 11, 1):
04.     sum = sum + i
    # for 문과 range( ) 함수를 이용해서 1부터 10까지 정수의 합을 구한다.
05.
06. print(sum)
```

실행 결과

```
Process started [PID=13376] ???
55
<<< Process finished (PID=13376
```

range(1, 11, 1)를 풀면 1부터 10(11-1)까지 1씩 더하면서 i에 대입합니다. 사실 range( ) 함수는 매개 변수(인수)로 받는 숫자를 이용하여 다음과 같은 range(범위)를 만듭니다.

• range(1, 11, 1) → (1, 2, 3, 4, 5, 6, 7, 8, 9, 10)

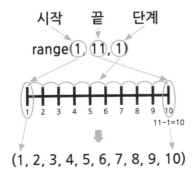

▲ range 설정 → 1씩 증가한다.

만약 range(1, 11, 2)라고 하면 다음과 같이 range와 실행 결과를 만듭니다.

• range(1, 11, 2) → (1, 3, 5, 7, 9)

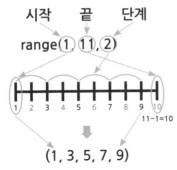

▲ range 설정 → 2씩 증가한다.

코드

○ 예제 파일　python\pjt\chapter07\ex02.py

```
08.  # 1부터 10까지 홀수의 합

09.  sum = 0
     # sum 변수를 0으로 초기화한다.

10.  for i in range(1, 11, 2):
```

```
11.     sum = sum + i
        # for 문과 range( ) 함수를 이용해서 1부터 10까지 홀수의 합을 구한다.

12.

13.  print(sum)
```

실행 결과

```
Process started [PID=26412] ???
25
<<< Process finished [PID=26412
```

반복문의 기초를 튼튼하게 다지기 위해 간단한 예제를 학습합니다. 0부터 10까지 정수 중 짝수와 홀수의 합을 구합니다.

❶ 반복문을 이용해서 0부터 100까지의 정수 중 짝수의 합을 구합니다.
❷ 반복문을 이용해서 0부터 100까지의 정수 중 홀수의 합을 구합니다.

● 예제 파일   python\pjt\chapter07\ex02.py

코드	실행 결과
15. # 1부터 100까지 짝수의 합 16. sum = 0 17. for i in range(0, 101, 2): 18. sum = sum + i 19. 20. print(sum)	2250 (2+4+6+...+100)

코드	실행 결과
21. # 1부터 100까지 홀수의 합 22. sum = 0 23. for i in range(1, 101, 2): 24. sum = sum + i 25. 26. print(sum)	2500 (1+3+5+...+99)

② 구구단 출력

구구단 프로그램을 만들고 print( ) 함수를 이용해서 Console 창에 출력해 보겠습니다. 먼저 num 변수를 만들어 봅니다. num은 특정 구구단을 뜻합니다. 예를 들어, 2단을 출력하려면 num에 2를 저장하고, 8단을 출력하려면 8을 저장합니다. 다음의 코드를 보고 설명을 이어가겠습니다.

<table>
<tr><td>코드</td><td>● 예제 파일 python\pjt\chapter07\ex02.py</td></tr>
</table>

```
29.   # 변수 num의 값으로 구구단 실행

30.   num = 2
      # num 변수를 2로 초기화한다.

31.   for i in range(1, 10, 1):
      # range 함수를 이용해서 1부터 9까지 반복 설정을 한다.

32.       print(num, end = "")
33.       print(" * ", end = "")
34.       print(i, end = "")
35.       print(" = ", end = "")
36.       print(num * i, end = "")
37.       print( )
          # 구구단을 보기 좋게 출력한다.
```

실행 결과

```
2 * 1 = 2
2 * 2 = 4
2 * 3 = 6
2 * 4 = 8
2 * 5 = 10
2 * 6 = 12
2 * 7 = 14
2 * 8 = 16
2 * 9 = 18
```

for 문에 의해 1부터 9까지 9번 반복 실행하는 동안 print( ) 함수를 이용해서 변수 num과 i의 곱셈 결과 값을 출력합니다. 여기서 end = ""는 print( ) 함수가 실행된 후 행을 바꾸지 않고 다음 내용을 같은 행에 출력합니다. 여기서 중요한 부분은 36행의 print(num * i, end = "")로 i는 1부터 9까지 1씩 증가하면서 곱셈 연산을 실행하는 부분입니다.

3 range( ) 함수의 다양한 사용법

range( )를 이용한 반복문과 친숙해졌으니 range( ) 함수를 더 간단하게 사용할 수 있는 방법에 대해서 살펴보겠습니다. 먼저 range( ) 함수에 사용하는 매개 변수 중 마지막에 사용하는 '단계(Step)'에 해당하는 값은 생략이 가능합니다. 만약 '단계'에 해당하는 매개 변수를 생략하면 프로그램은 기본으로 '단계'에 해당하는 값을 '1'로 생각하고 '1'씩 증가하면서 반복 업무를 수행합니다. 다음의 코드는 같은 결과를 출력합니다.

코드 #1

● 예제 파일　python\pjt\chapter07\ex03.py

```
01.  # 1부터 10까지 정수의 합

02.  sum = 0

03.  for i in range(1, 11, 1):
     # range(1, 11, 1)를 이용해서 1부터 10까지 정수의 합을 구한다.

04.      sum = sum + i

05.

06.  print(sum)
```

코드 #2

```
08.  # 1부터 10까지 정수의 합

09.  sum = 0

10.  for i in range(1, 11):
     # range(1, 11)를 이용해 1부터 10까지 정수의 합을 구한다. '단계(step)' 값을 생략하면 기본으로 '1'이 적용
     된다.

11.      sum = sum + i

12.

13.  print(sum)
```

다음으로 range( ) 함수의 매개 변수 중 '시작'에 해당하는 값을 생략할 수 있습니다. 이 경우 range( ) 함수는 기본으로 '시작' 값을 '0'으로 설정합니다. 다음의 코드와 결과를 비교해 봅니다.

코드 #1

○ 예제 파일 python\pjt\chapter07\ex03.py

```
15.  # 0부터 10까지 정수의 합
16.  sum = 0
17.  for i in range(0, 11):
       # range(0, 11)를 이용해서 0부터 10까지 정수의 합을 구한다.
18.      sum = sum + i
19.
20.  print(sum)
```

코드 #2

```
22.  # 0부터 10까지 정수의 합
23.  sum = 0
24.  for i in range(11):
       # range(11)를 이용해서 0부터 10까지 정수의 합을 구한다. '시작' 값을 생략하면 기본으로 '0'이 적용된다.
25.      sum = sum + i
26.
27.  print(sum)
```

range( )에 대해서 한 가지 더 살펴봅니다. 지금까지 range( )를 이용할 때 '단계'가 올라가는 경우만 살펴봤습니다. 다음과 같이 만약 '단계'가 내려가는 경우라면 어떻게 될까요?

range(1, 10, 1) → (1, 2, 3, 4, 5, 6, 7, 8, 9)
range(10, 1, -1) → ?

언뜻 생각해서 range(10, 1, −1)는 10부터 시작해서 1까지 −1씩 반복문을 실행할 듯한데요, 실제로 코드를 작성해 보고 실행해 보겠습니다.

코드

```
29. for i in range(10, 1, -1):
30.     print('i = ', i)
```

실행결과

```
i =  10
i =  9
i =  8
i =  7
i =  6
i =  5
i =  4
i =  3
i =  2
```

어떤가요? 예상했던 것과 다소 차이가 있나요? 결과는 10부터 -1씩 반복문을 실행합니다. 끝나는 숫자가 1이 아니고 1보다 1이 많은 2에서 멈춥니다. 결국 단계가 올라가는 경우와 내려가는 경우 모두 끝나는 숫자는 1이 작거나 1이 많은 위치까지 반복문을 실행합니다. 다음은 숫자가 올라가는 경우와 내려가는 경우를 나타냅니다.

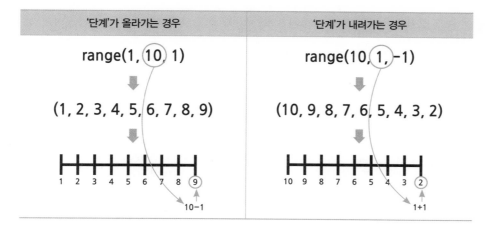

'단계'가 내려가는 경우에 대해서 살펴봤으니, 이번에는 '단계'가 2 또는 3단계씩 내려가는 경우를 직접 코딩하고 확인해 봅니다.

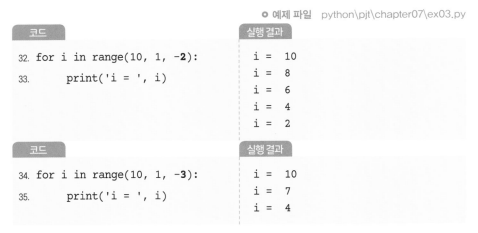

● 예제 파일　python\pjt\chapter07\ex03.py

코드	실행 결과

```
32. for i in range(10, 1, -2):
33.     print('i = ', i)
```

```
i =   10
i =   8
i =   6
i =   4
i =   2
```

코드	실행 결과

```
34. for i in range(10, 1, -3):
35.     print('i = ', i)
```

```
i =   10
i =   7
i =   4
```

▲ 2 또는 3 단계씩 내려가는 경우

프로그램을 개발하다 보면 앞서 살펴본 내용과 같이 반복문을 역으로 진행해야 하는 경우가 종종 발생합니다. 사용법을 잘 알아두고, 앞에서 살펴본 구구단을 반대로 진행하는 예제를 직접 코딩한 후 계속해서 학습하도록 합니다.

코드

● 예제 파일　python\pjt\chapter07\ex03.py

```
38. num = 5
39. for i in range(9, 0, -1):
40.     print(num, end = "")
41.     print(" * ", end = "")
42.     print(i, end = "")
43.     print(" = ", end = "")
44.     print(num * i, end = "")
45.     print( )
```

```
5 * 9 = 45
5 * 8 = 40
5 * 7 = 35
5 * 6 = 30
5 * 5 = 25
5 * 4 = 20
5 * 3 = 15
5 * 2 = 10
5 * 1 = 5
```

4 while 문

프로그램에서 for 문과 함께 반복문을 만들기 위해 많이 사용하는 구문은 while 문으로, for 문과 비교하면 비슷하면서도 조금은 다릅니다. 구문 자체로만 보면 for 문보다 간단해서 사용 방법이 쉬울 수 있으나, 가독성 측면에서 보면 for 문이 좀 더 많은 장점을 가지고 있습니다. 따라서 어느 구문을 선택해서 반복문을 구현할 것인지에 대한 답은 개발자의 선택입니다. while 문의 기본 문법 구조는 다음과 같습니다.

while 조건식:
실행문

for 문도 문법 구조가 단순하지만 while 문이 더욱 간결한 것을 알 수 있습니다. while 다음에 조건식을 넣어서 조건식의 결과가 True면 실행문이 실행되고, 반대로 결과가 False면 실행문이 실행되지 않는 구조입니다. 다음은 while 문을 이용해서 0부터 10까지의 정수의 합을 나타냅니다.

● 예제 파일 python\pjt\chapter07\ex04.py

```
01. # while 문을 이용한 0부터 10까지 정수의 합

02. cNum = 0
    # 1씩 증가되는 cNum 변수를 0으로 초기화한다.

03. sNum = 0
    # 정수의 합을 저장하기 위한 sNum 변수를 0으로 초기화한다.

04. while cNum < 11:
    # cNum이 11보다 작으면 05행 이하의 실행문이 실행된다.

05.     sNum = sNum + cNum
        # sNum에 cNum을 누적해서 더한다.

06.     cNum = cNum + 1
        # while 문이 반복되는 동안 cNum에 1씩 더한다.

07.

08. print(sNum)
    # 0부터 10까지 정수의 합(sNum)을 출력한다.
```

실행 결과

```
Process started (PID=31880) ???
55
<<< Process finished (PID=31880)  0
```

while 문에서는 한 가지 주의할 점이 있습니다. 위의 예제처럼 while 문의 조건이 False가 되는 값을 꼭 넣어야 합니다. 여기서는 cNum이 그 역할을 하며, 06행에서 cNum에 1씩 더하고 있습니다. 만약 cNum에 1씩 더하는 로직(논리 회로)이 없다면 while 문은 무한 루프에 빠져서 영원히 반복 작업을 진행합니다. 간단한 프로그램에서 무한 루프 현상이 발생하더라도 최악의 경우 전체 시스템의 동작이 멈추는 경우가 있는 만큼 반복문을 사용할 때는 항상 무한 루프로 인한 재앙이 발생하지 않도록 신경써야 합니다. 마지막으로 for 문을 이용해서 만든 구구단을 while 문으로 변경해보고 다음 과정을 계속해서 학습하세요.

○ 예제 파일 python\pjt\chapter07\ex04.py

```
24.  # 구구단(for 문)
25.  num = 5
26.  for i in range(1, 10, 1):
27.      print(num, end = "")
28.      print(" * ", end = "")
29.      print(i, end = "")
30.      print(" = ", end = "")
31.      print(num * i, end = "")
32.      print( )
33.
```

▲ for 문을 이용한 구구단

```
34.  # 구구단(while 문)
35.  num = 5
36.  i = 1
37.  while i < 10:
38.      print(num, end = "")
39.      print(" * ", end = "")
40.      print(i, end = "")
41.      print(" = ", end = "")
42.      print(num * i, end = "")
43.      print( )
44.      i = i + 1
```

▲ while 문을 이용한 구구단

실행 결과

```
5 * 1 = 5
5 * 2 = 10
5 * 3 = 15
```

```
5 * 4 = 20
5 * 5 = 25
5 * 6 = 30
5 * 7 = 35
5 * 8 = 40
5 * 9 = 45
```

5 continue 키워드

continue 키워드는 무언가를 계속한다는 의미로, 반복문에서 continue는 이하 실행문을 실행하지 않고 다음 반복 작업을 실행하라는 의미입니다. 다음의 예제를 보면 쉽게 이해할 수 있습니다.

코드　　　　　　　　　　　　　○ 예제 파일　python\pjt\chapter07\ex04.py

```
10.  # continue
11.  for i in range(1, 10):
     # range( ) 함수를 이용해서 1부터 9까지 1씩 증가되는 반복문을 만든다.
12.      if (i % 2) == 1:
         # 만약 i가 홀수라면 14행 이하의 실행문은 실행하지 않고 다시 11행으로 올라간다. 즉, 15행의
           print(i)는 실행하지 않는다.
13.          continue
14.
15.      print(i)
```

실행결과

```
2
4
6
8
```

이처럼 프로그램에서 continue는 이하 내용을 더 이상 실행하지 않고 다음 과정으로 바로 넘어간다는 의미입니다. 위 예제에서는 조건문을 이용해서 i가 홀수인 경우 continue에 의해서 15행의 print()가 실행되지 않고 다시 11행으로 올라갑니다.

6 break 키워드

continue와 항상 함께 하는 break 키워드는 continue와 다르게 프로그램이 break를 만나면 모든 구문을 중단한다는 의미가 있습니다. 다음의 예제를 통해서 이해하도록 합니다.

● 예제 파일   python\pjt\chapter07\ex04.py

코드

```
17.  # break
18.  for i in range(1, 10):
       # range( ) 함수를 이용해서 1부터 9까지 1씩 증가되는 반복문을 만든다.
19.     if (i > 5):
          # 만약 i가 5보다 크면 for 문은 더 이상 실행하지 않는다. 즉, 반복문이 중단된다.
20.         break
21.
22.     print(i)
```

실행 결과

```
1
2
3
4
5
```

프로그램에서는 반복 작업을 하다가 특정 상황이 되면 반복 작업을 중단해야 하는 경우가 종종 발생하는데, 이때 사용하는 키워드가 바로 break입니다. 즉, 반복문에서 break는 반복 업무가 남아 있어도 중단하고 반복문을 빠져나오라는 의미입니다.

01 새 파일 만들기

Notepad++에서 [Ctrl]+[N]을 눌러 새로운 파일을 만들고, [Ctrl]+[Alt]+[S]를 눌러 파일을 저장합니다. 이때 C:\python\pjt\chapter07 폴더에 'example.py' 파일로 저장합니다.

02 구구단 프로그램 만들기

range( ) 함수를 이용해서 반복의 시작점, 끝점, 그리고 단계에 해당하는 값을 설정합니다.

```
03. for i in range(2, 10, 1):
    # 구구단은 2단부터 9단까지 있으므로 2로 시작해서 9(10-1)로 끝나는 range(2, 10, 1)를 설정한다.
```

03 각각의 구구단은 1부터 9까지 곱셈 연산을 하므로 1부터 9까지 반복 작업을 할 수 있도록 range( ) 함수를 이용해서 다음과 같이 설정합니다.

```
07. for j in range(1, 10, 1):
    # range( ) 함수를 이용해서 1부터 9까지 곱셈 연산이 반복 수행할 수 있도록 설정한다.
```

04 프로그램 실행하기

프로그램의 전체 코드를 다시 한번 확인하고 구구단 프로그램을 실행([Ctrl]+[F6])합니다.

코드

○ 예제 파일 python\pjt\chapter07\example.py

```
01. # 2단부터 9단까지 구구단 실행
02.
03. for i in range(2, 10, 1):
04.     print(i, end = "")
```

```
05.     print("단", end = "")
06.     print( )
07.     for j in range(1, 10, 1):
08.         print(i, end = "")
09.         print(" * ", end = "")
10.         print(j, end = "")
11.         print(" = ", end = "")
12.         print(i * j, end = "")
13.         print( )
14.     print( )
```

2단	4단	6단	8단
2 * 1 = 2	4 * 1 = 4	6 * 1 = 6	8 * 1 = 8
2 * 2 = 4	4 * 2 = 8	6 * 2 = 12	8 * 2 = 16
2 * 3 = 6	4 * 3 = 12	6 * 3 = 18	8 * 3 = 24
2 * 4 = 8	4 * 4 = 16	6 * 4 = 24	8 * 4 = 32
2 * 5 = 10	4 * 5 = 20	6 * 5 = 30	8 * 5 = 40
2 * 6 = 12	4 * 6 = 24	6 * 6 = 36	8 * 6 = 48
2 * 7 = 14	4 * 7 = 28	6 * 7 = 42	8 * 7 = 56
2 * 8 = 16	4 * 8 = 32	6 * 8 = 48	8 * 8 = 64
2 * 9 = 18	4 * 9 = 36	6 * 9 = 54	8 * 9 = 72

3단	5단	7단	9단
3 * 1 = 3	5 * 1 = 5	7 * 1 = 7	9 * 1 = 9
3 * 2 = 6	5 * 2 = 10	7 * 2 = 14	9 * 2 = 18
3 * 3 = 9	5 * 3 = 15	7 * 3 = 21	9 * 3 = 27
3 * 4 = 12	5 * 4 = 20	7 * 4 = 28	9 * 4 = 36
3 * 5 = 15	5 * 5 = 25	7 * 5 = 35	9 * 5 = 45
3 * 6 = 18	5 * 6 = 30	7 * 6 = 42	9 * 6 = 54
3 * 7 = 21	5 * 7 = 35	7 * 7 = 49	9 * 7 = 63
3 * 8 = 24	5 * 8 = 40	7 * 8 = 56	9 * 8 = 72
3 * 9 = 27	5 * 9 = 45	7 * 9 = 63	9 * 9 = 81

1 for 문

반복문을 구현하기 위한 대표적인 구문으로 range( )를 이용해서 반복의 시작, 끝 그리고 단계를 설정할 수 있습니다.

for i in range(시작, 끝, 단계):

이때 range( )의 시작과 단계는 생략할 수 있으며, 시작을 생략하면 기본 값으로 '0'이 설정되고 단계를 설정하면 기본 값으로 '1'이 설정됩니다.

```
for i in range(0, 10, 1): = for i in range(0, 10): = for i in range(10):
```

2 while 문

for 문과 동일하게 반복문을 만들 수 있으며, 조건식만 가지고 반복문을 구현합니다.

while 조건식:

실행문

조건에 만족(True)하는 경우 실행문이 반복되며, 그렇지 않은 경우 프로그램은 while 문을 빠져나와 반복문을 중단합니다. while 문을 사용할 때는 프로그램이 무한 루프에 빠지지 않도록 조건식의 결과가 False인 경우를 while 문 내부에 설정합니다.

3 continue와 break 키워드

반복문에서 continue는 '남아있는 작업은 생략하고 다음 반복 작업을 시작하라'는 의미로 continue 이하의 반복 실행문은 실행하지 않습니다. 반면 break는 '전체 반복 작업을 중단하라'는 의미로 반복문이 break를 만나면 프로그램은 반복문을 빠져나옵니다.

1 사용자가 입력한 정수에 해당하는 구구단을 출력하는 프로그램을 만들어 보자.

코드

● 예제 파일   python\pjt\chapter07\exercise01.py

```
01.  userInt = int(input('원하는 구구단을 입력하세요.'))
02.
03.  for i in range(1, 10, 1):
04.      print(userInt, end='')
05.      print(' * ', end='')
06.      print(i, end='')
07.      print(' = ', end='')
08.      print(userInt * i)
```

실행 결과

```
원하는 구구단을 입력하세요.6
6 * 1 = 6
6 * 2 = 12
6 * 3 = 18
6 * 4 = 24
6 * 5 = 30
6 * 6 = 36
6 * 7 = 42
6 * 8 = 48
6 * 9 = 54
```

계산기 기능 업그레이드하기

학습 목표

- 스위치를 켜면 언제든 먼지를 빨아들이는 청소기처럼, 프로그램에서도 특정 기능을 만들고 언제든지 신호만 주면 기능이 실행되는 방법에 대해서 살펴봅니다.

세상의 복잡한 일들은 대부분 분업화되어 있습니다. 예를 들어, 집을 짓는다고 할 때 땅을 파는 것은 포크레인 기술자 담당, 집의 뼈대는 목수 담당, 전기는 전기 기술자 담당, 페인트 칠은 페인트 기술자 담당으로 각자 전문 분야의 기술을 이용해서 완벽한 집이 지어집니다. 이것을 프로그램으로 옮기면, 프로그램의 많은 기능을 한 명의 개발자가 매번 만들기보다는 각각의 기능을 전문화(미리 개발)하고 필요할 때마다 호출해서 사용하면 개발 업무에 훨씬 효율적일 것입니다.

이번 챕터에서는 프로그램의 각 기능을 분리하고 필요할 때마다 호출해서 사용하는 방법에 대해서 학습합니다. 이번 챕터를 학습하고 나면 '나도 이제 프로그래머야!'라고 자신 있게 말할 수 있습니다.

'업그레이드 계산기 #1' 실행 미리 보기

↓

함수 알아보기

↓

함수의 정의 알아보기

↓

함수 호출하기

↓

매개 변수 알아보기

↓

데이터 반환하기

↓

전역 변수와 지역 변수 알아보기

↓

'업그레이드 계산기 #1' 만들기

1 코드 미리 보기

Notepad++에서 chapter08 폴더의 'ex01.py' 파일을 불러옵니다.

★예제 파일 python\pjt\chapter08\ex01.py

```python
01. # 덧셈 연산 함수
02. def addition(n1, n2):
03.     print('덧셈 연산 결과 : ')
04.     print(int(n1) + int(n2))
05.
06.     return
07.
08. # 뺄셈 연산 함수
09. def subtraction(n1, n2):
10.     print('뺄셈 연산 결과 : ')
11.     print(int(n1) - int(n2))
12.
13.     return
14.
15. # 곱셈 연산 함수
16. def multiplication(n1, n2):
17.     print('곱셈 연산 결과 : ')
18.     print(int(n1) * int(n2))
19.
20.     return
21.
22. # 나눗셈 연산 함수
23. def division(n1, n2):
```

```python
24.     print('나눗셈 연산 결과 : ')
25.     print(int(n1) / int(n2))
26.
27.     return
28.
29. # 나머지 연산 함수
30. def rest(n1, n2):
31.     print('나머지 연산 결과 : ')
32.     print(int(n1) % int(n2))
33.
34.     return
35.
36. # 몫 연산 함수
37. def portion(n1, n2):
38.     print('몫 연산 결과 : ')
39.     print(int(n1) // int(n2))
40.
41.     return
42.
43. # 계산기 함수
44. def calculator(num1, num2, oper):
45.
46.     if oper == '+':
47.         addition(num1, num2)
48.
49.     elif oper == '-':
50.         subtraction(num1, num2)
51.
52.     elif oper == '*':
```

```
53.         multiplication(num1, num2)

54.

55.     elif oper == '/':

56.         division(num1, num2)

57.

58.     elif oper == '%':

59.         rest(num1, num2)

60.

61.     elif oper == '//':

62.         portion(num1, num2)

63.

64.     return

65.

66. firstNum = input( )

67. operator = input( )

68. secondNum = input( )

69.

70. calculator(firstNum, secondNum, operator)
```

앞서 만들었던 계산기 프로그램의 업그레드 버전입니다. 계산기의 주요 기능은
덧셈, 뺄셈과 같은 연산 기능으로 이러한 연산 기능을 이전 챕터에서는 서술 형식
으로 프로그래밍하였기 때문에 다른 곳에서 계산 기능이 필요할 때 똑같은 코드
를 다시 코딩해야 하는 불편이 있습니다. 이러한 불편(중복 코드)을 없애고자 만
들어진 것이 바로 함수로, 계산기와 덧셈, 뺄셈, 곱셈 등의 기능을 함수로 분리하
고 필요할 때마다 호출만 해서 사용할 수 있도록 업그레이드했습니다.

⓶ 프로그램 실행하기

[Ctrl]+[F6]을 눌러 게임 프로그램을 실행한 후, 첫 번째 숫자를 입력하고 이어서 희망하는 연산자와 두 번째 숫자를 차례로 입력합니다. 그리고 [Enter]를 누르면 입력한 숫자와 연산자를 이용해서 연산한 결과가 Console 창에 출력됩니다.

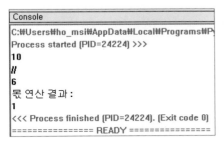

▲ Console 창에 출력된 연산 결과

결과만 보면 앞서 만든 계산기 프로그램과 차이가 없지만, 프로그램 코드에는 큰 차이가 있습니다. 각각의 연산 기능을 함수로 만들어서 필요할 때마다 언제든지 중복된 코드를 입력하는 것이 아니라, 호출만으로 연산 기능을 활용할 수 있습니다. 심지어 동료가 연산 기능이 필요하다면 함수 부분만 떼어 줄 수 있고, 반대로 동료가 만든 함수를 직접 개발하는 프로그램에 이식할 수도 있습니다. 자 그럼 이처럼 대단한 함수를 만들고 사용하는 방법에 대해 하나씩 살펴보도록 합니다.

1 함수란?

함수는 우리말로 하면 '기능', 영어로는 'Function'이라고 할 수 있습니다. 보통 함수라고 하면 다음과 같은 그림을 많이 봤을 거예요.

입력 - Intput(x,y)

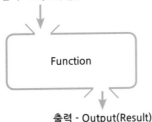

Function

출력 - Output(Result)

▲ 함수에 소스(Input)를 넣으면 결과물(Output)이 나온다.

프로그램의 함수도 수학의 함수와 같습니다. 즉, 어떤 기능을 만들고 필요할 때마다 소스를 넣으면 함수는 본연의 기능으로 소스를 가공해서 결과물을 반환합니다. 프로그램에서 함수를 이용하는 이유는 특정 기능을 별도로 분리하고, 필요할 때마다 기능을 호출해서 재사용하기 위함입니다. 만약 직접 개발하는 프로그램에서 덧셈 연산이 5번 일어날 때, 매번 덧셈 연산 코드를 코딩하는 것보다 덧셈 연산 기능을 가지고 있는 함수 1개를 만들고 필요할 때마다 호출해서 사용하는 것이 훨씬 효율적입니다.

코드   ● 예제 파일 python\pjt\chapter08\ex02.py

```
01. print('덧셈 연산을 합니다.')      08. print(-3 + 0)
02. print(-2 + 5)                      09.
03.                                    10. print('덧셈 연산을 합니다.')
04. print('덧셈 연산을 합니다.')      11. print(-5 + 5)
05. print(3 + 10)                      12.
06.                                    13. print('덧셈 연산을 합니다.')
07. print('덧셈 연산을 합니다.')      14. print(30 + 7)
```

▲ 기존 소스

```
15.
16. def addFuntion(n1, n2):
17.     print('덧셈 연산을 합니다.')
18.     sum = n1 + n2
19.
20.     return sum

21.
22. print(addFuntion(-2, 5))
23. print(addFuntion(3, 10))
24. print(addFuntion(-3, 0))
25. print(addFuntion(-5, 5))
26. print(addFuntion(30, 7))
```

▲ 함수를 이용한 소스

함수는 필요할 때마다 언제든지 자유롭게 만들어 사용할 수 있지만, 모든 기능을 함수로 만드는 것은 별로 좋지 않습니다. 예를 들어, 전체 프로그램에서 딱 한 번만 사용하는 기능까지 함수로 만들면 어떤 의미에서는 비효율적일 수 있습니다. 함수는 자주 사용하는 기능이 있을 때 기능을 다시 사용하기 위해서 만드는 것이 일반적입니다. 직접 프로그램을 개발할 때 '처음부터 어떤 함수를 만들어야지'라고 계획을 세우기는 아직 어렵습니다. 물론 프로그램의 고수가 되어도 모든 함수를 처음부터 완벽하게 만들고 시작할 수는 없습니다. 프로그램 개발 중에 함수가 필요할 때마다 만들어 사용하면 되므로, 함수는 프로그램에서 기능을 분업화하기 위한 가장 쉬운 방법이라고 생각하기 바랍니다.

2 함수의 정의

파이썬에서 함수를 만드는 방법은 아주 쉽습니다. 앞서 변수를 만들 때 변수명을 만든 것처럼 함수도 함수명을 만듭니다. 함수는 특정 기능을 담당하는 만큼 최대한 기능을 잘 표현하는 이름이면 좋습니다. 예를 들어, 계산 기능이 있다면 'calculator', 그림을 그리는 기능이 있다면 'drawing', 게임에서 미사일을 발사하는 기능이 있다면 'fire' 등의 이름이 어울립니다. 물론 'fun1', 'fun2', 'fun3' 등으로 이름을 만들어도 되지만, 이렇게 이름을 모호하게 만들면 나중에 함수를 사용할 때 어떤 기능의 함수인지 쉽게 파악하기 힘듭니다.

함수는 기본으로 def, 함수명, 매개 변수, 콜론(:), 실행부 그리고 반환부로 이루어져 있습니다.

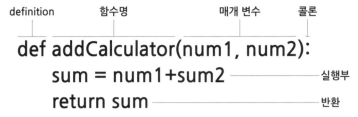

▲ 함수의 기본 구조

함수를 정의할 때는 먼저 'def' 키워드를 명시합니다. def(definition)는 무언가를 정의한다는 의미로써 여기서는 함수를 정의한다는 의미입니다. 'def'를 명시한 다음 함수명을 만들고 소괄호((,))를 넣은 후 소괄호 안에는 매개 변수를 넣습니다. 매개 변수는 함수끼리 호출하는 곳을 연결(매개)하는 기능으로 이후에 별도로 자세히 살펴보겠습니다. 다음으로 콜론(:)을 넣습니다. 콜론은 제어문(조건문, 반복문)에서도 살펴봤듯이 코드 블록이 시작하는 것을 나타냅니다. 다음으로 실행부는 함수 본연의 기능을 명시하는 곳으로, 계산기 함수라면 계산하는 로직이 기술하고 미사일을 발사하는 함수라면 미사일을 발사하는 로직을 기술하면 됩니다. 실행부는 함수에서 가장 핵심이기 때문에 처음 함수를 만들고 나서도 프로그램을 개발하는 과정에서 수정되는 경우가 종종 있습니다. 마지막으로 반환(return)부는 함수가 본연의 기능을 모두 수행한 후 함수를 호출한 곳으로 데이터를 반환하는 역할을 합니다. 예를 들어, 덧셈 함수에 '10'과 '3'을 넣으면 덧셈 함수는 '10+3'을 연산하고 결과 값인 '13'을 함수를 호출한 곳으로 반환해야 합니다. 이때 사용하는 키워드는 return으로 함수에서 중요한 부분인 만큼 이후에 별도로 설명하겠습니다.

함수가 뭔지는 알겠는데 갑자기 def, 매개 변수, return 등의 낯선 용어가 나와서 머릿속이 복잡하더라도 걱정하지 마세요. 앞으로 직접 몇 번의 함수를 만들고 사용(호출)하면 쉽게 익숙해질 수 있습니다. 그럼 간단한 함수 하나를 다음의 시나리오에 맞춰서 만들어 볼까요?

• Console 창에 문자(열)를 출력하는 함수 만들기

○ 예제 파일 python\pjt\chapter08\ex03.py

```
06.  def printStr(str):
```
    # def를 이용해서 printStr( ) 함수를 정의한다.

```
07.      print(str)
```
    # print( ) 함수를 이용해서 'str' 변수에 담겨 있는 데이터를 Console 창에 출력한다.

```
08.      return
```
    # return을 이용해서 함수를 종료하고, 프로그램 진행을 호출부로 넘긴다.

```
09.
```

```
10.  printStr('함수! 어렵지 않아요')
```
    # 06행에서 정의한 printStr( ) 함수에 '함수! 어렵지 않아요'를 매개 변수로 호출한다.

```
11.  printStr('함수! 재미있어요')
```
    # 06행에서 정의한 printStr( ) 함수에 '함수! 재미있어요'를 매개 변수로 호출한다.

실행 결과

```
Console
C:\Users\ho_msi\AppData\Local\Pro
Process started (PID=24324) >>>
함수! 어렵지 않아요
함수! 재미 있어요
<<< Process finished (PID=24324). [Exi
================ READY =========
```

위의 printStr(str) 함수는 실행부에서 print( ) 함수를 이용하여 str을 출력하는
기능으로 정의되어 있습니다. 함수명 'printStr'은 개발자가 지은 이름이고 매개
변수로 문자열(str) 하나를 받으며, 마지막 return은 함수를 종료하면서 함수 호
출부에 아무런 데이터도 반환하지 않습니다. 다음은 함수 정의부와 호출부의 관
계를 나타냅니다.

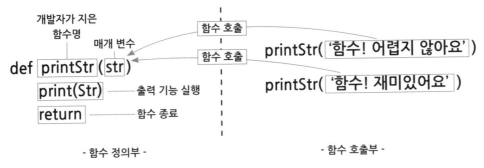

▲ 함수 정의부와 호출부의 관계

함수를 하나 더 살펴보겠습니다. 이번 함수는 실행부 안에 반복문이 있는 구조로 앞서 살펴본 printStr( ) 함수와 전체 구조는 같지만, 실행부의 내용이 좀 더 많은 차이점이 있습니다.

• 특정 구구단을 출력하는 함수 만들기

코드   ● 예제 파일   python\pjt\chapter08\ex03.py

```
13.  def printGugudan(num):
        # def를 이용해서 printGugudan( ) 함수를 정의한다.

14.      print(num, end = "")

15.      print("단")

16.

17.      for i in range(1, 10):

18.          print(num, end = "")

19.          print(" * ", end = "")

20.          print(i, end = "")

21.          print(" = ", end = "")

22.          print(num * i)
            # 반복문(for 문)을 이용해서 호출부에서 전달한 구구단을 출력한다.

23.

24.      return

25.
```

26. `printGugudan(2)`

   # 13행에서 정의한 printGugudan( ) 함수에 '2'를 전달해서 2단을 출력한다.

27. `printGugudan(4)`

   # 13행에서 정의한 printGugudan( ) 함수에 '4'를 전달해서 4단을 출력한다.

실행 결과

```
2단
2 * 1 = 2
2 * 2 = 4
2 * 3 = 6
2 * 4 = 8
2 * 5 = 10
2 * 6 = 12
2 * 7 = 14
2 * 8 = 16
2 * 9 = 18
```

```
4단
4 * 1 = 4
4 * 2 = 8
4 * 3 = 12
4 * 4 = 16
4 * 5 = 20
4 * 6 = 24
4 * 7 = 28
4 * 8 = 32
4 * 9 = 36
```

printGugudan(num) 함수는 실행부에서 반복문(for 문)을 이용하여 구구단을 출력하는 기능으로 정의되어 있습니다. 함수명 'printGugudan'은 개발자가 지은 이름이고 매개 변수로 정수(num) 하나를 받습니다. 마지막 return은 함수를 종료하면서 함수 호출부에 아무런 데이터도 반환하지 않습니다. 다음은 함수의 정의부와 호출부의 관계를 나타냅니다.

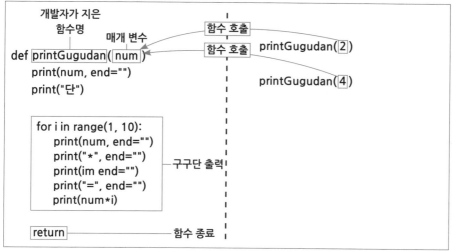

▲ 함수의 정의부와 호출부의 관계

2개의 함수를 만들어 사용했습니다. 다음의 시나리오를 바탕으로 몇 가지 함수를
추가로 만들면서 연습합니다.

▶ 사각형의 넓이를 구하는 함수를 만들자.

▶ 삼각형의 넓이를 구하는 함수를 만들자.

▶ 딕셔너리를 이용해서 가족 명단을 만들고 새해가 되었을 때
  가족 구성원의 나이를 한 살 올리는 함수를 만들자.
  * 가족 명단 예 : {'아빠' : 51, '김윤석' : 17}

3 함수 호출

함수를 만드는 이유는 기능을 재사용하기 위해서이며, 함수를 사용한다는 것은
함수를 호출한다는 것입니다. 다음은 함수를 호출하는 예입니다.

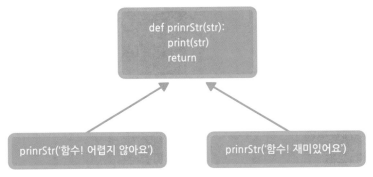

▲ printStr( ) 함수를 2군데에서 호출하고 있다.

함수를 호출할 때 주의할 점은 바로 매개 변수의 개수를 맞춰야 한다는 것입니다.
즉, 함수를 정의할 때 매개 변수가 1개이면 함수를 호출할 때에도 매개 변수를
1개로 맞춰야 합니다. 만약 개수를 맞추지 않으면 다음과 같은 에러가 발생합니다.

```
# 함수 정의부
def printStr(str):
    print(str)
    return


# 함수 호출부
printStr('함수! 어렵지 않아요', '파이썬')
```

```
Console
Process started [PID=14532] >>>
Traceback [most recent call last]:
  File "C:\python\pjt\chapter08\ex03.py", line 10, in <module>
    printStr('함수! 어렵지 않아요', '파이썬! 어렵지 않아요')
TypeError: printStr() takes 1 positional argument but 2 were given
<<< Process finished (PID=14532). [Exit code 1]
=============== READY ===============
```

▲ 매개 변수의 개수를 맞추지 않아 에러가 발생했다.

이 같은 에러를 피하기 위해서는 함수를 사용(호출)할 때 반드시 함수가 어떻게 정의되는지 확인하고 사용해야 합니다.

4 매개 변수

'매개'라는 단어를 사전에서 찾아보면 '둘 사이에서 양편의 관계를 맺어 줌'이라고 합니다. 그럼 함수에서 매개 변수란 무엇일까요? 함수는 함수를 정의하는 정의부가 있고, 정의된 함수를 사용하는 호출부가 있습니다. 이때 호출부에서 데이터를 정의부 쪽으로 전달하고 정의부와 호출부의 관계를 맺는다고 해서 매개 변수라고 합니다.

둘 사이에서 양편의 관계를 맺어주는 변수

```
def printStr(str):            printStr('함수! 어렵지 않아요')
    print(Str)
    return
```

▲ 매개 변수는 둘 사이의 관계를 맺어주는 역할을 한다.

매개 변수는 함수에서 필요한 경우에만 원하는 개수만큼 사용합니다. 예를 들어, 음식점에 손님이 들어오면 자동으로 '어서 오세요'라는 인사말을 재생하는 프로그램을 만드는 경우 특별한 매개 변수가 필요 없습니다.

코드	실행 결과
``# 매개 변수가 필요 없는 경우
def playHello( ):
    print('어서 오세요')

playHello( )
playHello( )``` | 어서 오세요

어서 오세요 |

▲ 매개 변수가 필요 없으면 생략할 수 있다.

반면, 매개 변수가 2개 이상 필요한 경우 함수를 호출할 때 매개 변수의 개수와 순서를 맞춰서 호출해야 합니다. 다음은 2개의 매개 변수로 정의된 함수와 호출을 나타냅니다.

코드	실행 결과
``# 2개 이상의 매개 변수
def printText(str, num):
    for i in range(num):
        print(str)

    return

printText('Hello~', 3)``` | Hello~

Hello~

Hello~ |

▲ 매개 변수가 일치해야 에러 없이 실행된다.

만약 매개 변수가 일치하지 않으면 다음과 같은 에러가 발생합니다.

```
# 2개 이상의 매개 변수
def printText(str, num):
    for i in range(num):
        print(str)

    return

printText('Hello~', 3, 5)
```

```
Traceback (most recent call last):
File "c:\python\pjt\chapter08\ex03.py", line 44, in <module>
printText('Hello~', 3, 5)
TypeError: printText() takes 2 positional arguments but 3 were given
```

▲ 매개 변수가 일치하지 않아 에러가 발생했다.

5 데이터 반환

함수는 기능을 구현하다가 호출하면 그때 기능을 실행하고, 실행이 모두 끝나면 호출부로 결과 값을 전달합니다. 이때 사용하는 키워드는 'return'입니다. 컴퓨터에서 return은 '다시 돌아간다'는 의미로, 함수 안에서 return을 만나면 함수를 호출한 곳으로 돌아간다는 의미입니다. 함수에서 return은 매개 변수와 마찬가지로 꼭 필요한 요소는 아니며, 함수에서 반환해야 하는 데이터가 있을 때에만 return 키워드를 이용해서 데이터를 반환합니다. 또한 반환할 데이터가 없을 때에도 return 키워드를 이용할 수 있으며 이때 아무런 데이터도 반환되지 않습니다. 다음은 데이터를 반환하는 경우와 그렇지 않은 경우를 나타냅니다.

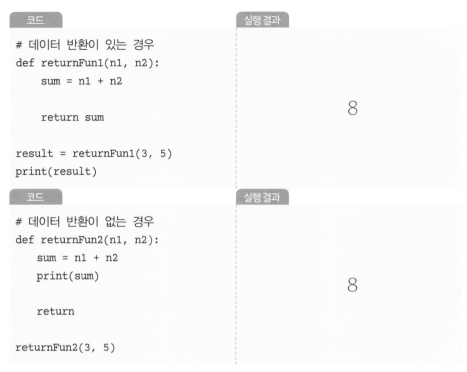

코드

```
# 데이터 반환이 있는 경우
def returnFun1(n1, n2):
    sum = n1 + n2

    return sum

result = returnFun1(3, 5)
print(result)
```

실행 결과

8

코드

```
# 데이터 반환이 없는 경우
def returnFun2(n1, n2):
    sum = n1 + n2
    print(sum)

    return

returnFun2(3, 5)
```

실행 결과

8

▲ 데이터 반환이 있는 경우 return을 이용한다.

반환되는 데이터가 없는 경우 return만 사용하거나 생략할 수 있습니다. 다음의 두 코드는 같은 결과를 나타냅니다.

코드 : return 표시

```
# 데이터 반환이 없는 경우
def returnFun2(n1, n2):
    sum = n1 + n2
    print(sum)

    return

returnFun2(3, 5)
```

코드 : return 생략

```
# 데이터 반환이 없는 경우
def returnFun2(n1, n2):
    sum = n1 + n2
    print(sum)

    #return

returnFun2(3, 5)
```

▲ 데이터 반환이 없는 경우 return을 생략할 수 있다.

6 전역 변수와 지역 변수

함수에 관해 다소 많은 내용을 살펴보는 것은 그만큼 프로그램에서 함수가 중요하다는 것을 뜻합니다. 이제 마지막으로 전역 변수와 지역 변수에 대해서 살펴보겠습니다. 전역 변수와 지역 변수는 용어에서도 알 수 있듯이 전역으로 사용하는 변수가 전역 변수이고, 지역에서만 사용하는 변수가 지역 변수입니다. 그럼 프로그램에서 전역과 지역의 차이는 무엇일까요? 다음의 예를 통해서 살펴보도록 합니다.

코드   ○ 예제 파일 python\pjt\chapter08\ex04.py

```
01.  str = 'good morning'
        # 전역 변수 str을 정의한다.

02.

03.  def printHello(name):
        # printHello(name) 함수를 정의한다.

04.      print(name, end = "")

05.      print(', ', end = "")

06.      str = 'good afternoon.'
            # 지역 변수 str을 정의한다.

07.      print(str)
            # 지역 변수 str을 출력한다.

08.

09.      return

10.
```

```
11.  printHello('Teacher')

12.

13.  print(str)
         # 전역 변수 str을 출력한다.
```

```
Console
C:\Users\ho_msi\AppData\Local\Prog
Process started (PID=28300) >>>
Teacher, good afternoon.
good morning
<<< Process finished (PID=28300). [Exit
=============== READY ==========
```

여기서 눈여겨볼 부분은 01행과 06행입니다. str은 이름이 같은 변수로 01행의
str은 printHello( ) 함수 밖에서 정의했고, 06행의 str은 printHello( ) 함수 안
에서 정의했습니다. 함수 밖에서 정의된 변수는 프로그램 전체에서 사용할 수 있
는 변수로 '전역 변수'라 하고, 함수 안에서 정의된 변수는 함수 안에서만 사용
하는 변수로 '지역 변수'라고 합니다. 만약 06행의 지역 변수가 없다면 07행의
print(str)는 전역 변수를 참조합니다.

코드

```
01.  str = 'good morning'

02.

03.  def printHello(name):

04.      print(name, end = "")

05.      print(', ', end = "")

06.      #str = 'good afternoon.'

07.      print(str)
             # print(str)는 함수 안에 str 변수가 없어 전역 변수 str를 참조한다.

08.

09.      return

10.
```

```
11. printHello('Teacher')
12.
13. print(str)
```

실행 결과

```
Console
C:\Users\ho_msi\AppData\Local\Progr
Process started (PID=29192) >>>
Teacher, good morning
good morning
<<< Process finished (PID=29192). (Exit c
================ READY ===========
```

프로그램을 개발하다 보면 많은 양의 코드를 작성해야 하는 경우가 있습니다. 이 때 전역 변수와 지역 변수를 혼동해서 프로그램에 심각한 오류가 발생하곤 합니다. 이러한 사태를 대비하기 위해서는 변수를 정의할 때 이름을 대충 만들기보다 의미 있게 만드는 것이 좋습니다.

8-3 │ 업그레이드 계산기 만들기

01 새 파일 만들기
Notepad++에서 Ctrl+N을 눌러 새로운 파일을 만들고, Ctrl+Alt+S를 눌러 파일을 저장합니다. 이때 C:\python\pjt\chapter08 폴더에 'example.py' 파일로 저장합니다.

02 업그레이드 계산기 프로그램 만들기
먼저 덧셈, 뺄셈, 곱셈, 나눗셈, 나머지, 몫을 계산하는 함수를 만듭니다. 함수가 많지만, 자세히 보면 모두 같은 형태로 내부에서 이루어지는 산술 연산만 차이가 있으므로 차근차근 코딩해 보세요.

```
01.  # 덧셈 연산 함수
02.  def addition(n1, n2):
        # 덧셈 함수를 정의한다.
03.      print('덧셈 연산 결과 : ')
04.      print(int(n1) + int(n2))
05.
06.      return
07.
08.  # 뺄셈 연산 함수
09.  def subtraction(n1, n2):
        # 뺄셈 함수를 정의한다.
10.      print('뺄셈 연산 결과 : ')
11.      print(int(n1) - int(n2))
12.
13.      return
14.
15.  # 곱셈 연산 함수
16.  def multiplication(n1, n2):
        # 곱셈 함수를 정의한다.
17.      print('곱셈 연산 결과 : ')
18.      print(int(n1) * int(n2))
19.
20.      return
21.
22.  # 나눗셈 연산 함수
23.  def division(n1, n2):
        # 나눗셈 함수를 정의한다.
24.      print('나눗셈 연산 결과 : ')
25.      print(int(n1) / int(n2))
26.
```

```
27.        return
28.
29. # 나머지 연산 함수
30. def rest(n1, n2):
        # 나머지를 구하는 함수를 정의한다.
31.        print('나머지 연산 결과 : ')
32.        print(int(n1) % int(n2))
33.
34.        return
35.
36. # 몫 연산 함수
37. def portion(n1, n2):
        # 몫을 구하는 함수를 정의한다.
38.        print('몫 연산 결과 : ')
39.        print(int(n1) // int(n2))
40.
41.        return
```

03 계산기 함수를 만듭니다. 계산기 함수(calculator())는 앞서 만든 연산 기능 함수들을 호출합니다.

```
43. # 계산기 함수
44. def calculator(num1, num2, oper):
45.
46.     if oper == '+':
            # 사용자가 '+'를 입력하면 덧셈 함수(addition())를 호출한다.
47.          addition(num1, num2)
48.
49.     elif oper == '-':
            # 사용자가 '-'를 입력하면 뺄셈 함수(subtraction())를 호출한다.
50.          subtraction(num1, num2)
```

```
51.
52.    elif oper == '*':
          # 사용자가 '*'를 입력하면 곱셈 함수(multiplication( ))를 호출한다.

53.        multiplication(num1, num2)

54.

55.    elif oper == '/':
          # 사용자가 '/'를 입력하면 나눗셈 함수(division( ))를 호출한다.

56.        division(num1, num2)

57.

58.    elif oper == '%':
          # 사용자가 '%'를 입력하면 나머지를 구하는 함수(rest( ))를 호출한다.

59.        rest(num1, num2)

60.

61.    elif oper == '//':
          # 사용자가 '//'를 입력하면 몫을 구하는 함수(portion( ))를 호출한다.

62.        portion(num1, num2)

63.

64.    return
```

04 함수를 모두 만들었으니 이번에는 호출부를 만들어 봅니다. 다음의 소스는 사용자로부터 숫자와 연산자를 입력받아 calculator( ) 함수를 호출합니다.

```
66.  firstNum = input( )
       # 사용자로부터 첫 번째 숫자를 입력받아 firstNum에 담아둡니다.

67.  operator = input( )
       # 사용자로부터 연산자를 입력받아 operator에 담아둡니다.

68.  secondNum = input( )
       # 사용자로부터 두 번째 숫자를 입력받아 secondNum에 담아둡니다.

69.

70.  calculator(firstNum, secondNum, operator)
       # 사용자가 입력한 데이터를 이용해서 calculator( ) 함수를 호출합니다.
```

05 프로그램 실행하기

프로그램의 전체 소스를 다시 확인하고 계산기 프로그램을
실행(Ctrl+F6)합니다. 다음의 결과는 사용자가 숫자 '50',
'7', '//' 연산자를 입력했을 때 Console 창에 출력되는 내용
입니다.

```
Console
C:\Users\ho_msi\AppData\Local\Programs\P
Process started (PID=6500) >>>
50
//
7
몫 연산 결과 :
7
<<< Process finished (PID=6500). (Exit code 0)
=============== READY ===============
```

▲ 계산기 프로그램을 이용해서 50을 7로 나눈
몫을 구한다.

calculator(num1, num2, oper) 함수는 필요에 따라 언제든지 호출해서 사용할
수 있으며(중복 코드 제거), 동료가 필요할 때 코드를 공유해서 개발 시간을 단축
할 수도 있습니다. 이렇게 함수를 잘 만들면 언제든지 함수를 이용할 수 있고 필
요에 따라 일부 함수를 수정해서 업그레이드할 수도 있습니다. 개발자들은 종종
'잘 만든 함수 하나, 열 코딩 안 부럽다'라는 말을 할 정도로 함수는 프로그램에서
매우 중요한 역할을 합니다.

학습 정리

▌ 함수란?

특정 기능을 뜻하는 말로, 필요에 따라서 언제든지 호출해 사용할 수 있습니다.
함수를 사용하면 중복 코드를 없앨 수 있으며, 코드의 재활용이 편리합니다. 함
수는 def, 함수명, 매개 변수, 실행부 그리고 return으로 구성됩니다.

▌ 함수의 정의

함수는 기본으로 def, 함수명, 매개 변수, 콜론(:), 실행부 그리고 반환부로 이
루어지며, 함수명은 개발자가 마음대로 지어도 되지만 일반적으로 함수의 기
능을 잘 표현할 수 있는 이름을 사용합니다.

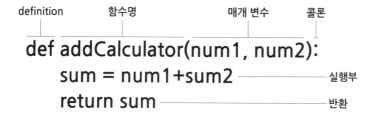

definition　　　함수명　　　　　　매개 변수　　　콜론

```
def addCalculator(num1, num2):
    sum = num1+sum2 ——————— 실행부
    return sum ——————————— 반환
```

③ 함수 호출

함수를 사용하는 것을 함수를 호출한다고 합니다. 함수를 호출할 때는 함수에 명시된 매개 변수의 개수와 데이터 타입을 정확하게 맞춰서 호출해야 합니다. 만약 매개 변수의 개수 또는 데이터 타입이 맞지 않으면 에러가 발생합니다.

④ 매개 변수

함수의 정의부와 호출부를 연결하는 변수를 '매개 변수'라고 합니다. 함수의 호출부에서는 함수를 호출할 때 함수 정의부에 매개 변수를 전달하며, 함수 정의부에서는 전달받은 매개 변수를 사용합니다. 매개 변수는 필수가 아니며 필요한 경우에만 함수 정의부에 명시합니다.

⑤ 데이터 반환

함수 실행 후 함수를 종료하는 목적으로 return 키워드를 사용합니다. 이때 함수를 호출한 함수 호출부에 다시 데이터를 반환해야 한다면 return 다음에 반환할 데이터를 명시합니다. 다음의 addFun() 함수는 호출부에 sum을 반환합니다.

```
def addFun(n1, n2):
    sum = n1 + n2
    return sum


result = addFun(3, 5)   #addFun( )에서 sum이 반환된다.
```

6 전역 변수와 지역 변수

전역 변수는 함수 외부에 정의된 변수로 프로그램 전체에서 사용할 수 있으며, 지역 변수는 함수 내부에 정의된 변수로 함수 내부에서만 사용할 수 있습니다. 함수에서 특정 변수를 참조할 때 파이썬은 먼저 함수 내부에서 찾고, 찾는 변수가 함수 내부에 없으면 다음으로 함수 외부에서 찾습니다. 매개 변수도 함수 내부에서만 사용할 수 있는 변수로 지역 변수에 속합니다.

혼자 해 보기

1 나눗셈 연산을 할 때 '0'을 입력하면 '0으로 나눌 수 없습니다.'라는 경고를 출력하는 계산기 프로그램을 만들어 보자.

코드

● 예제 파일　python\pjt\chapter04\exercise01.py

```
01.  def division(n1, n2):
02.      if n2 == 0:
03.          print('0으로 나눌 수 없습니다.')
04.          return
05.      else:
06.          print('나눗셈 연산 결과 : ')
07.          print(int(n1) / int(n2))
08.          return
09.  print('나눗셈 연산을 합니다.')
10.  userInt01 = int(input('첫 번째 정수를 입력하세요.'))
11.  userInt02 = int(input('두 번째 정수를 입력하세요.'))
12.  division(userInt01, userInt02)
```

실행 결과

```
나눗셈 연산을 합니다.
첫 번째 정수를 입력하세요.10
두 번째 정수를 입력하세요.0
0으로 나눌 수 없습니다.
```

▲ 숫자 10과 0을 입력한 경우

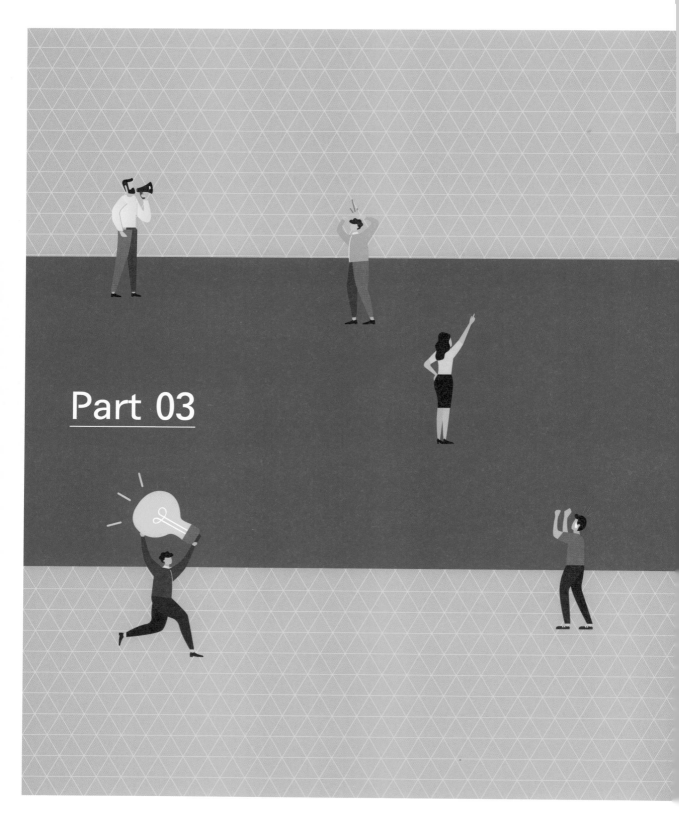

Part 03

실전! 파이썬
프로그래밍 활용하기

계산기 구조 업그레이드하기

학습 목표

● 자전거는 부품(핸들, 안장, 바퀴 등)과 움직이는 기능(전진, 우회전, 좌회전 등)이 있습니다. 프로그램에도 자전거 부품에 해당하는 속성과 작업할 수 있는 기능이 있는데요, 이 속성과 기능을 어떻게 활용하는지 살펴봅니다.

앞서 살펴본 함수는 특정 기능을 미리 만들어 놓고 필요할 때마다 호출해서 사용하는 프로그램 개발 방법론 중에 하나라고 할 수 있습니다. 다시 말해 꼭 함수를 만들어서 프로그래밍하지 않아도 된다는 의미로, 함수의 선언과 사용은 프로그램의 개발과 유지 보수를 더 효율적으로 진행하기 위한 여러 가지 방법 중에 하나일 뿐입니다.

이번 챕터에서는 기존의 함수를 이용한 프로그램 개발 방법보다 몇 배 더 훌륭하고 멋진 프로그램 개발 방법론인 객체 지향 방법론을 알아봅니다. 객체 지향은 파이썬뿐만 아니라 거의 모든 언어에서 사용하는 방법론으로, 이번 챕터를 통해서 객체의 이해 및 생성 그리고 여러 가지 특징에 대해서 학습합니다. 그리고 파이썬을 통해서 습득한 객체 지향 프로그램 방법론은 다른 언어(C++, Java 등)에서도 활용할 수 있습니다.

'업그레이드 계산기 #2' 실행 미리 보기

↓

객체(Object) 알아보기

↓

클래스(Class) 알아보기

↓

객체 생성과 메모리 알아보기

↓

상속(Inheritance) 알아보기

↓

오버라이딩(Overriding) 알아보기

↓

추상 클래스 알아보기

↓

'업그레이드 계산기 #2' 만들기

1 코드 미리 보기

Notepad++에서 chapter09 폴더의 'ex01.py' 파일을 불러옵니다.

★ 예제 파일) python\pjt\chapter09\ex01.py

```python
01.  class Calculator:
02.
03.      def __init__(self, n1, oper, n2):
04.          print('-- init( ) start --\n')
05.          self.n1 = n1
06.          self.oper = oper
07.          self.n2 = n2
08.
09.      # 연산 실행
10.      def doOperation(self):
11.          if self.oper == '+':
12.              self.addition( )
13.          elif self.oper == '-':
14.              self.subtraction( )
15.          elif self.oper == '*':
16.              self.multiplication( )
17.          elif self.oper == '/':
18.              self.division( )
19.          elif self.oper == '//':
20.              self.portion( )
21.          return
22.
```

```python
23.    # 덧셈 연산 메서드
24.    def addition(self):
25.            print('-- addition( ) start --')
26.            result = int(self.n1) + int(self.n2)
27.            print('덧셈 연산 결과 : {0}\n'.format(result))
28.            return
29.
30.    # 뺄셈 연산 메서드
31.    def subtraction(self):
32.            print('-- subtraction( ) start --')
33.            result = int(self.n1) - int(self.n2)
34.            print('뺄셈 연산 결과 : {0}\n'.format(result))
35.            return
36.
37.    # 곱셈 연산 메서드
38.    def multiplication(self):
39.            print('-- multiplication( ) start --')
40.            result = int(self.n1) * int(self.n2)
41.            print('곱셈 연산 결과 : {0}\n'.format(result))
42.            return
43.
44.    # 나눗셈 연산 메서드
45.    def division(self):
46.            print('-- division( ) start --')
47.            result = int(self.n1) / int(self.n2)
48.            print('나눗셈  연산 결과 : {0}\n'.format(result))
49.            return
50.
```

```
51.          # 몫 연산 메서드
52.          def portion(self):
53.                  ('-- portion( ) start --')
54.                  result = int(self.n1) // int(self.n2)
55.                  print('몫 연산 결과 : {0}\n'.format(result))
56.                  return
57.
58.  firstNum = input( )
59.  operator = input( )
60.  secondNum = input( )
61.
62.  myCalculator = Calculator(firstNum, operator, secondNum)
63.  myCalculator.doOperation( )
```

앞서 함수를 이용해서 만들었던 계산기 프로그램을 객체를 이용한 버전으로 변경해 봅니다. 서술형으로 프로그래밍한 내용을 함수를 이용해서 업그레이드했었는데요, 함수로 업그레이드하여 언제든지 계산기 기능이 필요할 때면 함수를 호출해서 답을 얻을 수 있었습니다. 그런데 도대체 객체가 무엇이기에 훌륭한 함수를 객체로 변경한다는 것일까요? 함수와 객체는 서로 함께 어울려서 프로그램 전체의 중요한 업무를 수행하니까 너무 걱정하지 않아도 됩니다.

2 게임 실행하기

[Ctrl]+[F6]을 눌러 게임 프로그램을 실행한 후 먼저 첫 번째 숫자를 입력하고 이어서 희망하는 연산자와 두 번째 숫자를 차례로 입력합니다. [Enter]를 누르면 입력한 숫자와 연산자를 이용해서 연산한 결과가 Console 창에 출력됩니다.

```
Console
C:\Users\ho_msi\AppData\Local\Programs\P
Process started (PID=15172) >>>
10
//
6
– init() start –

몫 연산 결과 : 1

<<< Process finished (PID=15172). (Exit code 0)
=============== READY ===============
```

방금 실행한 계산기는 객체를 이용해서 만든 프로그램입니다. 아직은 함수를 이용해서 만든 계산기 프로그램과 차이가 없어 보일 뿐만 아니라 심지어 코드만 보면 오히려 함수를 이용했을 때보다 어딘가 모르게 복잡하게 느껴질 수도 있지만, 프로그램 구조에는 엄청난 차이가 있습니다. 객체를 이용해서 프로그래밍한다는 것은 지금 만든 프로그램을 추후 무한하게 확장할 수 있으며, 다른 객체들과 결합하여 아주 강력한 기능을 나타낼 수도 있다는 것을 의미합니다. 어떻게 보면 객체를 이용해서 프로그래밍하는 것은 처음에는 코드의 양이 늘어 다소 귀찮아 보이고 개발자의 스트레스를 높일 수 있지만 추후 프로그램의 유지 보수 또는 확장을 생각하면 꼭 필요한 방법입니다. 자, 그럼 이제 객체와 클래스에 관해 하나씩 살펴보도록 할게요.

9-2 문법 구문의 이해

1 객체란?

객체 지향 프로그래밍(OOP; Object-Oriented Programming)을 알기 위해서는 먼저 객체의 의미를 이해해야 합니다. 프로그래밍 세계를 잠시 떠나 일상생활에서 객체의 의미를 살펴보겠습니다. 객체는 영어로 'Object'이며 우리 주변의 모든 사물이라고 할 수 있습니다. 필기도구로 사용하는 연필, 볼펜, 샤프, 운송수단으로 이용하는 자전거, 자동차, 비행기, 주방에서 사용하는 블렌더, 냉장고, 오븐, 계산할 때 사용하는 계산기 등 수많은 제품이 모두 객체에 속합니다.

이러한 객체들은 각각의 속성과 기능이 있습니다. 예를 들어, 연필에는 모양(Shape)과 색상(Color) 그리고 연필심의 두께(Thickness)라는 속성이 있고, 필기(Writing) 또는 그림을 드로잉(Drawing)하는 기능이 있습니다. 비행기는 크기(Size), 색상(Color) 등의 속성이 있고, 기능으로는 이륙(Takeoff), 비행(Flight), 착륙(Landing) 등이 있습니다. 마지막으로 하나만 더 살펴보면 주방에서 사용하는 블렌더는 크기(Size), 색상(Color), 회전 속도(RPM) 등의 속성이 있고, 음식물을 믹스(Mix)하는 기능이 있습니다.

지금까지 일상생활에서 볼 수 있는 객체에 관해 살펴봤는데요, 모든 객체는 속성과 기능으로 구성된 것을 알 수 있습니다.

객체 (Object)	연필	비행기	블렌더
속성 (Attribute)	모양(Shape) 색상(Color) 연필심 두께(Thickness)	크기(Size) 색상(Color)	크기(Size) 색상(Color) 회전 속도(RPM)
기능 (Function)	필기(Writing) 드로잉(Drawing)	이륙(Takeoff) 비행(Flight) 착륙(Landing)	믹스(Mix)

객체(Object) = 속성(Attribute) + 기능(Function)

일상생활에서 객체의 의미를 머릿속에 잘 담아두고, 다시 프로그램 세계로 돌아오겠습니다. 프로그램의 세계에도 객체가 존재하는데요, 프로그램에서 가상의 자동차와 비행기를 생각해 봅니다. 먼저 개발자가 프로그램에서 동작하는 가상의 자동차를 만든다면 먼저 자동차의 색상(Color), 크기(Size), 배기량(Displacement)과 같은 속성을 정의해야 하고, 다음으로 주행(Drive), 정지(Stop), 주차(Parking)과 같은 기능도 구현해야 합니다. 비행기도 마찬가지로 크기(Size), 색상(Color) 등의 속성을 정의해야 하고, 이륙(Takeoff), 비행(Flight), 착륙(Landing) 등의 기능도 구현해야 합니다. 결국 프로그램에서의 객체(Object)도 속성과 기능으로 구성된다는 것을 알 수 있습니다.

이제 우리는 현실(일상생활)이든 프로그램 세계든 객체라는 것이 존재하고, 객체는 속성과 기능으로 구성된다는 것을 알았습니다. 결국 객체는 우리 주변에 있는 모든 것을 지칭한다고 할 수 있고, 이 객체를 구성하는 요소는 속성과 기능이라고 할 수 있습니다.

프로그램에서 객체 지향 프로그래밍이란, 속성과 기능을 가지고 있는 객체를 이용해 프로그래밍하는 방법입니다. 객체가 무엇인지는 비교적 쉽게 이해했지만, 갑자기 객체를 이용한 프로그래밍이라고 하니까 좀 어렵다면 좀 더 쉽게 풀어 보겠습니다.

주로 객체 지향 프로그래밍을 이야기할 때 반대 개념으로 절차 지향 프로그램과 비교합니다. 절차 지향 프로그램은 지금까지 살펴본 프로그래밍 방법입니다. 절차 지향은 처음부터 끝까지 순서대로 기능이 실행되는 프로그램으로 예를 들어, 다음의 '자동차 생산' 시나리오에 따라 가상의 자동차를 10대 생산해야 하는 프로그램을 생각해 봅니다.

	그랜저 자동차(1번) 제작		그랜저 자동차(2번) 제작
속성	자동차 색상은 빨간색으로 한다. 자동차 크기는 200cm로 한다. 자동차 배기량은 2,000cc로 한다.	속성	자동차 색상은 노란색으로 한다. 자동차 크기는 200cm로 한다. 자동차 배기량은 2,200cc로 한다.
기능	자동차에 주행 기능을 구현한다. 자동차에 정지 기능을 구현한다. 자동차에 주차 기능을 구현한다.	기능	자동차에 주행 기능을 구현한다. 자동차에 정지 기능을 구현한다. 자동차에 주차 기능을 구현한다. 자동차에 터보 기능을 구현한다.

이 같은 시나리오에 따라 자동차 10대를 생산하기 위해서는 속성과 기능에 차이가 있는 비슷한 코드를 10번 반복합니다. 다음은 코드의 전체 구조입니다.

1번 자동차 생산 코드	2번 자동차 생산 코드		10번 자동차 생산 코드
| ```
#makeCar01
setRed...
setSize200...
setCC2000...

doDreive...
doStop...
doParking...
``` | ```
#makeCar02
setYellow...
setSize200...
setCC2200...

doDreive...
doStop...
doParking...
doTurbo...
``` | ...<br>거의 같은 코드를<br>10번 반복한다. | ```
#makeCar10
setBlue...
setSize200...
setCC2500...

doDreive...
doStop...
doParking...
``` |
| 실행 결과 | 실행 결과 | | 실행 결과 |
| 자동차 객체 01 | 자동차 객체 02 | 메모리 영역 | 자동차 객체 10 |

▲ 절차 지향 프로그램으로 자동차 10대를 생산하는 코드 구조
```

이번에는 객체를 이용해서 자동차 10대를 생산하는 프로그램을 만들어 봅니다. 다음은 코드의 전체 구조입니다.

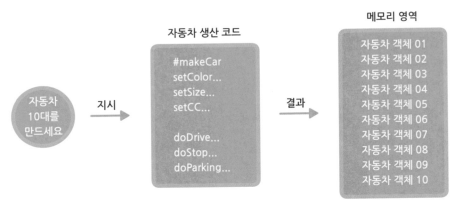

▲ 객체 지향 프로그램으로 자동차 10대를 생산하는 코드 구조

아직 자세히 배우지는 않았지만, 객체 지향 프로그래밍은 객체를 만들기 위한 틀 (클래스)을 만들어 놓고 필요에 따라서 객체의 속성과 기능을 자유롭게 변경해서 객체를 무한대로 만들 수 있습니다. 반면 절차 지향 프로그래밍은 필요한 자동차 의 숫자만큼 비슷한 코드(사실 같은 코드)를 계속 나열해야 합니다.

위의 예는 객체 지향 프로그래밍을 하는 많은 이유 중 하나로 이러한 이유 외에도 매우 중요한 이유가 많습니다. 다음은 객체 지향 프로그래밍을 해야 하는 이유(장 점)입니다.

- **코드의 재사용이 쉽다.**
  기존에 사용한 틀(클래스)을 이용하면 속성과 기능만 변경해서 빠르고, 쉽게 프로그 램을 개발할 수 있다.

- **프로그램 관리(유지 보수)가 쉽다.**
  프로그램의 수정, 삭제와 같은 유지 보수 발생 시 코드 변경이 편리하다.

- **프로그램을 모듈화할 수 있다.**

  프로그램을 모듈화할 수 있어 하드웨어 부품처럼 필요에 따라 다른 프로그램에 쉽게 이식할 수 있고 반대로 제거할 수도 있다(객체 간의 결합도 낮음).

이런 이유 말고도 데이터 은닉, 상속, 다형성, 캡슐화 등과 같은 장점들이 있습니다.

마지막으로 매우 중요한 부분 한 가지만 더 살펴보겠습니다. 객체 지향 프로그래밍의 장점 중에서 프로그램의 모듈화를 꼽았는데요, 그 의미에 대해서 좀 더 자세히 살펴봅니다. 모듈화는 객체 지향 프로그래밍에서 아주 중요한 의미를 가지므로 집중해서 정독합니다.

다음의 시나리오에 맞춰 로봇 장난감을 만들어야 한다면 여러분은 어떤 선택을 할까요?

▶ 시나리오 : 로봇 장난감 제작

- 로봇의 색상은 구매자가 선택할 수 있다.
- 로봇은 달릴 수 있어야 한다.
- 로봇은 자동차로 변신할 수 있어야 한다.
- 로봇의 모든 동작은 배터리를 사용한다.

어렸을 때 흔히 가지고 놀던 로봇 장난감을 만들때 유심히 살펴봐야 하는 부분은 마지막의 '로봇의 모든 동작은 배터리를 사용한다'입니다. 만약 로봇을 만든다면 배터리 구조를 생각할 때 다음과 같은 세 가지의 경우가 있습니다.

```
1. 배터리 일체형
2. 배터리 교체형
3. 배터리 충전형
```

위의 세 가지 경우에 대해서 각각의 특징을 하나씩 짚어보겠습니다. 첫 번째는 '배터리 일체형'입니다. 로봇 장난감에 배터리가 내장된 경우로, 배터리가 방전되면 교체할 수 없어 로봇 장난감은 결국 수명을 다해 부모님은 아이한테 다시 새로운 로봇 장난감을 사줘야 하는 스트레스를 가질 수 있습니다.

두 번째로 '배터리 교체형'을 생각해 봅니다. 이 경우에는 로봇 장난감의 배터리가 모두 방전되더라도 배터리만 새로 구매하면 되기 때문에 별문제가 없습니다. 다시 말해 로봇 장난감의 일부 부품인 배터리를 사용자가 언제든지 자유롭게 교체할 수 있지요. 마지막으로 '배터리 충전형'은 배터리가 방전되면 언제든지 충전기를 이용하여 배터리를 충전해서 다시 장난감을 사용할 수 있습니다.

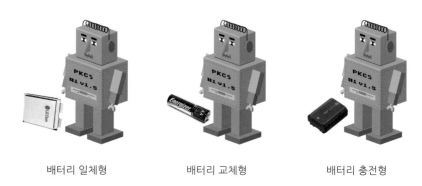

배터리 일체형   배터리 교체형   배터리 충전형

▲ 로봇 장난감 배터리 타입

로봇 장난감을 제작할 때 배터리를 어떻게 처리하고 싶나요? 사실 이런 것을 고민하는 일이 바로 개발자의 몫입니다. 필자는 두 번째의 '배터리 교체형'으로 로봇 장난감을 제작하겠습니다. 그 이유는 배터리 교체형의 경우 언제든지 여분의 배터리만 있다면 아이들이 장난감을 가지고 노는 데 문제가 없어 아이들의 놀이 시간을 지속시킬 수 있기 때문입니다. 장난감을 만드는 데 가장 중요한 점은 아이들의 행복지수를 높이는 일이니까요. 심지어 더 오래 쓰는 배터리를 선택할 수 있고, 아이들에게 안전한 발열이 적은 배터리가 새롭게 출시되면 그 배터리를 선택할 수도 있습니다. 즉, 사용자 마음대로 배터리를 선택해서 사용할 수 있는 큰 장점이 있지요. 세 번째의 '배터리 충전형'도 나쁘지 않지만, 필자 입장에서는 장난감인 점을 고려하면 아이들이 가지고 놀다가 배터리가 방전되는 상황에서 참을성이 적은 아이들에게 충전 시간을 강요하는 것은 너무나도 가혹한 일이라고 생각합니다.

첫 번째 '배터리 일체형'은 매번 새로운 장난감을 사야 하기 때문에 부모와 아이들 모두에게 좋지 않은 상황을 만들 수 있으며, 만약 이렇게 제품을 개발한다면 개발자와 회사는 소비자에게 많은 질타를 받을 수도 있습니다.

지금까지 살펴본 결과 두 번째(배터리 교체형)가 가장 좋아 보이는데요, 그럼 두 번째 경우처럼 프로그램을 개발하려면 어떻게 해야 할까요? 개발 중인 프로그램에 속해있는 다양한 요소를 배터리처럼 다른 부품들과 결합도가 낮게 개발해야 합니다. 각각의 요소 사이 결합도가 낮다는 것은 필요에 따라서 일부 부품을 다른 부품으로 대체해도 전체적으로 오동작하지 않는 프로그램이라는 뜻입니다. 오히려 더 오래 쓰는 배터리로 교체했을 때 아이들의 만족도가 올라가는 것처럼, 프로그램의 일부 요소(부품)를 더 좋은 것으로 교체했을 때 전체적인 퍼포먼스가 상승한다면 그 프로그램은 매우 훌륭한 구조로 만들어졌으며, 프로그램 사용자들의 만족도와 회사의 신뢰도는 올라갈 것입니다. 다시 말해 프로그램은 결합도가 낮은 요소(부품)를 이용해서 언제든지 자유롭게 유지 보수와 업그레이드가 이루어지면 좋습니다.

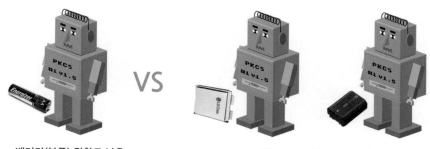

배터리(부품) 결합도 낮음
부품을 쉽게 교체할 수 있어 좋음

배터리(부품) 결합도 높음
부품 교체가 어려움

▲ 부품 간 결합도가 낮을수록 부품 교체가 쉽다.

객체 지향 프로그래밍에서 객체들 간의 결합도를 낮게 개발하는 것은 아주 중요한 일입니다. 객체들 간의 결합도가 낮아야 언제든지 일부 객체(부품)를 다른 객체로 변경할 수 있기 때문입니다. 만약 객체들 간의 결합도가 높다면 일부 특정 객체(부품)를 교체해야 할 때 다른 객체들과 문제가 발생할 수 있고, 이러한 상황은 마치 '배터리 일체형' 로봇 장난감처럼 개발자는 새로운 프로그램을 제작해야 하며, 사용자는 기존 프로그램을 버리고 새로운 프로그램을 구매해야 하는 상황이 발생합니다.

이것은 마치 조립 PC와 완제품 PC의 차이점과도 같은데요. 조립 PC의 경우 그래픽 성능 향상을 위해서는 VGA 카드만 더 비싸고 좋은 부품으로 교체하면 되지만, VGA 카드가 메인보드와 붙어있는 완제품의 경우 VGA 카드를 교체하는 데 많은 문제가 발생할 수 있습니다. 보통 조립 PC를 선택하는 이유는 마음대로 부품(CPU, VGA, HDD, 메모리, 케이스 등)을 선택할 수 있기 때문입니다.

프로그램에서 객체를 만들기 위해서는 꼭 선행되어야 하는 작업이 있는데요, 클래스가 바로 프로그램에서 객체를 만들어줍니다. 크게 한번 심호흡을 하고 클래스로 넘어가도록 합니다.

② 클래스란?

지금까지 객체란 무엇이며, 왜 객체를 가지고 프로그래밍해야 하는지에 관해 살펴봤는데, 정작 프로그램에서 객체를 어떻게 만드는지에 대해서는 학습하지 않았습니다. 프로그램에서 객체를 만드는 것은 바로 클래스입니다. 클래스란, 객체를 만드는 틀(Mold)과 같습니다. 즉, 붕어빵을 만들기 위해 붕어빵 틀을 이용해서 똑같이 생긴 붕어빵을 여러 개 만들듯이 클래스를 이용해서 객체를 무한대로 만들 수 있는 것입니다. 다음은 일상생활에서 붕어빵과 프로그램에서의 자동차 객체를 만드는 과정입니다.

▲ 붕어빵 생산 과정

▲ 자동차 객체를 만드는 과정

대부분의 객체 지향 프로그램 언어는 먼저 클래스를 만들고 만들어진 클래스로부터 메모리에 원하는 만큼 객체를 만듭니다. 파이썬에서 객체를 만들기 위한 클래스의 기본 구조는 다음과 같습니다.

▲ 클래스의 기본 구조

클래스를 만들기 위해서는 가장 먼저 'class' 키워드를 이용해 클래스를 선언해야 합니다. 'class' 다음에는 클래스명이 오며, 클래스명은 클래스를 만드는 개발자 마음대로 정할 수 있습니다. 단, 숫자나 특수문자로 시작하면 안 되고, 이름의 첫 글자는 대문자로 표기합니다.

클래스를 선언하면 다음으로 객체에 필요한 속성과 기능을 선언합니다. 속성은 __init__()에 선언하고, 기능은 함수를 선언하는 것처럼 선언하는데, 클래스에 선언되는 함수를 메서드(Method)라고 해서 함수와 구분합니다. 이 책에서는 이후로 객체를 설명할 때 함수와 구분하기 위해 '기능' 대신 '메서드'라고 하겠습니다.

지금까지 클래스의 기본 구조에 대해서 살펴봤는데요, 클래스를 구성하는 다른 요소들에 대해서는 하나씩 살펴보겠습니다. 클래스의 기본 구조를 알았으니 실제로 파이썬 파일에 자동차 객체를 만들기 위한 클래스 하나를 만들어 봅니다. 먼저 개발자는 어떤 객체가 필요하며, 필요한 객체를 만들기 위해서는 어떤 클래스를 선언해야 하는지 생각해야 합니다. 다음의 시나리오에 맞춰 필요한 클래스를 상상해 보기 바랍니다.

▶ 시나리오

- 고객이 Grandeur(그랜저)를 주문할 때마다 자동차를 생산한다.
- 고객의 취향에 따라 자동차 색상과 크기, 배기량이 결정된다.
- 자동차는 기본으로 주행, 정지, 주차, 터보 기능이 있다.
- 고객은 언제든지 자동차 정보를 쉽게 볼 수 있어야 한다.

간단한 시나리오에 맞춰서 자동차 클래스를 만들어 봅니다. 먼저 클래스는 'Grandeur'라는 이름으로 만듭니다.

코드   ◉ 예제 파일 python\pjt\chapter09\ex02.py

```
01. class Grandeur:
```

고객의 취향에 따라 자동차의 색상, 크기, 배기량 속성이 결정되므로 색상, 크기, 배기량 속성을 __init__() 메서드 안에 선언합니다.

```
03.        def __init__(self, color, size, displacement):
04.                print('\n-- init( ) start --\n')
05.                self.color = color
06.                self.size = size
07.                self.displacement = displacement
```

자동차의 기본 기능은 주행, 정지, 주차, 터보로 이들 모두 메서드로 선언합니다.

```
09.        # 주행
10.        def doDrive(self):
11.                print('-- doDrive( ) start --')
12.                return
13.
14.        # 정지
15.        def doStop(self):
16.                print('-- doStop( ) start --')
17.                return
18.
19.        # 주차
20.        def doParking(self):
21.                print('-- doParking( ) start --')
22.                return
23.
24.        # 터보
25.        def doTurbo(self):
26.                print('-- doTurbo( ) start --')
27.                return
```

마지막으로 고객이 언제든지 자동차 정보를 쉽게 볼 수 있도록 getInfo()를 만들어 객체의 모든 속성을 출력합니다.

```
29.        # 차 정보
30.        def getInfo(self):
31.                print('Color:{0}'.format(self.color))
32.                print('Size: {0} cm'.format(self.size))
33.                print('Displacement: {0} cc'.format(self.displacement))
34.                return
```

이제 자동차 객체를 생산하기 위한 클래스는 모두 완성되었으므로 클래스를 이용해서 고객의 주문이 있을 때마다 언제든지 자동차 객체를 만들 수 있습니다.

3 객체 생성

클래스로부터 객체를 생성할 때는 클래스의 생성자를 호출합니다. 생성자를 호출하는 방법은 다음과 같습니다.

Grandeur('Black', 200, 2000)

클래스의 생성자는 클래스명과 같고 괄호 안에는 필요한 매개 변수를 넣습니다. 이때 사용하는 매개 변수는 __init__()에서 필요하므로 생성자의 매개 변수 형식은 __init__()의 매개 변수 형식과 같아야 합니다.

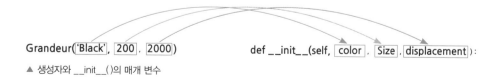

▲ 생성자와 __init__()의 매개 변수

이렇게 클래스의 생성자를 호출하면 메모리에 객체가 만들어집니다. 생성자를 여러 번 호출하면 호출할 때마다 메모리에 객체가 만들어지는 것입니다. 다음은 메모리에 생성되는 객체를 나타냅니다.

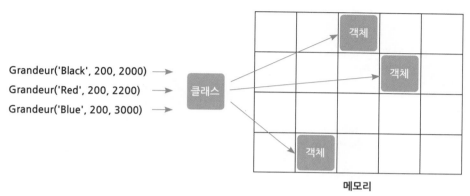

▲ 생성자를 호출할 때마다 메모리에 객체가 생성된다.

클래스의 생성자를 호출하면 메모리에 객체가 생성됩니다. 좀 더 자세히 살펴보면 생성자를 호출하는 경우 클래스 내부에 있는 __init__()가 자동으로 호출됩니다. 그럼 __init__()는 어떤 일을 할까요? __init__()는 대표적으로 메모리에 생성되는 객체의 초기화를 담당합니다. '초기화'는 '어떤 것을 새롭게 정의한다'는 것으로 객체가 생성될 때 필요한 객체의 속성을 초기화합니다. 그래서 객체가 가지는 속성을 __init__() 안에 넣은 것입니다.

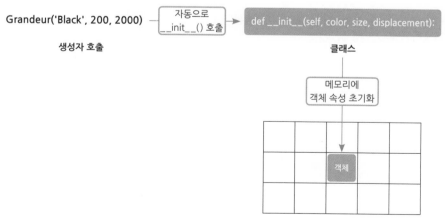

▲ 객체의 속성은 __init__()에서 초기화된다.

생성자를 호출해서 메모리에 생성된 객체를 인스턴스(Instance)라고 합니다. 인스턴스는 클래스를 구체화한 것이며 즉, 추상적인 클래스의 속성과 기능을 메모리에 실체화한 것입니다.

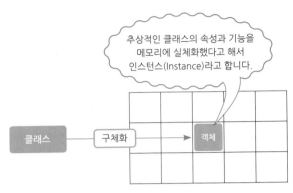

▲ 클래스를 구체화해서 인스턴스(객체)를 만든다.

메모리에 생성된 인스턴스는 자동으로 메모리 주소를 가집니다. 인스턴스에 접근하기 위해서는 메모리 주소를 사용합니다. 그리고 변수를 다룰 때와 마찬가지로 메모리 주소를 대신하는 변수를 이용하며, 이를 '인스턴스 변수'라고 합니다. 다음은 메모리의 인스턴스와 코드상 인스턴스 변수를 나타냅니다.

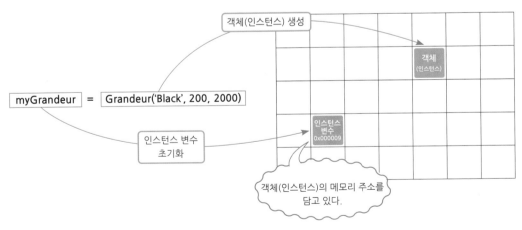

▲ 인스턴스 변수는 메모리에 생성된 인스턴스를 가리킨다.

메모리에 생성된 인스턴스에 접근하기 위해 인스턴스 변수를 이용했는데요, 조금 바꿔서 말하면 '인스턴스 변수는 메모리의 객체를 가리킨다'고 할 수 있습니다. 여기서 '가리킨다'라는 것은 'Reference'로, 인스턴스 변수를 '레퍼런스'라고도 합니다. 다음은 인스턴스 변수 3개(myGrandeur, friendGrandeur, brotherGrandeur)를 만들고 각각의 변수에 객체를 생성한 코드입니다.

코드

```
37.     myGrandeur = Grandeur('Black', 200, 2000)

… 중략

44.     friendGrandeur = Grandeur('Red', 200, 2200)

… 중략

51.     brotherGrandeur = Grandeur('Blue', 200, 3000)
```

▲ 자동차(그랜저) 객체를 만들기 위한 클래스

인스턴스 변수는 객체에 접근하기 위해서 사용합니다. 예를 들어, 객체의 속성 값을 변경하거나 조회할 때, 메서드를 실행할 때 등의 작업이 필요할 때면 언제든지 인스턴스 변수를 통해 객체에 접근할 수 있습니다. 다음은 인스턴스 변수를 이용해서 객체에 접근한 후 객체의 메서드를 호출한 결과입니다.

코드

```
38.     myGrandeur.doDrive( )
39.     myGrandeur.doStop( )
40.     myGrandeur.doParking( )
41.     myGrandeur.doTurbo( )
42.     myGrandeur.getInfo( )

… 중략
```

```
45.    friendGrandeur.doDrive( )
46.    friendGrandeur.doStop( )
47.    friendGrandeur.doParking( )
48.    friendGrandeur.doTurbo( )
49.    friendGrandeur.getInfo( )

… 중략

52.    brotherGrandeur.doDrive( )
53.    brotherGrandeur.doStop( )
54.    brotherGrandeur.doParking( )
55.    brotherGrandeur.doTurbo( )
56.    brotherGrandeur.getInfo( )
```

myGrandeur	friendGrandeur	brotherGrandeur
— doDrive( ) start — — doStop( ) start — — doParking( ) start — — doTurbo( ) start — Color: Black Size: 200 cm Displacement: 2000 cc	— doDrive( ) start — — doStop( ) start — — doParking( ) start — — doTurbo( ) start — Color: Black Size: 200 cm Displacement: 2200 cc	— doDrive( ) start — — doStop( ) start — — doParking( ) start — — doTurbo( ) start — Color: Blue Size: 200 cm Displacement: 3000 cc

▲ 객체 메서드 호출 결과

현실에서는 불가능하지만 가상의 프로그램에서는 자동차 스펙도 필요에 따라서 얼마든지 변경할 수 있습니다. 만약 친구의 자동차 스펙을 다음의 시나리오처럼 변경하려면 인스턴스 변수를 이용해서 해결할 수 있습니다.

변경 전	변경 후
Color: Black Size: 200 cm Displacement: 2000 cc	Color: Orange Size: 300 cm Displacement: 5000 cc

▲ 자동차의 스펙을 변경하기 위한 시나리오

인스턴스 변수를 이용해서 다음과 같이 코드를 작성합니다.

```
58.     friendGrandeur.color = 'Orange'
59.     friendGrandeur.size = 300
60.     friendGrandeur.displacement = 5000
        # 객체의 색상, 크기, 배기량 속성을 변경한다.
```

이렇게 하면 객체 속성이 변경됩니다. 실제로 변경된 값을 다음과 같이 출력해 봅니다.

```
62.     friendGrandeur.getInfo( )
```

```
Color: Orange
Size: 300 cm
Displacement: 5000 cc
```

▲ 객체의 속성을 getInfo( )를 이용해서 출력한다.

다음은 지금까지의 내용에 관한 전체 코드입니다.

● 예제 파일   python\pjt\chapter09\ex02.py

```
01. class Grandeur:
        # class 키워드를 이용해서 클래스를 정의한다.

02.
03.         def __init__(self, color, size, displacement):
            # 객체가 초기화될 때 자동으로 호출되는 __init__( )를 정의한다.
04.             print('\n-- init( ) start --\n')
05.             self.color = color;
06.             self.size = size
07.             self.displacement = displacement;
                # 색상(color), 크기(size), 배기량(displacement) 속성을 정의한다.
```

```
08.
09.          # 주행
10.          def doDrive(self):
             # 주행(doDrive) 기능을 정의한다.
11.                    print('-- doDrive( ) start --')
12.                    return
13.
14.          # 정지
15.          def doStop(self):
             # 정지(doStop) 기능을 정의한다.
16.                    print('-- doStop( ) start --')
17.                    return
18.
19.          # 주차
20.          def doParking(self):
             # 주차(doParking) 기능을 정의한다.
21.                    print('-- doParking( ) start --')
22.                    return
23.
24.          # 터보
25.          def doTurbo(self):
             # 터보(doTurbo) 기능을 정의한다.
26.                    print('-- doTurbo( ) start --')
27.                    return
28.
29.          # 차 정보
30.          def getInfo(self):
             # 차량 정보(getInfo) 기능을 정의한다.
31.                    print('Color:{0}'.format(self.color))
32.                    print('Size: {0} cm'.format(self.size))
```

```python
33.                    print('Displacement: {0} cc'.format(self.displacement))
34.                    return
35.
36.
37.     myGrandeur = Grandeur('Black', 200, 2000)
        # 객체를 생성하고 myGrandeur에 객체의 메모리 주소를 담는다.
38.     myGrandeur.doDrive( )
39.     myGrandeur.doStop( )
40.     myGrandeur.doParking( )
41.     myGrandeur.doTurbo( )
42.     myGrandeur.getInfo( )
43.
44.     friendGrandeur = Grandeur('Red', 200, 2200)
        # 객체를 생성하고 friendGrandeur에 객체의 메모리 주소를 담는다.
45.     friendGrandeur.doDrive( )
46.     friendGrandeur.doStop( )
47.     friendGrandeur.doParking( )
48.     friendGrandeur.doTurbo( )
49.     friendGrandeur.getInfo( )
50.
51.     brotherGrandeur = Grandeur('Blue', 200, 3000)
        # 객체를 생성하고 brotherGrandeur에 객체의 메모리 주소를 담는다.
52.     brotherGrandeur.doDrive( )
53.     brotherGrandeur.doStop( )
54.     brotherGrandeur.doParking( )
55.     brotherGrandeur.doTurbo( )
56.     brotherGrandeur.getInfo( )
57.
58.     friendGrandeur.color = 'Orange'
```

```
59.     friendGrandeur.size = 300
60.     friendGrandeur.displacement = 5000
        # friendGrandeur가 가리키는 객체의 속성을 변경한다.
61.
62.     friendGrandeur.getInfo( )
        # friendGrandeur가 가리키는 객체의 변경된 속성을 출력한다.
```

4 객체와 메모리

객체를 가리키는 인스턴스 변수를 사용할 때 조심해야 할 점이 있습니다. 메모리에 생성된 객체는 같은 클래스에서 생성되어도 완전히 다른, 별개의 객체라는 것입니다. 마치 하나의 붕어빵 틀에서 만들어진 붕어빵이라도 팥을 많이 넣은 붕어빵과 적게 넣은 붕어빵이 다르듯이 말입니다. 간단한 예제를 이용해 같은 클래스에서 생성된 객체가 메모리에서 완전히 다른 객체인 것을 증명해 보겠습니다.

코드
◉ 예제 파일 python\pjt\chapter09\ex03.py

```
01.  class TempCls:
02.
03.      def __init__(self, n):
04.              print('-- init( ) start --\n')
05.              self.num = n
06.
07.      def doMethod(self):
08.              pass
```

먼저 num 속성과 doMethod( ) 메서드를 가지는 클래스(TempCls)를 만듭니다. doMethod( ) 메서드의 pass는 일단 메서드를 선언만 하고 다음에 구현한다는 의미입니다.

클래스를 만들었으니 생성자를 이용해서 다음과 같이 객체를 생성합니다.

```
10.  firstIns = TempCls(10)
11.  secondIns = TempCls(10)
12.  thirdIns = secondIns
```

인스턴스 변수는 총 3개이며 firstIns, secondIns, thirdIns이고 메모리에 생성된
객체는 2개입니다.

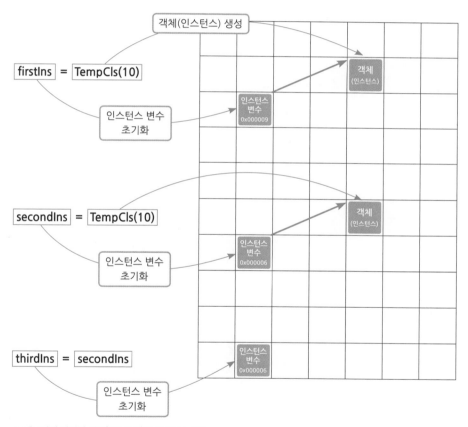

▲ 메모리에 생성된 객체(인스턴스)와 인스턴스 변수

여기서 주의 깊게 살펴볼 부분은 firstIns와 secondIns입니다. firstIns와
secondIns는 모두 같은 클래스(TempCls)에서 생성된 객체이지만, 메모리에서는

225

전혀 다른 객체로 취급됩니다. 실제로 전혀 다른 객체인지 다음의 코드를 통해 확인해 보겠습니다.

코드

```
14.   if firstIns == secondIns:
15.       print('firstIns == secondIns')
16.   else:
17.       print('firstIns != secondIns')
```

▲ firstIns와 secondIns가 가리키는 객체를 비교한다.

14행에서 firstIns와 secondIns를 비교합니다. 만약 각각의 인스턴스 변수가 가리키는 객체(메모리 주소)가 같으면 15행의 결과가 출력되며, 반대로 가리키는 객체가 다르면 17행의 결과가 출력됩니다.

실행 결과

firstIns != secondIns

▲ firstIns와 secondIns는 각각 다른 객체를 가리킨다.

실행 결과를 보면 firstIns와 secondIns는 각각 다른 객체를 가리키는 것을 확인할 수 있습니다. 이것은 같은 클래스로부터 생성된 객체라도 메모리에 생성된 모든 객체는 서로 다르다는 것을 의미합니다.

그럼 12행의 thirdIns는 어떤 의미일까요? thirdIns는 객체를 생성하지 않고 할당 연산자(=)를 이용해서 secondIns에 담긴 메모리 주소를 담고(복사) 있습니다. 이것을 풀어서 설명하면 thirdIns가 가리키는 객체는 secondIns가 가리키는 객체와 같은 곳(메모리 주소)을 가리킵니다. 즉, secondIns에 담긴 메모리 주소를 thirdIns에 할당한 것입니다.

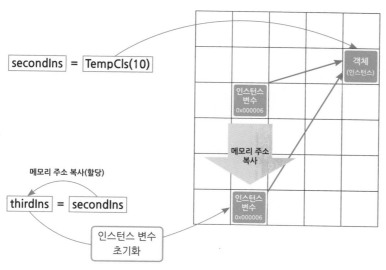

secondIns = TempCls(10)

메모리 주소 복사

인스턴스
변수
0x000006

객체
(인스턴스)

메모리 주소 복사(할당)

thirdIns = secondIns

인스턴스 변수
초기화

인스턴스
변수
0x000006

▲ secondIns와 thirdIns에는 같은 메모리 주소가 담겨 있다.

메모리에 생성된 객체는 객체 지향 프로그래밍을 시작하는 데 중요한 개념이므로 다음의 코드를 계속 살펴보겠습니다.

코드

```
19.  print('firstIns.num : {0}'.format(firstIns.num))
20.  print('secondIns.num : {0}'.format(secondIns.num))
```

▲ # firstIns와 secondIns의 num 속성을 출력한다.

firstIns와 secondIns의 num 속성은 객체를 생성할 때 숫자 10으로 초기화했기 때문에 실행 결과는 다음과 같습니다.

실행 결과

```
firstIns.num : 10
secondIns.num : 10
```

이번에는 num 값을 변경합니다. 다음과 같이 firstIns의 num 값만 변경한 다음 다시 각 객체의 num 값을 출력해 봅니다.

227

```
22.  firstIns.num = 20
23.
24.  print('firstIns.num : {0}'.format(firstIns.num))
25.  print('secondIns.num : {0}'.format(secondIns.num))
```

실행 결과

```
firstIns.num : 20
secondIns.num : 10
```

▲ firstIns의 num 값을 변경한 후 각 객체의 num을 출력한다.

firstIns가 가리키는 객체의 num 값만을 변경했기 때문에 출력 결과는 firstIns. num만 기존의 10에서 20으로 변경된 것을 확인할 수 있습니다.

다음으로는 secondIns가 가리키는 객체의 num 속성을 변경한 후 secondIns와 thirdIns가 가리키는 객체의 num 속성 값을 출력해 봅니다.

코드

```
32.  print('secondIns.num : {0}'.format(secondIns.num))
33.  print('thirdIns.num : {0}'.format(thirdIns.num))
34.
35.  secondIns.num = 20
36.
37.  print('secondIns.num : {0}'.format(secondIns.num))
38.  print('thirdIns.num : {0}'.format(thirdIns.num))
```

실행 결과

```
secondIns.num : 10
thirdIns.num : 10
secondIns.num : 20
thirdIns.num : 20
```

▲ secondIns가 가리키는 객체의 num 값을 변경한 후 num 값을 출력한다.

thirdIns는 secondIns와 같은 객체를 가리킵니다. 따라서 secondIns가 가리키는 객체의 num 값을 변경한다는 것은 결과에서도 알 수 있듯이 thirdIns가 가리키는 객체의 num 값이 변경된다는 것을 의미합니다. 마지막으로 한 가지만 더 확인해 봅니다. 다음과 같이 firstIns에 할당 연산자(=)를 이용해서 secondIns를 할당하겠습니다.

코드

```
40.   firstIns = secondInst
```

▲ firstIns에 secondIns에 담겨 있는 객체의 메모리 주소를 할당(복사)한다.

40행의 코드는 기존의 firstIns에 담겨 있는 메모리 주소 대신 secondIns에 담겨 있는 메모리 주소를 할당(복사)하는 것으로, 이렇게 하면 firstIns는 기존에 가리키던 객체를 버리고 secondIns가 가리키는 객체와 같은 객체를 가리킨다고 볼 수 있습니다. 결국 firstIns, secondIns, thirdIns는 이제 모두 같은 객체를 가리키는 것입니다.

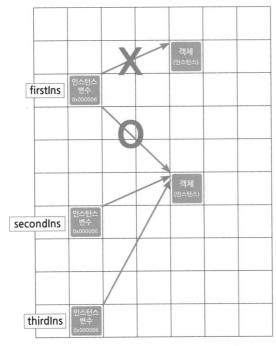

▲ firstIns, secondIns, thirdIns 모두 같은 객체를 가리킨다.

모든 인스턴스 변수가 실제로 같은 객체를 가리키는지 간단한 실험을 통해 알아 보겠습니다.

```
41.  firstIns.num = 100
42.  print('firstIns.num : {0}'.format(firstIns.num))
43.  print('secondIns.num : {0}'.format(secondIns.num))
44.  print('thirdIns.num : {0}'.format(thirdIns.num))
```

▲ firstIns가 가리키는 객체의 num 속성 값을 100으로 변경한다.

```
firstIns.num : 100
secondIns.num : 100
thirdIns.num : 100
```

▲ 각각의 인스턴스 변수가 가리키는 객체의 num 값이 같다.

이것은 firstIns, secondIns, thirdIns가 가리키는 객체가 같다는 것을 간접적으로 증명한 것입니다. 결국 메모리에는 하나의 객체만 존재하고, 객체를 가리키는 인스턴스 변수(레퍼런스)는 3개가 존재하는 셈입니다. 혹시라도 의심된다면 secondIns와 thirdIns를 이용해서 num 값을 변경해 보세요. 모든 인스턴스 변수가 같은 값을 출력할 것입니다.

5 상속(Inheritance)

• 상속 구조

프로그램 언어를 공부하다가 갑자기 '상속'이라는 단어가 나와서 어리둥절할 수 있지만 걱정하지 않아도 됩니다. 객체 지향 프로그래밍에서 '상속'은 우리 일상생활에서의 '상속'과 똑같은 의미이니까요. 일상생활에서 '상속'이란, 부모님께서 가지고 있는 땅, 건물, 집, 그리고 돈 등을 자식한테 물려주는 것을 말합니다. 프로그램의 '상속'도 어떤 클래스의 속성과 기능(메서드)을 다른 클래스에 물려주는 것과 같은 의미로 속성과 기능을 물려주는 클래스를 부모 클래스(Parent Class)라고 하며, 속성과 기능을 물려받는 클래스를 자식 클래스(Child Class)라고 합니다.

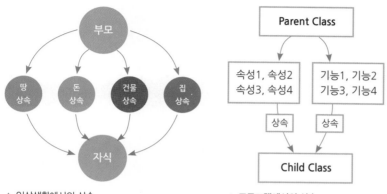

▲ 일상생활에서의 상속   ▲ 프로그램에서의 상속

아직도 프로그램에서 '상속'을 한다는 것이 좀 이상한가요? 그럼 실제로 코드를 이용해서 클래스 간의 상속을 만들어 보겠습니다. 다음은 2개의 클래스를 이용한 상속을 나타냅니다.

> 코드   ● 예제 파일   python\pjt\chapter09\ex04.py

```
01. class ParentCls:
02.          def __init__(self, n):
03.                      print('-- ParentCls init( ) start --\n')
04.                      self.num = n
05.
06.          def doParentMethod(self):
07.                      print('-- doParentMethod( ) start --\n')
08.
09. class ChildCls(ParentCls):
10.          def __init__(self):
11.                      print('-- ChildCls init( ) start --\n')
```

```
12.
13.   myChildCls = ChildCls( )
14.   myChildCls.doParentMethod( )
```

▲ Child 클래스는 Parent 클래스를 상속하고 있다.

14줄밖에 안 되는 아주 간단한 코드로 아직 상속 프로그램이 어떻게 구현되는지 모르지만, 우선 위의 코드를 실행해 보겠습니다.

실행 결과

```
-- ChildCls init( ) start --

-- doParentMethod( ) start --
```

▲ ChildCls 클래스는 ParentCls의 doParentMethod( )를 사용할 수 있다.

여기서 주의 깊게 살펴볼 부분은 13행과 14행입니다. 13행에서는 Child 클래스의 생성자를 호출해서 메모리에 Child 객체를 만들고 myChildCls가 객체를 가리키고 있습니다.

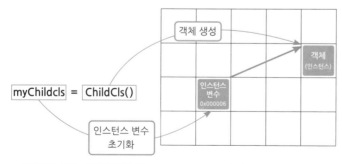

▲ 메모리에 Child 객체가 만들어졌고 myChildCls를 가리키고 있다.

14행에서는 myChildCls를 이용해서 doParentMethod( )를 호출하는데, 여기서 이상한 점은 myChildCls가 가리키는 Child 객체에는 doParentMethod( )가 선언되지 않았습니다. Child 객체를 만들기 위한 Child 클래스를 다시 한번 보겠습니다.

```
09.    class ChildCls(ParentCls):
10.            def __init__(self):
11.                        print('-- ChildCls init( ) start --\n')
```

▲ ChildCls 클래스에는 doParentMethod( )가 없다.

이 경우 파이썬에서는 당연히 에러를 나타내야 하지만 실제로 실행하면 doParentMethod( )가 정상으로 실행된 '-- doParentMethod( ) start --'가 출력된 것을 확인할 수 있습니다.

에러가 발생하지 않은 이유는 ChildCls 클래스가 ParentCls 클래스를 상속했기 때문입니다. 이렇게 상속하면 ChildCls는 ParentCls의 모든 것을 마치 자기 것처럼 사용할 수 있습니다. 그래서 14행의 'myChildCls.doParentMethod( )'는 에러 없이 실행될 수 있었던 것입니다.

이제 프로그램에서 상속이 무엇인지 감을 잡았으니, 상속을 구현하기 위한 문법 구조에 대해서 살펴보겠습니다. 클래스가 상속을 구현하기 위해서는 속성과 기능을 물려주는 부모 클래스가 필요합니다. 그리고 상속을 구현하는 자식 클래스는 클래스 이름 뒤에 괄호를 이용해서 부모 클래스를 넣으면 됩니다. 다음은 상속의 문법 구조를 나타냅니다.

Class ParentCls:

상속

Class ChildCls(ParentCls):

▲ 상속의 기본 문법 구조 : ChildCls는 ParentCls를 상속한다.

프로그램에서 '상속'은 일상생활의 '상속'보다 훨씬 더 쉽습니다. 만약 1개의 클래스가 아닌 2개 이상의 클래스에서 상속해야 한다면 콤마(,)를 이용해서 다음과 같이 클래스를 나열하면 됩니다.

Class ParentCls1:　　　Class ParentCls2:　　　Class ParentCls3:

　상속　　상속　　상속

Class ChildCls(ParentCls1, ParentCls2, ParentCls3):

▲ 2개 이상의 클래스로부터 상속이 필요한 경우 콤마(,)를 이용해서 나열한다.
 : ChildCls는 ParentCls1, ParentCls2, ParentCls3를 상속한다.

이처럼 2개 이상의 클래스를 상속하는 것을 다중 상속이라고 합니다. 객체 지향 프로그래밍 언어 중에서는 파이썬처럼 다중 상속을 지원하는 언어도 있지만, 그렇지 않은(다중 상속을 지원하지 않는) 언어도 있습니다. 다다익선(多多益善)처럼 얼핏 생각하면 여러 개의 클래스를 상속하는 경우 그만큼 많은 속성과 기능을 내 것처럼 사용할 수 있어 좋아 보입니다.

왜 모든 객체 지향 언어에서 다중 상속을 지원하지 않을까요? 이유는 간단합니다. 다중 상속은 단순하게 생각하면 손쉽게 많은 기능을 내 것으로 만들 수 있습니다. 하지만 상속하는 클래스들 사이에 메서드 이름이 중복되는 경우에는 어떨까요? 다음의 간단한 예제를 통해서 살펴봅니다.

코드

◉ 예제 파일　python\pjt\chapter09\ex05.py

```
01. class ParentCls1:
02.         def __init__(self):
03.                     print('-- ParentCls1 init( ) start --\n')
04.
05.         def doParentMethod(self):
06.                     print('-- ParentCls1 doParentMethod( )
start --\n')
07.
```

```
08.  class ParentCls2:
09.          def __init__(self):
10.                  print('-- ParentCls2 init( ) start --\
n')
11.
12.          def doParentMethod(self):
13.                  print('-- ParentCls2 doParentMethod( )
start --\n')
14.
15.  class ChildCls(ParentCls1, ParentCls2):
16.          def __init__(self):
17.                  print('-- ChildCls init( ) start --\n')
18.
19.  myChildCls = ChildCls( )
20.  myChildCls.doParentMethod( )
```

▲ ChildCls는 ParentCls1과 ParentCls2를 상속하고 있다.

위의 코드에서 주의 깊게 살펴볼 부분은 15행과 20행입니다. 15행에서는 ChildCls가 ParentCls1과 ParentCls2를 상속하며, 20행에서는 부모 클래스에 있는 doParentMethod( )를 호출하고 있습니다. 그런데 문제는 doParent Method( )가 ParentCls1과 ParentCls2 모두에게 있다는 것입니다. 이 경우 어떤 클래스의 doParentMethod( )가 호출될까요? 15행에서 열거한 부모 클래스 중 가장 먼저 열거된 클래스의 메서드가 호출됩니다. 다음은 실행 결과를 나타냅니다.

실행 결과

```
-- ChildCls init( ) start --

-- ParentCls1 doParentMethod( ) start --
```

▲ 메서드가 중복되면 가장 먼저 나오는 클래스의 메서드가 호출된다.

이처럼 클래스를 다중 상속하는 경우 개발자는 혼란스러울 수 있으며, 지금보다 훨씬 복잡한 상속 관계에서는 블랙홀과 같은 결과가 나타나곤 합니다. 그래서 객체 지향 프로그래밍 언어 중에 어떤 언어는 다중 상속을 과감하게 지원하지 않습니다. 참고로 다중 상속을 지원하지 않는 언어는 자바(Java)이고, 다중 상속을 지원하는 언어는 C++, 파이썬 등이 있습니다.

❶ __init__( )

이번에는 상속에서 객체의 초기화를 담당하는 __init__()에 관해 살펴봅니다. __init__()의 역할 중에는 메모리에 객체가 생성될 때 객체의 속성을 초기화하는 기능이 있습니다. 자식 클래스의 생성자를 호출해서 __init__()가 자동으로 호출되면, 부모 클래스의 __init__()는 자동으로 호출이 될까요? 자식 클래스가 생성되더라도 부모 클래스의 __init__()는 호출되지 않습니다. 이것은 자식 클래스가 메모리에 생성되고 __init__()가 호출되어 속성이 초기화되더라도 부모 클래스의 속성은 초기화되지 않는다는 것을 뜻합니다. 다음의 예제를 통해서 이해합니다.

코드　　　　　　　　　　　　　　　⊙ 예제 파일　python\pjt\chapter09\ex06.py

```python
01. class ParentCls:
02.         def __init__(self, n):
03.                     print('-- ParentCls init( ) start --\n')
04.                     self.num = n
05.
06.         def doParentMethod(self):
07.                     print('-- doParentMethod( ) start --\n')
08.
09. class ChildCls(ParentCls):
10.         def __init__(self):
11.                     print('-- ChildCls init( ) start --\n')
12.
```

```
13.   myChildCls = ChildCls( )

14.   myChildCls.doParentMethod( )
```

▲ ParentCls 클래스를 ChildCls 클래스가 상속한다.

```
-- ChildCls init( ) start --

-- doParentMethod( ) start -
```

▲ ParentCls 클래스의 __init__()는 호출되지 않았다.

실행 결과를 보면 ChildCls 객체의 __init__()는 호출되었지만, ParentCls 객체의 __init__()는 호출되지 않아서 로그('-- ParentCls init() start --')가 출력되지 않습니다. 이처럼 상속 관계에 있는 클래스에서 자식 클래스가 생성된다고 하여 부모 클래스의 __init__()가 자동으로 호출되는 것은 아닙니다. 이런 현상은 약간의 문제가 있는데요, 부모 클래스의 __init__()가 호출되지 않았으므로 __init__() 내부의 초기화 속성도 초기화되지 못합니다. 즉, myChildCls는 04행(self.num = n)의 num 속성을 사용할 수 없습니다. 만약 myChildCls에서 'myChildCls.num'으로 초기화되지 않은 num 속성에 접근하면 다음과 같은 예외가 발생합니다.

```
>>> myChildCls.num
AttributeError: 'ChildCls' object has no attribute 'num'
```

ChildCls에서 객체가 생성될 때 부모 클래스인 ParentCls 클래스의 __init__()도 호출하려면 어떻게 해야 할까요? 먼저 가장 간단하게 생각할 수 있는 방법으로는 ChildCls 클래스의 __init__()에서 ParentCls 클래스의 __init__()를 강제로 호출하는 방법입니다. 다음은 ParentCls 클래스의 __init__()를 강제로 호출합니다.

◎ 예제 파일 python\pjt\chapter09\ex06_01.py

```python
01. class ParentCls:
02.         def __init__(self, n):
03.                     print('-- ParentCls init( ) start --\n')
04.                     self.num = n
05.
06.         def doParentMethod(self):
07.                     print('-- doParentMethod( ) start --\n')
08.
09. class ChildCls(ParentCls):
10.         def __init__(self):
11.                     ParentCls.__init__(self, 10)
12.                     print('-- ChildCls init( ) start --\n')
13.
14. myChildCls = ChildCls( )
15. myChildCls.doParentMethod( )
16.
17. print(myChildCls.num)
```

▲ ParentCls 클래스의 __init__()를 강제로 호출한다.

11행에서는 ParentCls 클래스의 __init__()를 강제(명시적)로 호출합니다. 이렇게 하면 ParentCls 클래스의 __init__()가 호출되어 04행의 num 속성이 초기화될 수 있습니다.

```
-- ParentCls init( ) start --

-- ChildCls init( ) start --

-- doParentMethod( ) start --
```

▲ ParentCls의 __init__()가 호출됐다.

ParentCls의 num 속성이 초기화되었다는 것은 결국 myChildCls 인스턴스 변수
가 가리키는 객체에서 num 속성을 이용할 수 있다는 것을 의미합니다. 17행에서
num 값의 출력을 시도하면 다음과 같이 정상으로 출력됩니다.

```
myChildCls.num : 10
```

▲ num 속성 값이 정상으로 출력된다.

간단하게 정리하면 자식 클래스가 부모 클래스를 상속하는 경우 기능(Method)은
자동으로 사용할 수 있지만, 속성(Attribute)은 자동으로 사용할 수 없습니다. 속
성까지 사용하기 위해서는 부모 클래스의 __init__()를 강제로 호출해서 부모 클
래스의 속성을 초기화해야 합니다.

❷ super( )

'ex06_01.py' 파일에서는 ChildCls가 ParentCls의 __init__()를 호출하기 위
해 'ParentCls.__init__(self, 10)' 구문을 사용했습니다. 'ParentCls.' 표현은 결
국 부모 클래스에 접근하기 위한 방법이었습니다. 부모 클래스에 접근하기 위
한 좀 더 세련된 방법은 바로 super()입니다. super()는 이름에서도 알 수 있듯
이 뭔가 위대한, 상위 등의 의미를 내포하며, 파이썬에서 super()는 부모 클래
스를 뜻합니다. 즉, ex06_01.py에서 부모(상위) 클래스에 접근하기 위해 사용한
'ParentCls.'를 super()로 대체할 수 있습니다.

```
ParentCls.__init__(self, 10)
              ↓
super( ).__init__(10)
```

▲ super( )를 이용한 부모(상위) 클래스에 접근한다.

super( )를 이용하면 self 매개 변수를 생략하고, 그 외 필요한 매개 변수(여기서
는 숫자 10)만 넣으면 됩니다. 물론 self 매개 변수 외에 필요한 매개 변수가 없다
면 괄호 안을 비웁니다.

- 매개 변수가 필요한 경우 : super(arg1, arg2, arg3, ... argn)
- 매개 변수가 필요 없는 경우 : super( )

▲ 매개 변수는 필요한 경우에만 넣는다.

다음은 'ex06_01.py' 파일을 super( )를 이용해서 수정한 예제로, 달라진 것은 부모 클래스에 접근하기 위해 super( )를 이용한 것뿐입니다.

코드   ◎ 예제 파일   python\pjt\chapter09\ex07.py

```
01. class ParentCls:
02.         def __init__(self, n):
03.                     print('-- ParentCls init( ) start --\n')
04.                     self.num = n
05.
06.         def doParentMethod(self):
07.                     print('-- doParentMethod( ) start --\n')
08.
09. class ChildCls(ParentCls):
10.         def __init__(self):
11.                     #ParentCls.__init__(self, 10)
12.                     super( ).__init__(10)
13.                     print('-- ChildCls init( ) start --\n')
14.                     super( ).doParentMethod( )
15.
16. myChildCls = ChildCls( )
17. myChildCls.doParentMethod( )
18.
19. print('myChildCls.num : {0}'.format(myChildCls.num))
```

12행과 14행에서 super( )를 사용하며 각각 ParentCls 클래스의 __init__( )와 doParentMethod( )를 호출합니다. 다음은 정상으로 실행된 결과입니다.

```
-- ParentCls init( ) start --

-- ChildCls init( ) start --

-- doParentMethod( ) start --

-- doParentMethod( ) start --

myChildCls.num : 10
```

이 결과를 보면서 프로그램 개발에 조금 더 욕심이 생긴다면 한 가지 더 살펴볼 내용이 있습니다. super()를 이용해서 상위 클래스에 접근할 때 상위 클래스와 하위 클래스의 실행 순서입니다. 하위 클래스의 __init__()에서 super()를 이용해 부모 클래스에 접근하면 하위 클래스보다 상위 클래스의 __init__()가 먼저 실행됩니다. 다시 말해 상위 클래스가 먼저 초기화되고, 다음으로 하위 클래스가 초기화되는 것입니다. 다음과 같이 'ex07.py' 파일을 수정한 다음 다시 실행해 보겠습니다.

코드　　　　　　　　　　　　　　　　　　　○ 예제 파일　python\pjt\chapter09\ex07_01.py

```python
01. class ParentCls:
02.         def __init__(self, n):
03.                     print('-- ParentCls init( ) start --\n')
04.                     self.num = n
05.
06.         def doParentMethod(self, n):
07.                     print('-- doParentMethod( ) start --')
08.                     print('n : {0}\n'.format(n))
09.
10. class ChildCls(ParentCls):
11.         def __init__(self):
```

```
12.                                 #ParentCls.__init__(self, 10)
13.                                 super().__init__(10)
14.                                 print('-- ChildCls init() start --\n')
15.                                 super().doParentMethod(1)
16.
17.  myChildCls = ChildCls()
18.  myChildCls.doParentMethod(2)
19.
20.  print('myChildCls.num : {0}'.format(myChildCls.num))
```

수정한 부분은 8행, 15행, 18행입니다. 메서드가 호출되는 순서를 확인하기 위해 doParentMethod()에 매개 변수를 만들었습니다. 실행 결과를 살펴보면 프로그램에서 super()를 만나는 경우 프로그램의 흐름이 무조건 상위 클래스로 이동하는 것을 알 수 있습니다.

실행 결과

```
-- ParentCls init() start --

-- ChildCls init() start --

-- doParentMethod() start --
n : 1

-- doParentMethod() start --
n : 2

myChildCls.num : 10
```

이번에는 super()에 상위 클래스가 여러 개 있는 경우를 살펴보겠습니다.

```
GrandParentCls
     ↑
ParentCls
     ↑
ChildCls
```

▲ 클래스의 상속 관계

▸ **알아두기**   **상속 관계 표시**

프로그램에서 상속 관계를 나타낼 때 자식 클래스에서 부모 클래
스 쪽으로 화살표를 표시합니다. 처음 프로그래밍에 입문하면 상
속을 부모가 자식한테 무언가를 물려주는 것으로 생각해서 부모
쪽에서 자식 쪽으로 화살표를 표시하는 경우가 있습니다. 프로그
램에서는 다이어그램 표기 방식에 따라 자식 클래스에서 부모 클
래스 쪽으로 화살표를 표시하는 게 맞습니다.

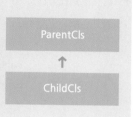

이번에 살펴볼 클래스의 상속 관계는 3대에 걸친 상속입니다. 이렇게 상속 관계
가 연쇄적일 때 super()는 어떻게 동작하는지 다음의 코드로 확인합니다.

코드   ● 예제 파일   python\pjt\chapter09\ex08.py

```python
01.  class GrandParentCls:
02.          def __init__(self, n):
03.                  print('-- GrandParentCls init() start --\n')
04.                  self.num = n
05.
06.          def doParentMethod(self, n):
07.                  print('-- doGrandParentMethod() start --')
08.                  print('n : {0}\n'.format(n))
09.
10.  class ParentCls(GrandParentCls):
11.          def __init__(self, n):
12.                  print('-- ParentCls init() start --\n')
```

```
13.                              self.num = n
14.
15.          def doParentMethod(self, n):
16.                        print('-- doParentMethod( ) start --')
17.                        print('n : {0}\n'.format(n))
18.
19.   class ChildCls(ParentCls):
20.          def __init__(self):
21.                        #ParentCls.__init__(self, 10)
22.                        super( ).__init__(10)
23.                        print('-- ChildCls init( ) start --\n')
24.                        super( ).doParentMethod(1)
25.
26.   myChildCls = ChildCls( )
27.   myChildCls.doParentMethod(2)
28.
29.   print('myChildCls.num : {0}'.format(myChildCls.num))
```

24행과 27행에서 doParentMethod( ) 메서드를 호출하고 myChildCls 객체에는 doParentMethod( )가 없으므로 상위 클래스인 ParentCls에서 doParentMethod( )를 찾아 실행합니다. 물론 GrandParentCls에도 doParentMethod()가 있지만, myChildCls 객체 입장에서는 ParentCls에도 있는데 굳이 GrandParentCls까지 올라갈 필요가 없는 것이지요.

실행 결과

```
-- ParentCls init( ) start --

-- ChildCls init( ) start --

-- doParentMethod( ) start --
n : 1
```

```
-- doParentMethod( ) start --
n : 2

myChildCls.num : 10
```

만약 ParentCls에 doParentMethod()가 없다면 myChildCls 객체는 어떻게 할까요? 수고스럽더라도 어쩔 수 없이 myChildCls 객체는 GrandParentCls까지 올라가서 doParentMethod()를 찾아 실행할 수밖에 없습니다. ParentCls의 doParentMethod()를 주석으로 처리하고 재실행하면 쉽게 이해할 수 있습니다.

코드

```
15.              '''def doParentMethod(self, n):
16.                     print('-- doParentMethod( ) start --')
17.                     print('n : {0}\n'.format(n))'''
```

▲ ParentCls의 doParentMethod( )를 주석 처리한다.

실행 결과

```
-- ParentCls init( ) start --

-- ChildCls init( ) start --

-- doGrandParentMethod( ) start --
n : 1

-- doGrandParentMethod( ) start --
n : 2

myChildCls.num : 10
```

실행 결과를 보면 ChildCls에서는 doParentMethod()를 상속하는 ParentCls에서 찾지만, ParentCls에는 doParentMethod()가 없는 것을 확인하고 ParentCls의 상위인 GrandParentCls까지 올라가서 doParentMethod()를 찾아 실행합니다.

만약 GrandParentCls에 doParentMethod( )가 없으면 어떻게 될까요? 당연히 ChildCls 객체는 없는 메서드를 호출한 셈이므로 프로그램에 문제가 발생합니다. 다음은 GrandParentCls의 doParentMethod( )를 주석 처리하고 프로그램을 실행했을 때 발생하는 에러입니다. 마지막 줄의 'no attribute 'doParentMethod''를 확인하세요.

코드

```
06.    '''def doParentMethod(self, n):
07.        print('-- doGrandParentMethod( ) start --')
08.        print('n : {0}\n'.format(n))'''
```

▲ GrandParentCls의 doParentMethod( )를 주석 처리한다.

실행 결과

```
-- ParentCls init( ) start --

-- ChildCls init( ) start --

Traceback (most recent call last):
  File "c:\python\pjt\chapter09\ex08.py", line 26, in <module>
    myChildCls = ChildCls( )
  File "c:\python\pjt\chapter09\ex08.py", line 24, in __init__
    super( ).doParentMethod(1)
AttributeError: 'super' object has no attribute 'doParentMethod'
```

6 오버라이딩(Overriding)

오버라이딩(Overriding)을 영어사전에서 찾아보면 '다른 무엇보다 더 중요한, 최우선시 되는' 의미를 가지고 있습니다. 객체 지향 프로그래밍에서도 오버라이딩은 사전적 의미와 같습니다. 앞서 'ex08.py' 파일에서 Overriding 기능을 사용했으므로 다시 'ex08.py' 파일을 살펴봅니다.

```python
01.  class GrandParentCls:
02.          def __init__(self, n):
03.                      print('-- GrandParentCls init( ) start
--\n')
04.                      self.num = n
05.
06.          def doParentMethod(self, n):
07.                      print('-- doGrandParentMethod( ) start
--')
08.                      print('n : {0}\n'.format(n))
09.
10.  class ParentCls(GrandParentCls):
11.          def __init__(self, n):
12.                      print('-- ParentCls init( ) start --\n')
13.                      self.num = n
14.
15.          def doParentMethod(self, n):
16.                      print('-- doParentMethod( ) start --')
17.                      print('n : {0}\n'.format(n))
18.
19.  class ChildCls(ParentCls):
20.          def __init__(self):
21.                      #ParentCls.__init__(self, 10)
22.                      super( ).__init__(10)
23.                      print('-- ChildCls init( ) start --\n')
24.                      super( ).doParentMethod(1)
25.
26.  myChildCls = ChildCls( )
27.  myChildCls.doParentMethod(2)
28.
29.  print('myChildCls.num : {0}'.format(myChildCls.num))
```

클래스의 구조는 ChildCls가 ParentCls를 상속하고, ParentCls는 Grand ParentCls를 상속합니다. ParentCls와 GrandParentCls에는 doParentMethod() 가 동일하게 존재하는데, 이것이 바로 오버라이딩(Overriding)입니다. 즉, 오버 라이딩은 상속 관계의 클래스에서 상위 클래스의 메서드와 같은 클래스를 하위 클래스에서 다시 정의하는 것입니다. ParentCls는 GrandParentCls를 상속하 기 때문에 가만히 있어도 GrandParentCls의 doParentMethod()를 사용할 수 있지만, 'ex08.py' 파일에서는 ParentCls가 상위 클래스의 doParentMethod() 를 사용하지 않고, 자체적으로 doParentMethod()를 정의해서 사용하고 있습니 다. 결국 myChildCls가 doParentMethod()를 호출하면 ParentCls의 doParent Method()가 더 중요하게 여겨져 GrandParentCls보다 먼저 실행됩니다.

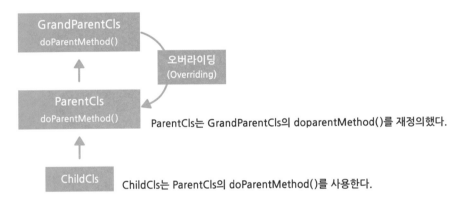

▲ ParentCls는 GrandParentCls의 doParentMethod()를 재정의했다.

오버라이딩에 관해 좀 더 확실히 알아보겠습니다. 다음은 대를 잇는 중화요리 전 문점으로, 아버지가 식당을 운영할 때는 짜장면, 짬뽕 메뉴만 있었습니다. 세월이 지나 아들이 식당을 물려받으면서 기존 짜장면과 짬뽕에 볶음밥 메뉴를 추가했습 니다.

아버지
Menu

짜장면 : 3,000원
짬뽕 : 4,000원

↑ 상속

아들
Menu

짜장면 : 3,000원 ┐
짬뽕 : 4,000원 ┘── 기존 메뉴
볶음밥 : 5,000원 ── 메뉴 추가

▲ 아버지와 아들의 중식당 메뉴 : 아들은 볶음밥 메뉴를 추가했다.

이것을 프로그램으로 만들면 다음과 같습니다.

코드

○ 예제 파일   python\pjt\chapter09\ex09.py

```python
01.  class ParentRestaurant:
02.          def __init__(self):
03.                      print('-- ParentRestaurant init() start
--\n')
04.
05.          def makeJjajang(self):
06.                      print('-- ParentRestaurant
makeJjajang() start --')
07.
08.          def makeJjamppong(self):
09.                      print('-- ParentRestaurant
makeJjamppong() start --')
10.
11.  class ChildRestaurant(ParentRestaurant):
12.          def __init__(self):
13.                      super().__init__()
14.                      print('-- ChildRestaurant init() start
--\n')
```

```
15.
16.              def makeBokeumbap(self):
17.                          print('-- ChildRestaurant makeBokeumbap( )
start --')
18.
19.  childRestaurant = ChildRestaurant( )
20.
21.  childRestaurant.makeJjajang( )
22.  childRestaurant.makeJjamppong( )
23.  childRestaurant.makeBokeumbap( )
```

▲ ChildRestaurant는 ParentRestaurant를 상속하고 있다.

11행에서 ChildRestaurant는 ParentRestaurant를 상속하기 때문에 Parent
Restaurant의 짜장면(makeJjajang( ))과 짬뽕(makeJjamppong( )) 메뉴를 노력
하지 않고도 사용할 수 있습니다. 16행에서는 ChildRestaurant만의 새로운 메뉴
로 볶음밥(makeBokeumbap( )) 메뉴를 추가했는데, 이러면 ChildRestaurant는
아주 손쉽게 세 가지 메뉴를 가집니다. 19~23행에서 객체를 생성하고 각각의 메
뉴(메서드)를 주문(호출)합니다.

실행 결과

```
-- ParentRestaurant init( ) start --

-- ChildRestaurant init( ) start --

-- ParentRestaurant makeJjajang( ) start --
-- ParentRestaurant makeJjamppong( ) start --
-- ChildRestaurant makeBokeumbap( ) start --
```

위의 실행 결과를 보면 짜장면과 짬뽕에서는 ParentRestaurant의 메서드가 실
행됐으며, 볶음밥만 ChildRestaurant의 메서드가 실행된 것을 확인할 수 있습니
다. 이것만으로도 ChildRestaurant은 훌륭한 중식당이지만, 시대가 달라지면서

손님들이 찾는 짜장면과 짬뽕의 맛도 변했습니다. 기존의 아버지에게 물려받은 짜장면과 짬뽕을 좀 더 맵게 해달라는 손님들의 요청이 있었던 것입니다. 이에 대해 ChildRestaurant은 기존의 makeJjajang()과 makeJjamppong()을 업그레이드하기로 결정하는것이 바로 '오버라이딩'입니다. 아버지의 짜장면과 짬뽕 메뉴를 아들이 새롭게 다시 만드는 것입니다. 다음은 오버라이딩을 이용해서 코드를 수정한 예입니다.

코드 ● 예제 파일 python\pjt\chapter09\ex09_01.py

```
… 중략
11.  class ChildRestaurant(ParentRestaurant):
12.          def __init__(self):
13.                  super().__init__()
14.                  print('-- ChildRestaurant init() start --\n')
15.
16.          def makeJjajang(self):
17.                  print('-- ChildRestaurant makeJjajang() start --')
18.
19.          def makeJjamppong(self):
20.                  print('-- ChildRestaurant makeJjamppong() start --')
21.
22.
23.          def makeBokeumbap(self):
24.                  print('-- ChildRestaurant makeBokeumbap() start --')
… 중략
```

▲ ChildRestaurant은 ParentRestaurant의 makeJjajang()과 makeJjamppong()를 오버라이딩했다.

ChildRestaurant은 직접 makeJjajang()와 makeJjamppong() 메서드를 정의함으로써 ParentRestaurant의 makeJjajang()와 makeJjamppong()을 더

이상 사용하지 않습니다. 정말 그런지 프로그램을 실행해 보겠습니다.

```
-- ParentRestaurant init( ) start --

-- ChildRestaurant init( ) start --

-- ChildRestaurant makeJjajang( ) start --
-- ChildRestaurant makeJjamppong( ) start --
-- ChildRestaurant makeBokeumbap( ) start --
```

makeJjajang( ), makeJjamppong( ), makeBokeumbap( ) 모두 Child
Restaurant의 메서드가 실행되었습니다.

마지막으로 오버라이딩의 또 다른 특징에 대해서 살펴보겠습니다. 어느 날 아들
이 운영하는 중식당에 오래된 단골손님이 오셔서 아들이 새롭게 개발한 짜장면도
좋지만, 예전의 아버지가 만든 짜장면 맛도 느끼고 싶다고 하면 아들 입장에서는
어떻게 해야 할까요? 이 경우 아버지의 짜장면 맛과 아들의 짜장면 맛을 합치면
됩니다. 프로그램에서는 super()를 이용하면 아주 손쉽게 이 문제를 해결할 수
있습니다. 위의 'ex09_01.py' 파일에서 코드를 일부 수정하겠습니다.

코드   ◉ 예제 파일   python\pjt\chapter09\ex09_02.py

```
… 중략
11.  class ChildRestaurant(ParentRestaurant):
12.          def __init__(self):
13.                      super().__init__( )
14.                      print('-- ChildRestaurant init( ) start
--\n')
15.
16.          def makeJjajang(self):
17.                      super( ).makeJjajang( )
```

```
18.                           print('-- ChildRestaurant makeJjajang()
start --')

19.

20.          def makeJjamppong(self):
21.                           print('--  ChildRestaurant
makeJjamppong( ) start --')

22.

23.

24.          def makeBokeumbap(self):
25.                           print('--  ChildRestaurant
makeBokeumbap( ) start --')
… 중략
```

▲ super( )를 이용해서 상위 클래스의 makeJjajang( )을 호출한다.

바뀐 부분은 17행으로 super( )를 이용해서 상위 클래스의 makeJjajang()을 호출합니다. ChildRestaurant의 makeJjajang()이 실행될 때 Parent Restaurant의 makeJjajang()도 함께 실행됩니다.

실행 결과

```
-- ParentRestaurant init( ) start --

-- ChildRestaurant init( ) start --

-- ParentRestaurant makeJjajang( ) start --
-- ChildRestaurant makeJjajang( ) start --
-- ChildRestaurant makeJjamppong( ) start --
-- ChildRestaurant makeBokeumbap( ) start --
```

이처럼 객체 지향 프로그램에서는 상위 클래스의 기능을 공짜로 사용할 수 있고 오버라이딩을 이용할 수도 있지만, 상위 클래스의 기능과 자신의 기능을 혼합해 사용할 수도 있습니다.

7 추상 클래스(Abstract Class)

객체 지향 프로그램 언어에는 추상 클래스라는 조금은 특별한 클래스가 있습니다. 추상 클래스는 용어 그대로 추상적인 클래스입니다. '추상'은 '구체'의 반대 개념으로 구체화되지 않은 클래스 또는 객체를 말합니다. 지금까지 우리가 살펴본 클래스의 메서드들은 각각의 기능이 구현되어 있었습니다.

```
# 짜장면 만드는 기능
def makeJjajang(self):
    print('-- ChildRestaurant makeJjajang() start --')

# 짬뽕 만드는 기능
def makeJjamppong(self):
    print('-- ChildRestaurant makeJjamppong() start --')
```

▲ 기능이 구현(구체화)된 메서드

하지만 추상 클래스의 메서드는 선언만 되어 있고 구현되지 않은 형태입니다. 다음은 구현되지 않은 메서드입니다.

```
@abstractmethod
def makeJjajang(self):
    pass

@abstractmethod
def makeJjamppong(self):
    pass
```

▲ 기능이 구현(구체화)되지 않은 메서드

메서드는 특정 기능을 수행하는 목적으로 정의합니다. 그럼 왜 기능 구현도 없는 메서드를 만드는 걸까요? 그 이유를 알아보기 위해 다시 중식당 예제를 살펴보겠습니다.

아버지가 아들에게 중식당을 넘기면서 짜장면과 짬뽕 메뉴를 물려줬습니다. 이게 바로 상속입니다. 아버지 마음속에 오래전부터 꼭 만들고 싶었던 메뉴는 탕수육이지만 아버지는 연세가 많아서 더 이상 요리를 할 수 없어 아들에게 식당을 물려줬고, 아들에게 탕수육은 직접 개발하라고 했습니다.

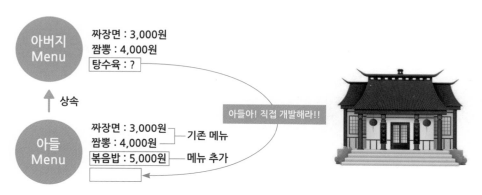

▲ 아버지는 아들한테 탕수육은 직접 개발할 것을 지시했다.

이런 상황에서 아들은 아버지의 지시에 따라 탕수육 메뉴를 개발해야 하는데, 식당의 주인인 아들은 아버지가 원하는 탕수육 메뉴를 개발하지 않을 수도 있습니다. 이 같은 상황이 발생했을 때를 대비해서 아버지는 어떻게 하면 아들에게 탕수육 메뉴를 꼭 개발하게끔 강요할 수 있을까요? 일상생활에서는 계약서를 이용하면 되는데, 객체 지향 프로그램에서는 '추상 클래스'가 그 역할을 합니다. 즉, 추상 클래스는 상속 관계에 있는 클래스들 사이에서 상위 클래스의 기능을 하위 클래스가 반드시 구현하도록 강요하는 클래스입니다. 다음은 추상 클래스의 예입니다.

코드   ● 예제 파일 python\pjt\chapter09\ex10.py

```
01.  from abc import ABCMeta
02.  from abc import abstractmethod
03.
04.  class ParentRestaurant(metaclass = ABCMeta):
05.          def __init__(self):
```

```
06                          print('-- ParentRestaurant init() start
--\n')

07.

08.          def makeJjajang(self):

09.                          print('-- ParentRestaurant makeJjajang()
start --')

10.

11.          def makeJjamppong(self):

12.                          print('-- ParentRestaurant
makeJjamppong() start --')

13.

14.          @abstractmethod

15.          def makeTangsuyuk(self):

16.                          pass

17.

18.  class ChildRestaurant(ParentRestaurant):

19.          def __init__(self):

20.                          print('-- ChildRestaurant init() start
--\n')

21.

22.          def makeJjajang(self):

23.                          print('-- ChildRestaurant makeJjajang()
start --')

24.

25.          def makeJjamppong(self):

26.                          print('-- ChildRestaurant makeJjamppong()
start --')

27.

28.          def makeBokeumbap(self):

29.                          print('-- ChildRestaurant makeBokeumbap()
start --')
```

```
30.
31.            def makeTangsuyuk(self):
32.                        print('-- ChildRestaurant makeTangsuyuk( )
start --')
33.
34.  childRestaurant = ChildRestaurant( )
35.
36.  childRestaurant.makeJjajang( )
37.  childRestaurant.makeJjamppong( )
38.  childRestaurant.makeBokeumbap( )
39.  childRestaurant.makeTangsuyuk( )
```

ParentRestaurant의 makeTangsuyuk( )은 선언만 되어 있고 기능은 없습
니다. 대신 makeTangsuyuk( )은 ChildRestaurant에서 오버라이딩하여 기
능을 구현하지요. 만약 31~32행을 주석으로 처리해서 ChildRestaurant의
makeTangsuyuk( )을 구현하지 않으면 다음과 같은 에러가 발생합니다.

코드

```
31.            '''def makeTangsuyuk(self):
32.                        print('-- ChildRestaurant makeTangsuyuk( )
start --')'''
```

▲ makeTangsuyuk(self) 주석 처리 : 아버지의 말씀을 어기고 탕수육 메뉴를 개발하지 않았다.

실행 결과

```
Traceback (most recent call last):
  File "c:\python\pjt\chapter09\ex10.py", line 34, in <module>
    childRestaurant = ChildRestaurant( )
TypeError: Can't instantiate abstract class ChildRestaurant with
abstract methods makeTangsuyuk
```

▲ makeTangsuyuk(self)을 구현하지 않았으므로 에러가 발생했다.

에러 내용은 ChildRestaurant에서 makeTangsuyuk( )을 구현하지 않았다는 것으로 ChildRestaurant은 ParentRestaurant에서 반드시 구현하도록 만든 makeTangsuyuk( )을 구현해야 하는 의무가 있습니다. 이제 추상 클래스를 만드는 문법에 대해서 간략하게 살펴보겠습니다.

• 추상 클래스 문법

❶ abc 모듈의 ABCMeta와 abstractmethod를 불러온다(01~02행).
❷ 클래스명 뒤에 메타 클래스로 ABCMeta 클래스를 지정한다(04행).
❸ 추상 메서드를 @abstractmethod 데코레이션을 이용해서 선언만 한다(14~16행).
❹ 추상 클래스를 상속하는 클래스는 반드시 추상 메서드를 구현한다(31~32행).

> ▶ 알아두기
>
> 메타 클래스는 클래스의 정보를 나타내는 클래스로 ABCMeta는 @abstract method로 선언된 메서드를 하위 클래스에서 구현하는지 검사하는 클래스입니다.

9-3 │ 사칙 연산이 가능한 계산기 만들기

01 새 파일 만들기
Notepad++에서 Ctrl + N 을 눌러 새로운 파일을 만들고, Ctrl + Alt + S 를 눌러 파일을 저장합니다. 이때 C:\python\pjt\chapter09 폴더에 'example.py' 파일로 저장합니다.

02 산술 연산 클래스 만들기
덧셈, 뺄셈, 곱셈, 나눗셈, 나머지, 몫을 계산하는 'Calculator' 클래스를 만듭니다.

○ 예제 파일 python\pjt\chapter09\example.py

```
01.  class Calculator:

02.

03.      def __init__(self, n1, oper, n2):
```

```
04.            print('-- init( ) start --\n')
05.            self.n1 = n1
06.            self.oper = oper
07.            self.n2 = n2
               # 사용자가 입력한 데이터를 이용해 숫자(n1, n2)와 연산자(oper)를 초기화한다.
08.

09.        # 연산 실행
10.        def doOperation(self):
           # 연산 기능의 doOperation( ) 메서드를 정의한다.
11.            if self.oper == '+':
12.                self.addition( )
13.            elif self.oper == '-':
14.                self.subtraction( )
15.            elif self.oper == '*':
16.                self.multiplication( )
17.            elif self.oper == '/':
18.                self.division( )
19.            elif self.oper == '//':
20.                self.portion( )
21.            return
22.

23.        # 덧셈 연산 메서드
24.        def addition(self):
           # 덧셈 연산 메서드(addition( ))를 정의한다.
25.            print('-- addition( ) start --')
26.            result = int(self.n1) + int(self.n2)
27.            print('덧셈 연산 결과 : {0}\n'.format(result))
28.            return
29.
```

```
30.         # 뺄셈 연산 메서드
31.         def subtraction(self):
            # 뺄셈 연산 메서드(subtraction( ))를 정의한다.
32.               print('-- subtraction( ) start --')
33.               result = int(self.n1) - int(self.n2)
34.               print('뺄셈 연산 결과 : {0}\n'.format(result))
35.               return
36.
37.         # 곱셈 연산 메서드
38.         def multiplication(self):
            # 곱셈 연산 메서드(multiplication( ))를 정의한다.
39.               print('-- multiplication( ) start --')
40.               result = int(self.n1) * int(self.n2)
41.               print('곱셈 연산 결과 : {0}\n'.format(result))
42.               return
43.
44.         # 나눗셈 연산 메서드
45.         def division(self):
            # 나눗셈 연산 메서드(division( ))를 정의한다.
46.               print('-- division( ) start --')
47.               result = int(self.n1) / int(self.n2)
48.               print('나눗셈 연산 결과 : {0}\n'.format(result))
49.               return
50.
51.         # 몫 연산 메서드
52.         def portion(self):
            # 몫 연산 메서드(portion( ))를 정의한다.
53.               ('-- portion( ) start --')
54.               result = int(self.n1) // int(self.n2)
55.               print('몫 연산 결과 : {0}\n'.format(result))
56.               return
```

03 사용자 데이터 입력 및 객체 만들기

사용자에게 숫자와 연산자를 입력받기 위한 코드를 작성합니다.

● 예제 파일   python\pjt\chapter09\example.py

```
59.  firstNum = input( )
       # 사용자로부터 데이터(숫자)를 받아 firstNum에 담는다.

60.  operator = input( )
       # 사용자로부터 데이터(연산자)를 받아 operator에 담는다.

61.  secondNum = input( )
       # 사용자로부터 데이터(숫자)를 받아 secondNum에 담는다.
```

04 사용자가 입력한 숫자와 연산자를 이용해서 Calculator 객체를 생성하고 연산을 실행하기 위해 doOperation( )을 호출하는 코드를 작성합니다.

● 예제 파일   python\pjt\chapter09\example.py

```
63.  myCalculator = Calculator(firstNum, operator, secondNum)
       # Calculator 객체를 생성하고 객체의 메모리 주소를 myCalculator에 담는다.

64.  myCalculator.doOperation( )
       # myCalculator를 이용해서 Calculator 객체의 doOperation( )을 호출한다.
```

05 결과 출력하기

Ctrl + F6 을 눌러 프로그램을 실행합니다. 다음은 사용자가 숫자 10과 20 그리고 나눗셈(/) 연산자를 입력한 결과입니다.

```
10
/
20
-- init( ) start --

-- division( ) start --
나눗셈 연산 결과 : 0.5
```

1 객체(Object)란?

일상생활에 존재하는 모든 것을 객체라고 합니다. 자전거, 자동차, 비행기, 펜 등의 객체는 속성과 기능으로 구성됩니다. 비행기의 속성은 크기, 색상 등이 있고, 기능으로는 이륙, 비행, 착륙 등이 있습니다. 프로그래밍의 객체도 일상생활에서의 객체와 같으며, 메모리에 특정 객체를 만들고 그 객체에 속성과 기능을 정의해서 사용할 수 있습니다. 계산기 객체를 만들고 속성으로 크기, 무게 등을 정의할 수 있으며, 기능으로는 덧셈, 뺄셈, 곱셈 등을 정의할 수 있습니다.

객체(Object) = 속성(Attribute) + 기능(Function)

2 클래스(Class)란?

메모리에 객체를 생성하는 '틀'을 클래스라고 합니다. 즉, 클래스로부터 객체가 생성된다고 생각할 수 있습니다. 하나의 클래스를 만들고 클래스의 생성자만 호출하면 객체가 생성됩니다. 생성자는 여러 번 호출할 수 있으며, 호출할 때마다 메모리에 새로운 객체가 생성됩니다.

3 객체 생성과 메모리

클래스의 객체를 생성할 때마다 새로운 객체가 생성되며 메모리에 생성된 객체는 각각의 메모리 주소를 가지고 있습니다. 다음은 Grandeur 클래스의 생성자를 3번 호출해서 메모리에 3개의 객체가 생성된 모습입니다.

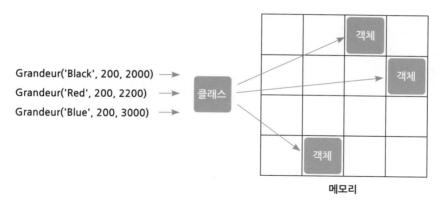

Grandeur('Black', 200, 2000) →
Grandeur('Red', 200, 2200) →
Grandeur('Blue', 200, 3000) →

클래스

객체

객체

객체

메모리

메모리에 생성된 객체는 같은 클래스에서 생성되어도 다른 객체입니다. 이것은 마치 같은 제조업체의 그랜저 자동차라도 '남의 것'과 '내 것'이 다른 것과 같습니다.

4 상속(Inheritance)

클래스는 다른 클래스의 속성과 기능을 마치 내 것처럼 사용하기 위해 가져올 수 있으며, 이것을 '상속'이라고 합니다. 상속하는 클래스를 부모 클래스 또는 상위 클래스라 하고, 상속받는 클래스를 자식 클래스 또는 하위 클래스라고 합니다. 상속 구현은 자식 클래스에서 괄호를 이용해 부모 클래스를 명시하면 됩니다.

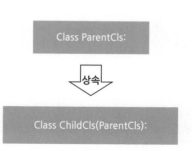

Class ParentCls:

상속

Class ChildCls(ParentCls):

5 오버라이딩(Overriding)

자식 클래스에서 부모 클래스의 기능을 재정의할 수 있으며, 이것을 '오버라이딩'이라고 합니다. 부모 클래스의 기능을 오버라이딩하면 객체의 기능이 호출될 때 부모 클래스의 기능이 호출되는 것이 아니라 자식 클래스의 기능이 호출됩니다. 만약 오버라이딩한 클래스에서 부모 클래스의 기능을 호출하고 싶을 때는 다음과 같이 super()를 이용합니다.

```
def makeJjajang(self):
    super().makeJjajang()
    print('-- ChildRestaurant makeJjajang() start --')
```

자식 클래스의 makeJjajang()이 호출되면 super()에 의해서 부모 클래스의 makeJjajang()도 호출됩니다.

6 추상 클래스란?

선언만 하고 구체화하지 않은 메서드(추상 메서드)를 가지는 클래스를 '추상 클래스'라고 합니다. 추상 메서드는 구체화되지 않아서 호출되더라도 실행될 수 없으며, 추상 클래스를 다른 클래스에서 상속하는 경우 자식 클래스에서 추상 메서드를 구현(구체화)해서 사용해야 합니다. 만약 상속 관계에 있는 자식 클래스에서 부모 클래스의 추상 메서드를 구현하지 않으면 에러가 발생합니다. 즉, 추상 클래스를 상속하는 클래스는 반드시 추상 메서드를 구현해야 하는 의무가 있습니다.

혼자 해 보기

1 산술 연산 기능을 각각의 클래스로 만들고 사용자 마음대로 필요한 연산 객체만 조립해서 계산기 프로그램을 만들어 보자.

코드   ● 예제 파일 python\pjt\chapter09\exercise01.py

```
01.  class Addition:
02.          def __init__(self):
03.                  print('-- Addition init() start --')
04.
05.          def doCalculation(self, n1, n2):
06.                  return n1 + n2
```

```
07.
08.  class Subtraction:
09.          def __init__(self):
10.                      print('-- Subtraction init( ) start
     --')
11.
12.          def doCalculation(self, n1, n2):
13.                      return n1 - n2
14.
15.  class Multiplication:
16.          def __init__(self):
17.                      print('-- Multiplication init( ) start
     --')
18.
19.          def doCalculation(self, n1, n2):
20.                      return n1 * n2
21.
22.  class Division:
23.          def __init__(self):
24.                      print('-- Division init( ) start --')
25.
26.          def doCalculation(self, n1, n2):
27.                      return n1 / n2
28.
29.  class Portion:
30.          def __init__(self):
31.                      print('-- Portion init( ) start --')
32.
33.          def doCalculation(self, n1, n2):
34.                      return n1 // n2
```

```
35.
36.  class Calculator:
37.          def __init__(self, oper):
38.                      print('-- Calculator init( ) start
--\n')
39.                      self.oper = oper
40.
41.          def doOperation(self, n1, n2):
42.              if self.oper == '+':
43.                      print(Addition( ).
doCalculation(n1, n2))
44.              elif self.oper == '-':
45.                      print(Subtraction( ).
doCalculation(n1, n2))
46.              elif self.oper == '*':
47.                      print(Multiplication( ).
doCalculation(n1, n2))
48.              elif self.oper == '/':
49.                      print(Division( ).
doCalculation(n1, n2))
50.              elif self.oper == '//':
51.                      print(Portion( ).
doCalculation(n1, n2))
52.
53.  firstNum = int(input('첫 번째 숫자를 입력하세요.  :  '))
54.  operator = input('연산자를 입력하세요.  :    ')
55.  secondNum = int(input('두 번째 숫자를 입력하세요.  :  '))
56.
57.  myCalculator = Calculator(operator)
58.  myCalculator.doOperation(firstNum, secondNum)
```

```
첫 번째 숫자를 입력하세요.  :  10
연산자를 입력하세요.  :   *
두 번째 숫자를 입력하세요.  :  5
-- Calculator init( ) start --

-- Multiplication init( ) start --
50
```

▲ 10, *, 5를 입력한 경우

```
첫 번째 숫자를 입력하세요.  :  10
연산자를 입력하세요.  :   //
두 번째 숫자를 입력하세요.  :  3
-- Calculator init( ) start --

-- Portion init( ) start --
3
```

▲ 10, //, 3를 입력한 경우

음료수 자판기 만들기

학습 목표

● 파이썬 파일을 부품(모듈)화해서 필요한 곳에 언제든지 이식하는 방법과 이러한 부품(모듈)들을 디렉터리(폴더)를 이용해서 관리하는 방법을 학습합니다.

함수, 클래스 등은 결국 프로그램에서 사용자가 원하는 기능을 구현하기 위해 존재합니다. 프로그램이 커지면 수많은 함수와 클래스가 필요하고, 이렇게 많은 함수와 클래스를 파이썬 파일 하나에 모두 작성하면 파이썬 파일은 아마도 1,000줄, 10,000줄 이상이 될 수 있습니다. 너무 많은 코드가 하나의 파일에 작성되는 것은 개발자의 스트레스를 증가시키고, 결국 프로그램 유지 보수에 많은 어려움이 따릅니다.

파이썬에서는 이러한 문제를 해결하고자 모듈과 패키지 기능을 지원합니다. 모듈은 파이썬 파일이고, 패키지는 모듈을 묶은 디렉터리(폴더)라고 생각하면 쉽습니다. 이번 챕터에서 모듈과 패키지를 학습하고 나면 직접 만든 프로그램을 동료들에게 효율적으로 배포할 수 있으며, 이 프로그램을 빠르고 쉽게 개발할 수도 있습니다. 이것은 마치 직접 조립 PC를 만들 때 전문상가에 가서 CPU, 메모리, HDD 등을 별도 구매하여 원하는 PC를 만드는 것과 같습니다.

'음료수 자판기' 실행 미리 보기

모듈 알아보기

main 메서드 알아보기

패키지 알아보기

어디서나 접근할 수 있는 패키지 추가하기

'음료수 자판기' 만들기

1 코드 미리 보기

Notepad++에서 chapter10 폴더의 'ex01.py' 파일을 불러옵니다.

★ 예제 파일 python\pjt\chapter10\ex01.py

```python
01.  from sodaMachine import machine as m
02.
03.  mySodaMachine = m.SodaMachine( );
04.  print('mySodaMachine : {0}'.format(mySodaMachine))
05.
06.  mySodaMachine.addSoda(m.Soda('Cola'))
07.  mySodaMachine.addSoda(m.Soda('Cola'))
08.  mySodaMachine.addSoda(m.Soda('Cola'))
09.  mySodaMachine.addSoda(m.Soda('Cider'))
10.  mySodaMachine.addSoda(m.Soda('Cider'))
11.  mySodaMachine.addSoda(m.Soda('Fanta'))
12.
13.  for s in mySodaMachine.sodaList:
14.          print(s.getName( ))
15.
16.  friendSodaMachine = m.SodaMachine( );
17.  print('friendSodaMachine : {0}'.format(friendSodaMachine))
18.
19.  friendSodaMachine.addSoda(m.Soda('Cola-zero'))
20.  friendSodaMachine.addSoda(m.Soda('Cola-zero'))
21.  friendSodaMachine.addSoda(m.Soda('Cola-zero'))
22.  friendSodaMachine.addSoda(m.Soda('Cider-zero'))
```

```
23.   friendSodaMachine.addSoda(m.Soda('Cider-zero'))
24.   friendSodaMachine.addSoda(m.Soda('Fanta-apple'))
25.   friendSodaMachine.addSoda(m.Soda('OranC-orange'))
26.
27.   for s in friendSodaMachine.sodaList:
28.           print(s.getName( ))
29.
30.   mySodaMachine.removeSoda( )
31.   for s in mySodaMachine.sodaList:
32.           print(s.getName( ))
33.
34.   friendSodaMachine.removeSoda( )
35.   for s in friendSodaMachine.sodaList:
36.           print(s.getName( ))
```

음료수 자판기 프로그램에서는 음료수와 음료수 자판기를 객체로 만들어 자판기 주인은 자판기에 음료수를 종류별(Cola, Cider, Fanta 등)로 채워 넣을 수 있고, 사용자는 음료수를 구매할 수 있습니다. 가장 중요한 내용으로 자판기 객체를 필요할 때마다 만들 수 있도록 모듈과 패키지를 이용해 보겠습니다.

② 프로그램 실행하기

Ctrl + F6 을 눌러 프로그램을 실행하면 다음과 같은 결과가 출력됩니다.

mySodaMachine으로 새로운 자판기를 만들고, 여기에 콜라(Cola) 3개, 사이다 (Cider) 2개, 환타(Fanta) 1개를 넣었습니다.

실행 결과

```
mySodaMachine : <sodaMachine.machine.SodaMachine object at 0x00DCDE90>
Cola
Cola
```

```
Cola
Cider
Cider
Fanta
```

friendSodaMachine으로 또 다른 새 자판기를 만들고, 여기에 제로콜라(Cola-Zero) 3개, 제로사이다(Cider-Zero) 2개, 애플환타(Fanta-Apple) 1개, 오렌지 오란씨(OranC-Orange) 1개를 넣었습니다.

실행 결과

```
friendSodaMachine : <sodaMachine.machine.SodaMachine object at
0x03336150>
Cola-zero
Cola-zero
Cola-zero
Cider-zero
Cider-zero
Fanta-apple
OranC-orange
```

mySodaMachine에서 이용자가 음료수 1개를 구매한 후 자판기에 남아 있는 음료수들입니다.

실행 결과

```
Cola
Cola
Cider
Cider
Fanta
```

friendSodaMachine에서 사용자가 음료수 1개를 구매한 후 자판기에 남아 있는 음료수 목록입니다.

```
Cola-zero
Cola-zero
Cider-zero
Cider-zero
Fanta-apple
OranC-orange
```

이 프로그램은 아주 간단한 자판기 프로그램으로, 자판기 주인이 음료수를 채워 넣는 기능과 사용자가 구매하는 기능만 있습니다. 여기서 중요한 것은 개발자는 자판기 프로그램을 최초에 한번만 만들면 많은 점주들에게 같은 자판기를 판매할 수 있다는 것으로, 자판기를 모듈화하고 패키지로 묶으면 됩니다. 이러한 일들이 어떻게 가능한지 모듈과 패키지에 대해서 본격적으로 살펴보겠습니다.

10-2 | 문법 구문의 이해

■ 모듈이란?

요즘은 어디 가나 '먹방'이 대세입니다. 모 방송에서는 장사가 잘 안되는 음식점에 전문가가 직접 찾아가서 메뉴의 문제점을 파악하고 문제점을 고쳐주는 프로그램도 방영하더라고요. 방송을 시청하면서 음식점을 개업한다는 것이 음식의 맛뿐만 아니라 홍보, 청소, 직원관리 등 많은 부분에 노력을 기울여야 한다는 것을 느꼈습니다. 만약 여러분이 음식점을 개업한다면 가장 고민하는 부분은 무엇일까요? 당연히 음식점을 개업하는 만큼 가장 중요하고 고민되는 부분은 메뉴 구성과 음식의 맛일거 같습니다. 하지만 음식의 맛이라는 것이 하루아침에 좋아질 수 있는 것도 아닌 만큼 많은 시간과 노력이 있어야 좋은 맛을 낼 수 있는데요, 음식점 사장 입장에서는 가게를 오픈했으니 가능한 한 빨리 음식의 맛이 좋아져서 손님들이 많이 방문하여 많은 돈을 벌고 싶을 겁니다. 그렇다고 홍보, 청소, 직원 관리 등의 업무에 소홀하면서 하루 종일 음식 맛에만 열정을 쏟아부을 수도 없습니다. 그렇다면 어떻게 해야 할까요? 한 가지 방법은 음식 맛이 좋기로 유명한 요리를 제공받아 판매하는 것입니다. 이런 방법으로 음식점을 운영하면 음식점 사장 입장에서는 어쨌든 맛 좋은 음식을 손님에게 빠르고 쉽게 제공할 수 있어 목적은 달성된 셈입니다.

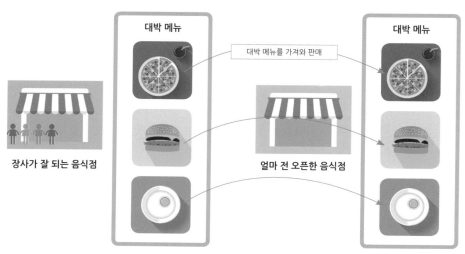

▲ 맛 좋은 음식을 다른 곳에서 제공받으면 쉽게 성공할 수 있다.

이 방법은 프로그램 세계에서 아주 효율적인 방법입니다. 다시 말해 이미 다른 사람이 만들어 놓은 좋은 기능이 있다면 굳이 직접 많은 시간을 들여서 개발할 필요가 없고, 그 좋은 기능을 가져다가 마치 자신의 것처럼 사용하면 됩니다. 이것은 단지 개발 시간을 단축시키는 것 이상의 효과가 있는데요, 짧은 시간에 내가 만든 기능에는 나도 모르는 문제(에러)가 있을 수도 있지만, 이미 많은 사람들이 사용하는 기능의 경우 검증된 기능이라고 할 수 있습니다. 또한 여러분이 큰 프로젝트를 진행하면 많은 동료들과 팀을 구성해서 작업을 합니다. 이 경우 팀 구성원들은 각자의 기능 구현을 하는데요, 이렇게 만들어진 각각의 기능들은 전체 프로그램에서 서로 유기적으로 동작하고, 필요에 따라서는 다른 개발자가 개발한 기능을 이용해서 개발을 진행합니다. 즉, 개개인이 만든 기능을 모두 공유하는 것이지요.

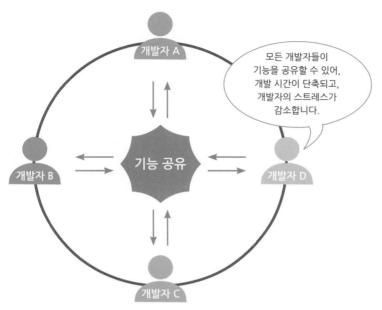

모든 개발자들이 기능을 공유할 수 있어, 개발 시간이 단축되고, 개발자의 스트레스가 감소합니다.

▲ 개개인의 기능을 공유하면 전체적으로 많은 기능을 활용할 수 있다.

계속해서 '기능'이라는 말을 사용했는데, 여기서 기능이 있는 파이썬 파일을 '모듈'이라고 합니다. 그럼 모듈은 어떻게 만들고 사용할까요? 우리는 이미 앞에서 모듈을 만들었습니다. 함수를 학습할 때 연산이 가능한 함수를 만들고 파이썬 파일로 저장할 때의 파이썬 파일이 바로 모듈입니다.

본격적으로 간단한 파이썬 모듈을 만들고 사용해 보겠습니다. 다음은 이전에 학습한 연산 기능의 함수를 가지는 파이썬 파일입니다.

코드   ● 예제 파일 python\pjt\chapter10\ex02\calculator.py

```
01.  def addition(n1, n2):
02.      print('덧셈 연산 결과 : {0}'.format(int(n1) + int(n2)))
03.      return
04.
05.  def subtraction(n1, n2):
```

```
06.     print('뺄셈 연산 결과 : {0} '.format(int(n1) - int(n2)))
07.     return
08.
09. def multiplication(n1, n2):
10.     print('곱셈 연산 결과 : {0} '.format(int(n1) * int(n2)))
11.     return
12.
13. def division(n1, n2):
14.     print('나눗셈 연산 결과 : {0} '.format(int(n1) / int(n2)))
15.     return
16.
17. def rest(n1, n2):
18.     print('나머지 연산 결과 : {0} '.format(int(n1) % int(n2)))
19.     return
20.
21. def portion(n1, n2):
22.     print('몫 연산 결과 : {0} '.format(int(n1) // int(n2)))
23.     return
```

위의 파일을 ex02 폴더에 저장합니다. 같은 폴더에 'ex02.py' 파일을 만들고 다음과 같이 코딩합니다.

코드   ● 예제 파일   python\pjt\chapter10\ex02\ex02.py

```
01. import calculator
02.
03. calculator.addition(10, 20)
04. calculator.subtraction(10, 20)
05. calculator.multiplication(10, 20)
06. calculator.division(10, 20)
```

```
07.  calculator.rest(10, 20)
08.  calculator.portion(10, 20)
```

▲ calculator 모듈의 연산 관련 함수를 이용(호출)한다.

Ctrl + F6 을 눌러 결과를 실행합니다.

실행 결과

```
덧셈 연산 결과 : 30
뺄셈 연산 결과 : -10
곱셈 연산 결과 : 200
나눗셈 연산 결과 : 0.5
나머지 연산 결과 : 10
몫 연산 결과 : 0
```

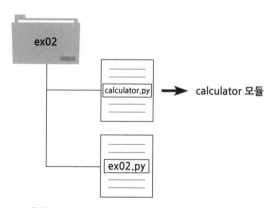

▲ 모듈의 구조

ex02 디렉터리(폴더)에는 'calculator.py'와 'ex02.py' 파일이 있습니다. 여기서
calculator.py를 연산 기능이 있는 모듈이라고 합니다. 이 모듈을 'ex02.py' 파일
에서 사용하기 위해서는 'calculator.py' 파일과 같은 디렉터리에서 import 구문
을 이용합니다. 다음은 필요한 모듈을 불러오는 구문입니다.

```
import calculator
```

▲ import를 이용해서 calculator 모듈을 불러온다.

이렇게 모듈의 역할을 하는 파이썬 파일과 같은 디렉터리에서 import 문을 이용해 모듈을 가져오면 모듈의 모든 기능(변수, 함수, 클래스)을 공짜로 이용할 수 있습니다. 이때 import 뒤에 나오는 모듈의 이름은 파이썬 파일명에서 확장자(.py)를 제거한 이름이므로 유의합니다.

```
calculator.py → import calculator
```

▲ 모듈을 가져올 때는 확장자(.py)를 빼고 가져온다.

불러온 모듈의 기능을 사용하기 위해서는 모듈명과 도트(.) 접근자를 이용합니다.

모듈명.기능
↓
calculator.addition(10, 20)
↓
덧셈 연산 결과 : 30

▲ calculator 모듈의 addition( ) 기능을 사용한다.

이렇게 모듈은 만들기도 쉽고 사용하기도 쉬운데요. 약간의 단점이 있습니다. 모듈의 기능을 사용하기 위해서는 다음과 같이 매번 불러온 모듈명을 표기해야 합니다.

코드

```
03.  calculator.addition(10, 20)
04.  calculator.subtraction(10, 20)
05.  calculator.multiplication(10, 20)
06.  calculator.division(10, 20)
07.  calculator.rest(10, 20)
```

```
08.  calculator.portion(10, 20)
```

▲ 모듈명(calculator)이 중복 사용됐다.

모듈명을 줄여 쓰는 방법도 있습니다. 'as' 키워드를 이용하면 모듈명을 다른 이름으로 바꿀 수 있습니다.

'calculator'를 as를 이용해서 'c'로 치환하면 기존의 'calculator' 대신 'c'를 이용할 수 있습니다.

코드

```
01.  import calculator as c
02.
03.  c.addition(10, 20)
04.  c.subtraction(10, 20)
05.  c.multiplication(10, 20)
06.  c.division(10, 20)
07.  c.rest(10, 20)
08.  c.portion(10, 20)
```

▲ calculator를 as를 이용해서 c로 치환했다.

지금까지 모듈의 개념과 기본 사용법에 대해서 학습했습니다. 이번에는 모듈을 사용하는 다른 방법에 관해 살펴봅니다.

위의 계산기 모듈은 모든 기능이 필요하지 않은 경우도 있습니다. 예를 들어, 계산기 모듈을 가지고 대학생을 위한 교구를 만든다고 할 때 모든 기능(덧셈, 뺄셈, 곱셈, 나눗셈, 나머지, 몫)이 필요하지만, 유치원생에게 필요한 교구를 만든다고 할 때는 덧셈, 뺄셈 기능만 있으면 되고 곱셈, 나눗셈, 나머지, 몫 등의 어려운 기능은 필요 없습니다. 이때 from 키워드를 이용하여 모듈의 전체 기능 중에서 일부 기능만 불러올 수 있습니다. 다음의 구문을 가지고 설명하겠습니다.

```
01.   from calculator import addition
02.   from calculator import subtraction
03.
04.   addition(10, 20)
05.   subtraction(10, 20)
06.   #multiplication(10, 20)
07.   #division(10, 20)
08.   #rest(10, 20)
09.   #portion(10, 20)
```

▲ 모듈에서 필요한 기능(addition, subtraction)만 가져온다.

01~02행에서는 import가 아닌 from을 이용해서 모듈을 불러온 다음 뒤쪽의 import는 모듈의 기능을 불러옵니다. 즉, from으로 모듈을 지정하고 import로 필요한 기능만 가져오는 방식입니다.

from 모듈 import 기능
    ↓
from calculator import addition

▲ from과 import를 이용해 모듈에서 필요한 기능만 가져온다.

이렇게 모듈 전체를 가져오는 것이 아니라 필요한 기능만 콕 집어서 가져왔기 때문에 기능을 사용할 때 모듈명을 생략할 수 있습니다.

[모듈명 생략] addition(10, 20)
[모듈명 생략] subtraction(10, 20)

▲ 필요한 기능을 콕 집어 가져왔기 때문에 모듈명 생략이 가능하다.

만약 불러오지 않은 기능을 호출하면 어떻게 될까요? 당연히 덧셈과 뺄셈 기능만 가져왔기 때문에 multiplication( ) 또는 division( )의 함수를 호출하면 에러가 발생합니다.

```
04.  addition(10, 20)

05.  subtraction(10, 20)

06.  multiplication(10, 20)
```

▲ multiplication( )은 불러오지 않은 기능이다.

```
덧셈 연산 결과 : 30
뺄셈 연산 결과 : -10
Traceback (most recent call last):
  File "c:\python\pjt\chapter10\ex02\ex02_from.py", line 6, in <module>
    multiplication(10, 20)
NameError: name 'multiplication' is not defined
```

▲ 불러오지 않은 multiplication( )으로 인해 에러가 발생했다.

이 에러는 multiplication이 정의되지 않았다는 내용으로 불러오지 않은 함수를 호출해서 발생한 에러입니다.

from과 import를 이용해서 모듈을 가져올 때 다음과 같이 콤마(,)를 이용할 수도 있습니다. 이렇게 하면 중복된 코드가 제거되어 전체 코드가 한결 간결해집니다. 다음은 콤마(,)를 이용해서 코드를 줄인 예입니다.

```
from calculator import addition
from calculator import subtraction
        ↓
from calculator import addition, subtraction
```

▲ 콤마(,)를 이용해서 코드를 간결하게 만들 수 있다.

마지막으로 from과 import를 이용해서 특정 기능만 이용하다가 모든 기능을 사용해야 하는 경우에는 어떻게 하는지 살펴보겠습니다. 이 경우 from을 제거하고

import를 이용할 수 있지만 에스타리크(*)를 이용할 수도 있습니다. 컴퓨터에서 에스타리크는 '모든'이란 뜻을 가지며, 다음과 같이 import 뒤에 '*'를 표시하면 모든 기능을 가져오는 것과 같습니다.

코드

```
01.  from calculator import *
     # '*'를 이용해서 calculator의 모든 기능을 가져왔다.

02.
03.  addition(10, 20)
04.  subtraction(10, 20)
05.  multiplication(10, 20)
06.  division(10, 20)
07.  rest(10, 20)
08.  portion(10, 20)
```

'*'를 이용해서 calculator 모듈의 모든 기능을 가져왔으므로 덧셈, 뺄셈 외에 다른 기능도 모두 이용할 수 있습니다.

실행 결과

```
덧셈 연산 결과 : 30
뺄셈 연산 결과 : -10
곱셈 연산 결과 : 200
나눗셈 연산 결과 : 0.5
나머지 연산 결과 : 10
몫 연산 결과 : 0
```

▲ '*'로 인해 모든 기능이 정상으로 실행됐다.

☑ 파이썬에서 main 메서드란?

재미있는 실험을 해봅니다. 먼저 ex03 폴더를 만들고 'ex03.py'와 'tempModule. py' 파일을 만듭니다.

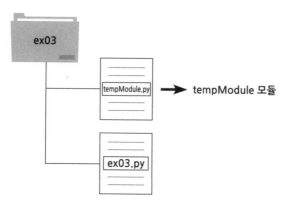

▲ ex03 폴더와 ex03.py, tempModule.py 파일을 만든다.

먼저 'tempModule.py' 파일에 print( ) 내장 함수와 tempFun1( ), tempFun2( ) 사용자 함수를 다음과 같이 코딩합니다.

| 코드 | ● 예제 파일   python\pjt\chapter10\ex03\tempModule.py |

```
01.  print('This is tempModule.')
02.
03.  def tempFun1( ):
04.          print('--- tempFun1( ) ---')
05.
06.  def tempFun2( ):
07.          print('--- tempFun2( ) ---')
```

다음으로 'ex03.py' 파일에는 tempModule 모듈을 불러오는 구문을 이용해서 다음과 같이 코딩합니다.

코드

```
01.  import tempModule as t
02.
03.  print('This is ex03.')
04.
05.  t.tempFun1( )
06.  t.tempFun2( )
```

'ex03.py' 파일을 실행(Ctrl + F6)하면 다음과 같은 결과가 나타납니다.

실행 결과

```
This is tempModule.
This is ex03.
--- tempFun1( ) ---
--- tempFun2( ) ---
```

당연한 결과처럼 보이지만, 자세히 보면 약간 이상한 부분이 보입니다. 바로 첫 번째로 출력된 'This is tempModule.'입니다. 'ex03.py' 파일을 실행했기 때문에 해당 내용만 실행(출력)되어야 하지만 'tempModule.py' 파일 모듈의 'print('This is tempModule.')'도 실행된 것입니다. 모듈은 호출했을 때만 이용하는 것이 맞는데, 이렇게 불러오기만 해도 자동으로 실행된다면 다소 문제가 있습니다. 예를 들어, 어떤 프로그램을 개발할 때 1개의 실행 파일과 100개의 모듈 파일을 합쳐서 101개의 파이썬 파일이 만들어졌다고 가정하고 프로그램을 실행하면 101개 파일이 모두 실행됩니다. 여기서 바라는 것은 1개의 실행 파일만 실행하고 모듈 파일은 프로그램이 동작하면서 필요에 따라 호출되는 것입니다.

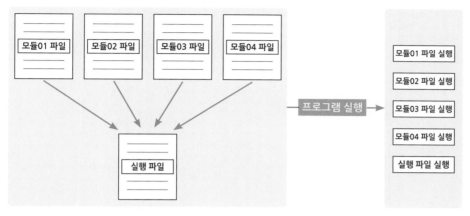

▲ 모든 파일이 자동으로 실행되는 것은 문제가 있다.

이러한 잘못된 현상은 어떻게 해결해야 할까요? 파이썬 뿐만 아니라 다른 언어들도 전체 파일에서 실행(메인) 파일을 지정하는 방법이 있습니다. C++에서는 void main()을 이용하고, Java에서는 public static void main()을 이용합니다. 다음은 C++과 Java에서 사용하는 실행(메인) 파일을 나타내는 방법입니다.

C++	Java

void main( )
{
    ...
}
	public static void main(String[] args)
	{
	    ...
	}

▲ C++과 Java 언어에서 실행 파일을 나타내는 코드

C++과 Java에서는 프로그램을 실행했을 때 void main()과 public static void main()이 가장 먼저 실행되고 나머지 기능은 필요할 때마다 호출해서 실행합니다. 따라서 일반적으로 void main()과 public static void main() 등이 정의된 파일을 '실행 파일' 또는 '메인(main) 파일'이라고 부릅니다. 하지만 파이썬에는 C++과 Java처럼 실행 파일을 나타내는 특별한 메인 함수는 없고 전역 변수인 __name__을 이용하는 방법이 있습니다. 먼저 __name__이란 무엇이고 어떤 데이터가 담기는지 살펴보겠습니다. __name__은 파이썬에 내장된 전역 변

수로 정의하지 않아도 파이썬에서 자동으로 정의하는 변수입니다. 여기서 전역
은 언제 어디서나 사용할 수 있다는 뜻으로 모든 파이썬 파일에서 사용이 가능하
다는 의미입니다. 그렇다면 __name__은 어떤 값을 담기 위해 만들어졌을까요?
__name__에는 실행되는 파이썬 이름이 담깁니다.

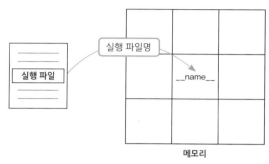

▲ __name__은 전역 변수로 파일 이름이 담긴다.

다음의 코드를 가지고 __name__에 담기는 데이터를 확인해 보겠습니다.

코드
● 예제 파일 python\pjt\chapter10\ex04\tempModule01.py

```
01.  print('This is tempModule01.')
02.  print('__name__ : {0}'.format(__name__))
```

코드
● 예제 파일 python\pjt\chapter10\ex04\tempModule02.py

```
01.  print('This is tempModule02.')
02.  print('__name__ : {0}'.format(__name__))
```

코드
● 예제 파일 python\pjt\chapter10\ex04\tempModule03.py

```
01.  print('This is tempModule03.')
02.  print('__name__ : {0}'.format(__name__))
```

● 예제 파일   python\pjt\chapter10\ex04\ex04.py

```
01.  import tempModule01
02.  import tempModule02
03.  import tempModule03
04.
05.  print('This is ex04.')
```

▲ ex04에서는 tempModule01, tempModule02, tempModule03 모듈을 사용한다.

'ex04.py' 파일은 3개의 모듈(tempModule01~03)을 불러오며, 각각의 모듈 파일은 공통으로 __name__ 변수 값을 출력하는 코드가 있습니다. __name__ 전역 변수에 아무런 값도 담지 않았기 때문에 어떤 값도 출력되지 않을 것 같지만 다음의 결과를 보면 예상과 다르게 공통으로 모듈의 파일 이름이 담겨있습니다.

실행 결과

```
This is tempModule01.
__name__ : tempModule01
This is tempModule02.
__name__ : tempModule02
This is tempModule03.
__name__ : tempModule03
This is ex04
```

▲ ex04.py를 실행하면 각각의 모듈도 실행된다.

즉, 파이썬에서 제공하는 전역 변수 __name__에는 파일이 실행될 때 파일 이름이 담겨져 있는 것입니다. 그럼 ex04.py도 __name__에 'ex04'가 저장될까요? 바로 확인해 보겠습니다.

코드

```
… 중략
06.  print('__name__ : {0}'.format(__name__))
```

▲ ex04.py의 __name__ 값을 출력한다.

ex04.py의 6행에 __name__ 값을 출력하는 코드를 추가한 다음 실행하면 다른 모듈 파일들과는 다른 값이 출력되는 것을 확인할 수 있습니다.

```
… 중략
__name__ : __main__
```

▲ __name__에 __main__이 저장된다.

__name__ 변수에 파일 이름이 아닌 '__main__' 값이 저장되어 있습니다. 파이썬에서는 기본으로 __name__에 파일 이름을 저장하지만, 실행 파일의 경우에는 파일 이름 대신 '__main__'이 저장됩니다. 그렇다면 파이썬에서는 어떻게 실행 파일을 구분해서 실행할까요? 파이썬에서는 __name__ 변수에 담겨 있는 데이터를 이용해서 실행 파일을 구분합니다. 위의 코드를 수정해서 실행 파일이 아니면 자동으로 실행되지 않도록 만들어 봅니다.

코드　　　　　　　　　　　　　　　● 예제 파일　python\pjt\chapter10\ex04\tempModule01.py

```
01.  if __name__ == '__main__':
02.         print('This is tempModule01.')
03.         print('__name__ : {0}'.format(__name__))
```

코드　　　　　　　　　　　　　　　● 예제 파일　python\pjt\chapter10\ex04\tempModule02.py

```
01.  if __name__ == '__main__':
02.         print('This is tempModule02.')
03.         print('__name__ : {0}'.format(__name__))
```

코드　　　　　　　　　　　　　　　● 예제 파일　python\pjt\chapter10\ex04\tempModule03.py

```
01.  if __name__ == '__main__':
02.         print('This is tempModule03.')
03.         print('__name__ : {0}'.format(__name__))
```

```
01.  import tempModule01
02.  import tempModule02
03.  import tempModule03
04.
05.  if __name__ == '__main__':
06.          print('This is ex04.')
07.          print('__name__ : {0}'.format(__name__))
```

수정한 내용은 모든 파일에 공통으로 __name__에 담긴 값이 __main__이면 실
행하도록 했습니다. 이것은 해당 파일이 실행 파일일 때만 실행되게 한 것으로,
다음은 'ex04.py'를 실행한 결과입니다.

실행 결과

```
This is ex04.
__name__ : __main__
```

일부 개발자는 파이썬이 다른 언어보다 쉽다는 이유로 __name__ 변수를 이용한
실행 파일 지정도 파이썬의 특징이자 장점이라고 합니다. 결국 다른 언어(C++,
Java 등)보다 문법이 간결한 것은 사실입니다.

앞으로 파이썬을 이용해서 개발할 때 "if __name__ == '__main__':" 구문을 이
용하는 것을 습관화하세요. 구글 등과 같은 검색 사이트에서 파이썬 예제 등을 검
색하다 보면 대부분의 코드에서는 위의 구문을 확인할 수 있습니다.

3 패키지란?

프로그램 개발에서 모듈이란 게 얼마나 편리한지 느꼈을 테지만, 이렇게 편리한
모듈도 개수가 많아지면 개발자 입장에서는 처치 곤란이 생길 수 있습니다. 예를
들어, 게임에서 경주용 자동차 제작 프로그램을 개발한다면 자동차에 많은 기능

이 있어야 하고 개발자는 그에 걸맞는 다양한 모듈을 이용합니다. 모듈 중에는 핸들, 시트, 기어, 엔진 등과 관련된 모듈 등 수많은 모듈이 존재하며, 100개 이상의 모듈을 이용할 수도 있습니다. 몇 가지 모듈이라면 개발자에게는 전혀 문제가 없지만, 모듈의 개수가 많아지면 개발자도 모듈을 관리하는데 부담이 생깁니다.

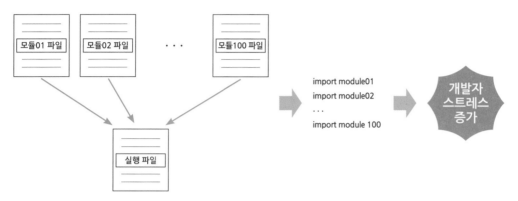

▲ 많은 모듈은 오히려 개발자에게 부담이 될 수 있다.

그럼 어떻게 해야 할까요? 패키지를 이용하면 됩니다. 패키지는 쉽게 폴더(디렉터리)라고 생각하면 되는데요, 컴퓨터에 사진이나 음원 파일이 많으면 폴더를 만들어서 관리하듯이, 모듈이 많아지면 성격이 비슷한 모듈끼리 묶어서 폴더(디렉터리)로 관리할 수 있고, 이것을 '패키지'라고 합니다.

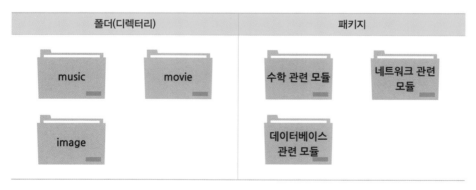

▲ 폴더(디렉터리)와 패키지

파이썬에서 패키지를 사용하기 위한 방법(문법)에 관해 알아보겠습니다. 모듈을 폴더로 묶는 것을 일반적으로 '패키징(Packaging)'이라고 하며, 패키징을 위해서는 먼저 폴더를 만들어야 합니다. 이번에는 한식, 중식, 일식을 판매하는 음식점을 기준으로 다음과 같이 kor, cha, jap 폴더를 만들어 kor에는 한식 메뉴, cha에는 중식 메뉴, jap에는 일식 메뉴의 모듈을 만들어 봅니다.

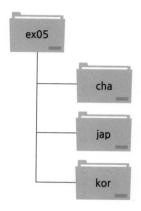

▲ 한식, 중식, 일식 메뉴 모듈의 디렉터리 구조

각각의 폴더에 들어있는 모듈(파이썬 파일)은 다음과 같습니다.

코드   ● 예제 파일   python\pjt\chapter10\ex05\ko\gimchi.py

```
01.  def makeGimchi( ):
02.          print(' --- makeGimchi( ) --- ')
```

코드   ● 예제 파일   python\pjt\chapter10\ex05\ko\gimbap.py

```
01.  def makeGimbap( ):
02.          print(' --- makeGimbap( ) --- ')
```

코드   ● 예제 파일   python\pjt\chapter10\ex05\cha\jjajang.py

```
01.  def makeJjajang( ):
02.          print(' --- makeJjajang( ) --- ')
```

○ 예제 파일 python\pjt\chapter10\ex05\cha\jjamppong.py

```
01.  def makeJjamppong( ):
02.          print(' --- makeJjamppong( ) --- ')
```

○ 예제 파일 python\pjt\chapter10\ex05\jap\sushi.py

```
01.  def makeSushi( ):
02.          print(' --- makeSushi( ) --- ')
```

○ 예제 파일 python\pjt\chapter10\ex05\jap\udon.py

```
01.  def makeUdon( ):
02.          print(' --- makeUdon( ) --- ')
```

필요한 모듈을 모두 만들었으면 폴더가 패키지 역할을 할 수 있도록 간단한 작업을 추가해야 합니다. 개발자는 내용(코드)이 없는 __init__.py 파일을 만들어야 합니다. 다음의 왼쪽 그림은 __init__.py과 패키지 구조입니다.

패키지가 준비되면 이제 패키지 모듈을 사용하는 'ex05.py'를 만듭니다. 'ex05.py'는 다른 모듈보다 상위에 존재해야 하며 코드는 다음의 오른쪽과 같습니다.

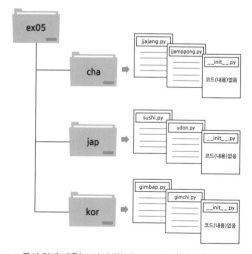

▲ 폴더 안에 내용(코드)이 없는 '__init__.py' 파일을 만든다.

▲ ex05.py 패키지 경로

```python
   # 필요한 모듈을 from과 import를 이용해서 가져온다.
01. from kor import gimchi
02. from kor import gimbap
03.
04. from cha import jjajang
05. from cha import jjamppong
06.
07. from jap import sushi
08. from jap import udon
09.
10. if __name__ == '__main__':
11.         print('\n --- KOREA FOOD ---')
12.         gimchi.makeGimchi( )
13.         gimbap.makeGimbap( )
14.
15.         print('\n --- CHINA FOOD ---')
16.         jjajang.makeJjajang( )
17.         jjamppong.makeJjamppong( )
18.
19.         print('\n --- JAPAN FOOD ---')
20.         sushi.makeSushi( )
21.         udon.makeUdon( )
            # 모듈을 사용한다.
```

실행 결과

```
 --- KOREA FOOD ---
 --- makeGimchi( ) ---
 --- makeGimbap( ) ---

 --- CHINA FOOD ---
 --- makeJjajang( ) ---
```

```
--- makeJjamppong( ) ---


--- JAPAN FOOD ---
--- makeSushi( ) ---
--- makeUdon( ) ---
```

▶ 알아두기

kor, jap, cha 폴더가 패키지 역할을 할 수 있는 것은 각각의 폴더에 __init__.py가 존재하기 때문입니다. 이때 __init__.py의 역할은 파이썬에 '이곳이 패키지이고, 패키지의 모듈 목록은 다음과 같다.'를 전달하는 것입니다. 중요한 파일이지만 한편으로는 누가, 언제 해도 아무 내용 없는 __init__.py를 만드는 일은 무의미해 보입니다. 그래서 파이썬 3.3부터는 __init__.py 파일이 없어도 폴더가 패키지 역할을 할 수 있습니다. 즉, 이제는 __init__.py 파일이 없어도 프로그램이 실행되는데 아무런 문제가 없다는 것입니다. 이 책에서 설명하는 파이썬 버전은 3.7.x로 __init__.py가 필요없지만, __init__.py를 설명하는 것은 파이썬 3.3 이하 버전의 프로그램을 유지 보수하거나 해당 환경에서 작업할 수도 있기 때문입니다. 프로그램 개발자는 항상 하위 버전과의 호환성을 고려해서 개발하는 것이 좋습니다.

④ 어디서나 접근 가능한 site-packages

패키지 구조를 살펴보면 모든 패키지는 실행 파일과 대등한 경로에 있어야 했습니다. 패키지 폴더가 상위 폴더에 있다면 실행 파일에서는 모듈을 찾을 수 없다는 점은 다소 불편합니다. 그래서 파이썬에서는 내장 모듈이 아닌 외부 모듈의 패키지를 어느 경로에서나 접근할 수 있도록 site-packages라는 디렉터리(폴더)를 제공합니다. 다음의 간단한 예제를 통해 확인해 봅니다.

코드
　　　　　　　　　　　　　　　　　　　　　　　○ 예제 파일　python\pjt\chapter10\ex06\ex06.py

```
01.  import sys
       # 내장 모듈 sys를 불러온다.

02.

03.  for path in sys.path:

04.           print(path)
               # sys 모듈의 path를 출력한다.
```

sys.path는 파이썬이 모듈을 검색하는 경로들을 리스트(List)로 나타냅니다. 다음의 결과를 보면 파이썬이 불러오는 모듈을 찾기 위해 여러 곳에서 경로를 검색하는 것을 알 수 있습니다.

```
c:\python\pjt\chapter10
c:\Users\ho_msi\AppData\Local\Programs\Python\Python37-32\python37.zip
c:\Users\ho_msi\AppData\Local\Programs\Python\Python37-32\DLLs
c:\Users\ho_msi\AppData\Local\Programs\Python\Python37-32\lib
c:\Users\ho_msi\AppData\Local\Programs\Python\Python37-32
c:\Users\ho_msi\AppData\Local\Programs\Python\Python37-32\lib\site-packages
```

▲ 모듈을 불러오면 위와 같은 경로에서 모듈을 검색한다.

이중에서 마지막 site-packages가 외부에서 모듈을 만들어 넣으면 언제든지 호출할 수 있는 경로입니다. 정말 그런지 간단한 실험을 해봅니다.

● 예제 파일   Users\ho_msi\AppData\Local\Programs\Python\Python37-32\Lib\site-packages\userPackage\calculator.py

코드

```python
01. # module
02. def add(x, y):
03.     return x + y
04.
05. def sub(x, y):
06.     return x - y
```

▲ site-packages/userPackage/calculator.py : 덧셈과 뺄셈 모듈

site-packages 하위 경로에 userPackage 디렉터리를 만들었습니다. 그리고 userPackage는 패키지되도록 __init__.py 파일을 넣습니다. 여기서 사용할 모듈은 calculator.py로 덧셈(add())과 뺄셈(sub()) 기능이 있습니다. 이렇게 하면 userPackage의 calculator.py 모듈을 어디서나 사용할 수 있는데요, 정말 그런

지 다음과 같이 'ex07.py'를 만들어 calculator 모듈을 사용해 봅니다.

코드　　　　　　　　　　　　　　　　　　**○ 예제 파일**　python\pjt\chapter10\ex07.py

```
01.  from userPackage import calculator
02.
03.  result = calculator.add(10, 20)
04.  print('calculator.add(10, 20) : {0}'.format(result))
05.
06.  result = calculator.sub(10, 20)
07.  print('calculator.sub(10, 20) : {0}'.format(result))
```

필자의 컴퓨터에서 예제의 'ex07.py' 파일은 'C:\python\pjt\chapter10' 디렉터리에 있습니다. 여기서 userPackage에 있는 모듈을 사용하기 위해 01행의 'from userPackage import calculator' 구문을 사용합니다.

파일명	저장 경로
ex07.py	C:\python\pjt\chapter10
calculator.py	C:\Users\ho_msi\AppData\Local\Programs\Python\Python37-32\Lib\site-packages\userPackage

'ex07.py'를 실행하면 다음과 같이 정상적인 결과가 나타납니다. 이처럼 site-packages는 어디서나 접근이 가능한 경로입니다.

실행 결과

```
calculator.add(10, 20) : 30
calculator.sub(10, 20) : -10
```

IT 기업으로 유명한 구글(Google)은 자사의 많은 서비스를 제공하기 위해서 Java와 파이썬을 정식 언어로 채택했습니다. 구글(Google) 서비스를 이용해서 프로그램을 개발하면 구글이 제공하는 수많은 모듈도 바로 site-packages에 저장됩니다.

01 실행 파일 만들기

Notepad++에서 Ctrl + N 을 눌러 새로운 파일을 만들고, Ctrl + Alt + S 를 눌러 파일을 저장합니다. 이때 C:\python\pjt\chapter10 폴더에 'example.py' 파일로 저장합니다.

02 모듈 만들기

다음으로 모듈을 만듭니다. 모듈은 sodaMachine 패키지의 machine.py를 이용합니다. 예제에서는 만들어진 'machine.py' 파일을 이용하지만, 직접 모듈을 만들어보기 바랍니다.

> ▶ 알아두기
>
> 예제에서는 이미 만들어진 'machine.py'를 이용하지만, 추후에 여러분들은 꼭 직접 모듈을 만들어보시가 바랍니다. 모듈은 직접 만들지 못하는 개발자는 무늬만 개발자입니다.

● 예제 파일 python\pjt\chapter10\sodaMachine\machine.py

```
01.  from abc import ABCMeta
02.  from abc import abstractmethod
03.
04.  class Soda:
     # 자판기에 들어가는 음료수 클래스(Soda)를 정의했다. getName( )를 이용해서 음료수 이름을 외부에서
     알 수 있다.
05.          def __init__(self, n):
06.                     self.name = n
07.
08.          def getName(self):
09.                     return self.name
10.
11.
```

297

```python
12.  class Machine(metaclass = ABCMeta):
     # 추상 클래스로 Machine을 정의했다. 자판기를 만들기 위해 꼭 구현해야 하는 음료수 추가(addSoda( ))
       와 삭제(removeSoda( ))를 선언만 했다.

13.          def __init__(self):
14.                  self.sodaList = []
15.
16.          @abstractmethod
17.          def addSoda(self):
18.                  pass
19.
20.          @abstractmethod
21.          def removeSoda(self):
22.                  pass
23.
24.
25.  class SodaMachine(Machine):
     # SodaMachine 클래스는 Machine 추상 클래스를 상속받아 음료수 추가(addSoda( ))와 삭제
       (removeSoda( ))를 구현하고 있다. 추상 클래스는 상속하는 클래스에 강제로 기능을 구현하게 만드는
       능력이 있다.

26.          def __init__(self):
27.                  self.sodaList = []
28.
29.          def addSoda(self, soda):
30.                  self.sodaList.append(soda)
31.
32.          def removeSoda(self):
33.                  if len(self.sodaList) > 0:
34.                          self.sodaList.pop(0)
35.
36.
37.  if __name__ == '__main__':
```

```
38.        sodaMachine = SodaMachine( );
39.        print('sodaMachine : {0}'.format(sodaMachine))
40.

41.        sodaMachine.addSoda(Soda('Cola'))
42.        sodaMachine.addSoda(Soda('Cider'))
43.        sodaMachine.addSoda(Soda('Fanta'))
44.

45.        for s in sodaMachine.sodaList:
46.                print(s.getName( ))
47.

48.        sodaMachine.removeSoda( )
49.

50.        for s in sodaMachine.sodaList:
51.                print(s.getName( ))
52.

53.        sodaMachine.addSoda(Soda('Cola'))
54.        sodaMachine.addSoda(Soda('Cola'))
55.

56.        for s in sodaMachine.sodaList:
57.                print(s.getName( ))
```

37~57행은 테스트 코드로 machine.py가 실행 파일일 때만 실행되며, 모듈로 사용될 때는 실행되지 않는다.

03 실행 파일 코딩하기

실행 파일을 작성해 봅니다. 이번 예제는 실무에 가장 가까운 예제인 만큼 꼭 직접 코딩해 보세요. 가장 먼저 sodaMachine 패키지의 machine 모듈을 사용하기 위해 다음과 같이 코딩합니다.

◉ 예제 파일   python\pjt\chapter10\example.py

```
01.  from sodaMachine import machine as m
```

04 모듈의 음료수 자판기 클래스(SodaMachine)를 이용해서 음료수 자판기 객체를 생성합니다.

```
03.  mySodaMachine = m.SodaMachine( );
04.  print('mySodaMachine : {0}'.format(mySodaMachine))
```

05 생성된 음료수 자판기에 음료수를 채워 넣기 위해 음료수 객체를 생성한 후 자판기에 추가(add( ))합니다.

```
06.  mySodaMachine.addSoda(m.Soda('Cola'))
07.  mySodaMachine.addSoda(m.Soda('Cola'))
08.  mySodaMachine.addSoda(m.Soda('Cola'))
09.  mySodaMachine.addSoda(m.Soda('Cider'))
10.  mySodaMachine.addSoda(m.Soda('Cider'))
11.  mySodaMachine.addSoda(m.Soda('Fanta'))
```

06 추가된 음료수 목록을 한눈에 보기 위해 다음과 같이 코딩합니다.

```
13.  for s in mySodaMachine.sodaList:
14.          print(s.getName( ))
```

07 지금까지 나의 음료수 자판기 객체(mySodaMachine)를 만드는 작업이 끝났습니다. 다음은 친구의 음료수 자판기(friendSodaMachine)를 만들어 봅니다.

```
16.  friendSodaMachine = m.SodaMachine( );
17.  print('friendSodaMachine : {0}'.format(friendSodaMachine))
18.
19.  friendSodaMachine.addSoda(m.Soda('Cola-zero'))
20.  friendSodaMachine.addSoda(m.Soda('Cola-zero'))
```

```
21.  friendSodaMachine.addSoda(m.Soda('Cola-zero'))
22.  friendSodaMachine.addSoda(m.Soda('Cider-zero'))
23.  friendSodaMachine.addSoda(m.Soda('Cider-zero'))
24.  friendSodaMachine.addSoda(m.Soda('Fanta-apple'))
25.  friendSodaMachine.addSoda(m.Soda('OranC-orange'))
26.
27.  for s in friendSodaMachine.sodaList:
28.          print(s.getName())
```

> ▶ 알아두기
>
> friendSodaMachine도 mySodaMachine 객체와 같고, 단지 자판기에 넣은 음료수 객체만 다릅니다. 클래스를 만드는 것은 필요할 때마다 객체를 쉽게 만들기 위해서입니다. 코딩한 자판기 객체를 응용하면 학사 관리 프로그램도 이처럼 쉽게 만들 수 있습니다.

08 자판기를 2대 만들었으니 손님을 받아야겠죠? 다음의 코드는 자판기에서 음료수가 팔리고 남은 음료수 목록을 나타냅니다.

```
30.  mySodaMachine.removeSoda()
31.  for s in mySodaMachine.sodaList:
32.          print(s.getName())
33.
34.  friendSodaMachine.removeSoda()
35.  for s in friendSodaMachine.sodaList:
36.          print(s.getName())
```

09 결과 출력하기

이제 코딩은 모두 끝났으니 [Ctrl]+[F6]을 눌러 프로그램을 실행합니다.

```
mySodaMachine : <sodaMachine.machine.SodaMachine object at 0x002FDE90>
Cola
Cola
Cola
Cider
Cider
Fanta
```

▲ mySodaMachine 및 자판기에 저장된 음료수 객체들

```
friendSodaMachine : <sodaMachine.machine.SodaMachine object at
0x00FC62D0>
Cola-zero
Cola-zero
Cola-zero
Cider-zero
Cider-zero
Fanta-apple
OranC-orange
```

▲ friendSodaMachine 및 자판기에 저장된 음료수 객체들

```
Cola
Cola
Cider
Cider
Fanta
```

▲ mySodaMachine에서 음료수 1개가 판매된 후 음료수 객체들

```
Cola-zero
Cola-zero
Cider-zero
Cider-zero
Fanta-apple
OranC-orange
```

▲ friendSodaMachine에서 음료수 1개가 판매된 후 음료수 객체들

학습 정리

1 모듈이란?

특정 기능을 포함하는 소프트웨어의 일부 부품으로, 재사용이 가능하고 서로 다른 모듈과 함께 사용할 수 있습니다. 개발자는 이미 만들어진 모듈을 이용해서 프로그램을 좀 더 빠르게 개발할 수 있으며, 파이썬에서는 파일 자체가 모듈의 단위입니다.

모듈을 사용하기 위해서는 import를 이용해서 해당 모듈을 불러오고, 이때 import 다음에 오는 모듈명은 파일명에서 확장자(.py)를 뺀 이름이 옵니다.

파일명.py → import 파일명

모듈명이 길면 짧게 치환할 수 있습니다. 이때 사용하는 키워드는 as입니다.

import 모듈명 as 모듈명의 새로운 이름

모듈을 불러와서 해당 모듈의 일부 기능만을 사용할 때는 'from ~ import'를 이용할 수 있습니다.

from 모듈명 import 기능명

from～import를 사용하면 모듈의 기능을 사용하는 곳에서 모듈명을 생략할 수 있으며, 다시 전체 기능을 사용할 때는 '*'를 사용합니다.

from 모듈명 import *

2 패키지란?

기능이 비슷한 모듈을 폴더로 묶은 것으로, 모듈을 묶는 것을 일반적으로 패키징(Packaging)이라고 합니다. 패키징된 모듈을 사용할 때도 'from～import'를 이용합니다.

from 패키지(폴더)명 import 모듈명

모듈을 패키지로 만들 때는 개발자가 임의로 폴더 안에 __init__.py 파일을 만들어야 하는데, 파이썬 3.3 버전부터는 __init__.py가 없어도 자동으로 __init__.py가 생성됩니다.

3 site-packages란?

파이썬에서는 외부 모듈의 패키지를 어느 경로에서나 접근할 수 있도록 site-packages 폴더를 제공합니다. site-packages의 경로는 다음과 같습니다.

```
c:\Users\컴퓨터이름\AppData\Local\Programs\Python\Python37-32\lib\
site-packages
```

직접 만들 모듈뿐만 아니라, 전 세계적으로 유명한 구글 등의 IT 회사에 배포하는 모듈도 이곳에 저장하면 어디서나 사용할 수 있습니다.

1 음료수 자판기 프로그램에 음료수마다 가격을 정하고 음료수가 판매될 때 자판기의 '잔
고'를 확인할 수 있는 기능을 만들어 보자.

코드 #1 ● 예제 파일 python\pjt\chapter10\sodaMachine01\machine.py

```python
01.  from abc import ABCMeta
02.  from abc import abstractmethod
03.
04.  class Soda:
05.          def __init__(self, n, p):
06.                      self.name = n
07.                      self.price = p
08.
09.          def getName(self):
10.                      return self.name
11.
12.
13.  class Machine(metaclass = ABCMeta):
14.          def __init__(self):
15.                      self.sodaList = []
16.
17.          @abstractmethod
18.          def addSoda(self):
19.                      pass
20.
21.          @abstractmethod
22.          def removeSoda(self):
23.                      pass
24.
```

```
25.
26.  class SodaMachine(Machine):
27.          def __init__(self, totalMoney):
28.                  self.sodaList = []
29.                  self.totalMoney = totalMoney
30.
31.          def addSoda(self, soda):
32.                  self.sodaList.append(soda)
33.
34.          def removeSoda(self):
35.                  if len(self.sodaList) > 0:
36.                          print('계산 전 잔고 :
{0} 원'.format(self.totalMoney))
37.                          print('음료수 가격 :
{0} 원'.format(self.sodaList[0].price))
38.                          self.totalMoney =
self.totalMoney - self.sodaList[0].price
39.                          print('계산 후 잔고 :
{0} 원'.format(self.totalMoney))
40.                          self.sodaList.pop(0)
41.
42.
43.  if __name__ == '__main__':
44.          sodaMachine = SodaMachine(10000);
45.          print('sodaMachine : {0}'.format(sodaMachine))
46.
47.          sodaMachine.addSoda(Soda('Cola', 500))
48.          sodaMachine.addSoda(Soda('Cider', 600))
49.          sodaMachine.addSoda(Soda('Fanta', 700))
50.
```

```
51.            for s in sodaMachine.sodaList:
52.                    print(s.getName())
53.
54.          sodaMachine.removeSoda()
55.
56.          for s in sodaMachine.sodaList:
57.                    print(s.getName())
58.
59.          sodaMachine.addSoda(Soda('Cola', 500))
60.          sodaMachine.addSoda(Soda('Cola', 500))
61.
62.          for s in sodaMachine.sodaList:
63.                    print(s.getName())
```

코드 #2   ● 예제 파일 python\pjt\chapter10\exercise01.py

```python
01.  from sodaMachine01 import machine as m
02.
03.  mySodaMachine = m.SodaMachine(10000);
04.  print('mySodaMachine : {0}'.format(mySodaMachine))
05.
06.  mySodaMachine.addSoda(m.Soda('Cola', 500))
07.  mySodaMachine.addSoda(m.Soda('Cola', 500))
08.  mySodaMachine.addSoda(m.Soda('Cola', 500))
09.  mySodaMachine.addSoda(m.Soda('Cider', 600))
10.  mySodaMachine.addSoda(m.Soda('Cider', 600))
11.  mySodaMachine.addSoda(m.Soda('Fanta', 700))
12.
13.  print('--- mySodaMachine sodaList ---')
14.  for s in mySodaMachine.sodaList:
15.            print(s.getName())
```

```
16.
17.  friendSodaMachine = m.SodaMachine(20000);
18.  print('\nfriendSodaMachine : {0}'.format(friendSodaMachine))
19.
20.  friendSodaMachine.addSoda(m.Soda('Cola-zero', 800))
21.  friendSodaMachine.addSoda(m.Soda('Cola-zero', 800))
22.  friendSodaMachine.addSoda(m.Soda('Cola-zero', 800))
23.  friendSodaMachine.addSoda(m.Soda('Cider-zero', 900))
24.  friendSodaMachine.addSoda(m.Soda('Cider-zero', 900))
25.  friendSodaMachine.addSoda(m.Soda('Fanta-apple', 1000))
26.  friendSodaMachine.addSoda(m.Soda('OranC-orange', 1100))
27.
28.  print('\n--- friendSodaMachine sodaList ---')
29.  for s in friendSodaMachine.sodaList:
30.          print(s.getName())
31.
32.  print('\n--- mySodaMachine removeSoda ---')
33.  mySodaMachine.removeSoda()
34.
35.  print('\n--- mySodaMachine sodaList ---')
36.  for s in mySodaMachine.sodaList:
37.          print(s.getName())
38.
39.  print('\n--- friendSodaMachine removeSoda ---')
40.  friendSodaMachine.removeSoda()
41.
42.  print('\n--- friendSodaMachine sodaList ---')
43.  for s in friendSodaMachine.sodaList:
44.          print(s.getName())
45.
```

```
46.  print('\n--- friendSodaMachine removeSoda ---')
47.  friendSodaMachine.removeSoda( )
48.
49.  print('\n--- friendSodaMachine sodaList ---')
50.  for s in friendSodaMachine.sodaList:
51.          print(s.getName( ))
52.
53.  print('\n--- friendSodaMachine removeSoda ---')
54.  friendSodaMachine.removeSoda( )
55.
56.  print('\n--- friendSodaMachine sodaList ---')
57.  for s in friendSodaMachine.sodaList:
58.          print(s.getName( ))
59.
60.  print('\n--- friendSodaMachine removeSoda ---')
61.  friendSodaMachine.removeSoda( )
```

```
mySodaMachine : <sodaMachine01.machine.SodaMachine object at
0x0031DE90>
--- mySodaMachine sodaList ---
Cola
Cola
Cola
Cider
Cider
Fanta

friendSodaMachine : <sodaMachine01.machine.SodaMachine object at
0x00899DD0>
```

309

```
--- friendSodaMachine sodaList ---
Cola-zero
Cola-zero
Cola-zero
Cider-zero
Cider-zero
Fanta-apple
OranC-orange

--- mySodaMachine removeSoda ---
잔고 : 10000
음료수 가격 : 500
잔고 : 9500

--- mySodaMachine sodaList ---
Cola
Cola
Cider
Cider
Fanta

--- friendSodaMachine removeSoda ---
잔고 : 20000
음료수 가격 : 800
잔고 : 19200

--- friendSodaMachine sodaList ---
Cola-zero
Cola-zero
Cider-zero
Cider-zero
Fanta-apple
OranC-orange
```

```
--- friendSodaMachine removeSoda ---
잔고 : 19200
음료수 가격 : 800
잔고 : 18400

--- friendSodaMachine sodaList ---
Cola-zero
Cider-zero
Cider-zero
Fanta-apple
OranC-orange

--- friendSodaMachine removeSoda ---
잔고 : 18400
음료수 가격 : 800
잔고 : 17600

--- friendSodaMachine sodaList ---
Cider-zero
Cider-zero
Fanta-apple
OranC-orange

--- friendSodaMachine removeSoda ---
잔고 : 17600
음료수 가격 : 900
잔고 : 16700
```

120cm 이상인 어린이만
탑승 가능한 놀이기구 만들기

학습 목표

● 완벽한 프로그램도 예상치 못한 상황에서 문제를 일으키는 경우가 있습니다. 이러한 문제가 발생했을 때 프로그램이 멈추지 않고 계속 실행되는 방법에 대해서 학습합니다.

우리는 일상생활에서 많은 시행착오를 겪습니다. 시험 문제를 틀리거나, 길을 걷다 넘어지거나, 때론 늦잠을 자서 학교에 지각하기도 합니다. 하지만 시험 문제를 틀렸다고 해서 학업을 포기하지 않고, 넘어졌다고 해서 가던 길을 멈추지 않습니다. 물론 늦잠을 잤다고 해서 학교에 안 가는 것도 아닙니다.

프로그램도 마찬가지입니다. 완벽하게 만들어진 컴퓨터 프로그램도 간혹 예상치 못한 상황에서 문제를 일으키곤 하는데요, 문제가 발생했다고 해서 프로그램이 멈추는 일은 없어야 합니다. 이번 챕터에서는 프로그램에서 예상치 못한 문제가 발생했을 때 어떻게 프로그램을 계속해서 실행할 수 있는지에 대해서 학습합니다.

'신장이 120cm 이상인 어린이만 탑승 가능한 놀이기구' 실행 미리 보기

컴퓨터의 오류와 예외 알아보기

try ~ except 문 알아보기

try ~ else 문 알아보기

finally 문 알아보기

Exception 클래스 알아보기

사용자 Exception 클래스 알아보기

'120cm 이상인 어린이만 탑승 가능한 놀이기구' 만들기

1 코드 미리 보기

Notepad++에서 chapter11 폴더의 'ex01.py' 파일을 불러옵니다.

★예제 파일 python\pjt\chapter11\ex01.py

```python
01. sHeight = 120
02.
03. class SmallestHeight(Exception):
04.         def __init__(self, e):
05.             super().__init__('앗! 이런!! 죄송합니다. 신장
이 미달입니다. {0}cm'.format(e))
06.
07. def checkHeight(height):
08.         if height >= sHeight:
09.             return height
10.         else:
11.             raise SmallestHeight(height)
12.
13. if __name__ == '__main__':
14.
15.         playFalg = True
16.         while playFalg:
17.             print('\n아래의 번호를 선택하세요.')
18.             print('1. 놀이기구 운영,\t2. 놀이기구 운영 종료')
19.
20.             userInputNum = int(input())
21.
22.             if userInputNum == 1:
```

```
23.                          try:
24.                                  print('아이 신장을 측정합니
다.')
25.                                  childHeight = int(input())
26.                                  result = checkHeight
(childHeight)
27.                          except SmallestHeight as e:
28.                                  print('{0}'.format(e))
29.                          else:
30.                                  print('아이의 신장은 {0}cm 입니
다. 즐거운 시간되세요.'.format(result))
31.
32.                  else:
33.                          playFalg = False
34.                          print('영업 종료입니다. 내일 오세요.')
```

놀이동산에서 사용할 수 있는 놀이기구 탑승 가능 신장 측정 프로그램을 만들어
봅니다. 어린이의 신장을 측정하여 120cm 이상이면 놀이기구 탑승이 가능하고,
120cm 미만이면 탑승이 거부되는 프로그램입니다. 만약 120cm 미만이라면 프로
그램에서 예외(Exception)를 발생시켜 탑승 거부 메시지가 출력됩니다.

2 프로그램 실행하기

Ctrl+F6을 눌러 프로그램을 실행하면 다음과 같은 결과가 출력됩니다.
'1. 놀이기구 운영'을 선택한 다음 아이의 신장을 측정(입력)한 결과 값을 이용해
신장이 120cm 미만인 경우 탑승 거부 메시지가 출력됩니다.

실행 결과

```
아래의 번호를 선택하세요.
1. 놀이기구 운영,        2. 놀이기구 운영 종료
1
```

아이의 신장이 120cm 이상인 경우 탑승을 수락합니다.

'2. 놀이기구 운영 종료'를 선택하면 놀이기구 영업이 종료된 것으로 프로그램이 종료됩니다.

이 같은 프로그램은 놀이기구뿐만 아니라 일상생활에 얼마든지 적용 가능한 프로그램입니다. 예를 들어, 마트에서 밤 12시가 지나면 계산기가 꺼져서 더 이상 영업할 수 없고, 19세 미만 어린이는 보호자 동의 없이 웹 사이트에 가입할 수 없는 프로그램 등이 비슷한 경우입니다. 그럼 이제 프로그램에서 예상치 못한 예외가 발생했을 때 프로그램의 실행을 멈추지 않고 예외를 피해가는 방법에 대해서 살펴보겠습니다.

1 컴퓨터에서 오류와 예외란?

컴퓨터 프로그램에 어떤 문제가 발생하면 우리는 흔히 '프로그램에 에러(Error)가 있다'고 합니다. 여기서 '에러'는 너무 광범위한 용어로 전력 문제(전력 차단), 네트워크 문제, 하드웨어 오동작, 천재지변(지진, 화재, 홍수 등), 시스템 오동작 등 컴퓨터와 관련된 문제를 가리킨다고 할 수 있습니다. 하지만 조금 다르게 생각하면 컴퓨터와 관련된 서비스를 이용하다가 전력 문제, 네트워크 문제, 하드웨어 고장 등으로 인한 서비스 중단은 프로그램에 문제가 있는 것이 아닌 외부 요소에 문제가 발생한 것이라고 할 수 있습니다. 그리고 이러한 요소들은 대부분 물리적인 요소로, 프로그램을 개발하는 개발자 입장에서는 예측하기 힘든 경우입니다. 따라서 이제부터 컴퓨터에서 말하는 '에러'를 하드디스크 고장, 네트워크 연결 문제, 전력 불안정 공급 등과 같은 물리적 요인들로 한정하기로 합니다. 반면 프로그램 자체에 문제가 있는 경우도 있는데요, 이러한 경우에 '예외'가 발생했다고 합니다. 예외는 순수하게 프로그램에서 발생하는 예상치 못한 문제로 숫자를 입력해야 하는데 문자를 입력한 경우, 어떤 수를 '0'으로 나누려고 하는 경우, 리스트(List)에 존재하지 않는 인덱스를 이용하는 경우 등입니다. 다음은 컴퓨터에서 '에러'와 '예외'를 구분한 예입니다.

네트워크 문제　　　　전력 문제

10+'a'　　　　10/0

숫자와 문자의 덧셈 연산　　0을 이용한 나눗셈 연산

listVar=[0,1,2]
listVar[3]

하드웨어 문제　　　　천재지변

잘못된 인덱스 참조

\- 에러 -　　　　　　　　　　\- 예외 -

▲ 컴퓨터에서 '에러'와 '예외'는 구분된다.

사실 '에러'와 '예외'의 용어를 엄밀히 구분할 필요는 없습니다. 오히려 더 중요한 내용은 프로그램의 예외에 대한 구분입니다. 프로그램에서 예외란 것은 문법적으로는 아무런 문제가 없지만 어떤 특정 상황에서 발생하는 문제입니다. 앞에서 만든 산술 연산과 관련된 함수를 다시 한번 살펴보겠습니다.

코드　　　　　　　　　　　　　**◑ 예제 파일** python\pjt\chapter11\ex02.py

```
01.  # 덧셈 연산 함수
02.  def addition(n1, n2):
03.      print('덧셈 연산 결과 : ')
04.      print(int(n1) + int(n2))
05.
06.      return
07.
08.  # 뺄셈 연산 함수
09.  def subtraction(n1, n2):
10.      print('뺄셈 연산 결과 : ')
11.      print(int(n1) - int(n2))
12.
13.      return
14.
15.  # 곱셈 연산 함수
16.  def multiplication(n1, n2):
17.      print('곱셈 연산 결과 : ')
18.      print(int(n1) * int(n2))
19.
20.      return
21.
22.  # 나눗셈 연산 함수
23.  def division(n1, n2):
24.      print('나눗셈 연산 결과 : ')
```

```
25.      print(int(n1) / int(n2))

26.

27.      return

28.

29.  firstNum = input( )

30.  secondNum = input( )

31.

32.  addition(firstNum, secondNum)

33.  subtraction(firstNum, secondNum)

34.  multiplication(firstNum, secondNum)

35.  division(firstNum, secondNum)
```

위의 함수들은 문법적으로 전혀 문제가 없는 완벽한 프로그램입니다. 따라서 사용자가 프로그램을 실행하면 파이썬 인터프린터는 프로그램을 실행해서 사용자로부터 입력을 기다리고, 사용자가 10과 20을 입력하면 다음과 같은 결과가 정상으로 출력됩니다.

실행 결과

```
10
20
덧셈 연산 결과 :
30
뺄셈 연산 결과 :
-10
곱셈 연산 결과 :
200
나눗셈 연산 결과 :
0.5
```

▲ 사용자가 숫자 '10'과 '20'을 입력했을 때

머릿속으로 계산해도 프로그램에는 아무런 문제가 없어 보입니다. 하지만 사용자가 다음과 같이 숫자가 아닌 문자를 입력하면 프로그램에 문제가 발생합니다.

```
10
a
덧셈 연산 결과 :
Traceback (most recent call last):
  File "c:\python\pjt\chapter11\ex02.py", line 32, in <module>
    addition(firstNum, secondNum)
  File "c:\python\pjt\chapter11\ex02.py", line 4, in addition
    print(int(n1) + int(n2))
ValueError: invalid literal for int() with base 10: 'a'
```

▲ 사용자가 숫자 '10'과 문자 'a'를 입력했을 때

출력된 문제의 내용은 사용자가 숫자가 아닌 문자('a')를 입력해서 덧셈 연산을 할수 없다는 메시지입니다. 또 다른 상황을 살펴봅니다.

```
10
0
덧셈 연산 결과 :
10
뺄셈 연산 결과 :
10
곱셈 연산 결과 :
0
나눗셈 연산 결과 :
Traceback (most recent call last):
  File "c:\python\pjt\chapter11\ex02.py", line 35, in <module>
    division(firstNum, secondNum)
  File "c:\python\pjt\chapter11\ex02.py", line 25, in division
    print(int(n1) / int(n2))
ZeroDivisionError: division by zero
```

▲ 사용자가 숫자 '10'과 '0'을 입력했을 때 실행 결과

이번에는 사용자가 피연산자로 모두 숫자('10'과 '0')를 입력해서 덧셈, 뺄셈, 곱셈 연산이 정상으로 진행되었지만, 나눗셈 연산에서 문제가 발생했습니다. 에러 내용은 나눗셈에서는 '0'으로 나눌 수 없다는 메시지입니다.

지금까지 몇 가지 실행 결과를 살펴봤는데요, 프로그램에서 '예외'는 문법적으로는 아무런 문제가 없어 파이썬 인터프린터가 정상으로 실행하지만, 위와 같이 사용자가 입력한 데이터 등에 문제가 발생한 것입니다.

'예외'는 '에러'와 다르게 프로그램 실행 중 발생하는 것으로 개발자는 이러한 예외에 대해서 사전에 책임을 져야 합니다. 그 이유는 예외가 발생했다고 해서 지금처럼 전체 프로그램이 멈추는 일은 없어야 하기 때문입니다. 완벽한 사람은 없듯이 100% 완벽한 프로그램도 없습니다. 따라서 개발자가 미처 예상하지 못한 상황에서 문제는 얼마든지 발생할 수 있으며 이러한 문제로 인해 프로그램 전체가 멈추면 그것은 큰 재앙이 될 수 있습니다. 위에서 설명한 프로그램은 매우 간단해서 못 느꼈을 수 있지만, 문제가 발생한 지점 외의 기능은 정상으로 실행되는 것이 프로그램의 올바른 실행이라고 할 수 있습니다. 다른 예를 살펴보겠습니다.

코드　　　　　　　　　　　　　● 예제 파일　python\pjt\chapter11\ex03.py

```
01.  firstNum = int(input( ))
     # 사용자로부터 데이터를 입력받아 정수(Integer)로 변환하고 firstNum 변수에 담는다.

02.  secondNum = int(input( ))
     # 사용자로부터 데이터를 입력받아 정수(Integer)로 변환하고 secondNum 변수에 담는다.

03.

04.  print('나눗셈 연산 결과 : {0}'.format(firstNum / secondNum))
     # 사용자가 입력한 데이터를 이용해서 나눗셈 연산을 한다.

05.  print('덧셈 연산 결과 : {0}'.format(firstNum + secondNum))
     # 사용자가 입력한 데이터를 이용해서 덧셈 연산을 한다.

06.

07.  print('\n사용자가 입력한 데이터 : {0}과 {1}'.format(firstNum,
     secondNum))
     # 사용자가 입력한 데이터를 출력한다.
```

위의 코드도 문법적으로 아무런 문제가 없는 프로그램입니다. 그럼 먼저 10과 2를 입력해 보겠습니다.

```
10
2
나눗셈 연산 결과 : 5.0
덧셈 연산 결과 : 12

사용자가 입력한 데이터: 10과 2
```

▲ 사용자가 숫자 '10'과 '2'를 입력했을 때

사용자가 입력한 '10'과 '2'를 이용해서 나눗셈, 덧셈 그리고 마지막의 사용자가 입력한 숫자 출력까지 모두 정상으로 프로그램이 실행됐습니다. 이번에는 '10'과 '0'을 입력해 보겠습니다.

```
10
0
Traceback (most recent call last):
  File "c:\python\pjt\chapter11\ex03.py", line 4, in <module>
    print('나눗셈 연산 결과 : {0}'.format(firstNum / secondNum))
ZeroDivisionError: division by zero
```

▲ 사용자가 숫자 '10'과 '0'을 입력했을 때

'10'과 '0'을 입력했더니 나눗셈, 덧셈 그리고 사용자가 입력한 데이터 출력까지 모든 기능이 실행되지 않았습니다. 우선 첫 번째 나눗셈 연산에서 예외가 발생한 것(04행)은 어떤 숫자를 '0'으로 나눌 수 없기 때문입니다. 덧셈 연산(05행)에서 숫자 '10'과 '0'은 덧셈하는데 아무런 문제가 없지만, 컴퓨터는 덧셈 연산을 실행하지 않고 프로그램을 종료했습니다. 그리고 마지막의 사용자 입력 데이터 출력 (07행)도 실행하지 않았습니다.

예외는 나눗셈에서 발생했으므로 문제가 없는 덧셈과 사용자 데이터 출력 기능이 실행되어야 마땅합니다. 애써 코딩한 프로그램에서 사소한 예외가 발생했다고 전체 프로그램을 중단한다는 것이 좀 야속하지만, 컴퓨터는 어떤 예외가 발생하면 프로그램 실행을 중단하고 종료하는 특징이 있습니다. 따라서 개발자는 예외가 발생할 수 있는 곳에 미리 예외를 피해갈 수 있는 장치를 만들어서 예외가 발생하더라도 전체 프로그램의 진행은 중단되지 않게 해야 합니다.

예외를 피해 가는 장치를 프로그래밍 언어에서는 '예외 처리'라고 하며, 이것은 보험과 같은 역할을 합니다. 교통사고를 당하면 보험회사에서 처리해줘서 우리가 일상 업무를 할 수 있는 것처럼, 예외 처리도 프로그램에서 예외가 발생하면 예외 처리 장치가 전담해서 문제를 해결하고, 프로그램은 계속해서 다른 기능을 실행하는 것입니다.

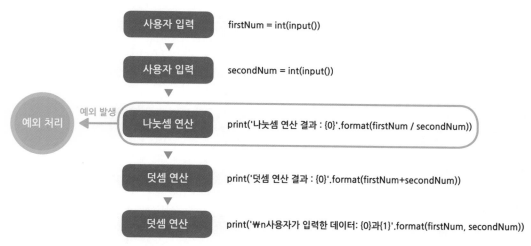

▲ 예외 처리를 하면 예외가 발생하더라도 전체 프로그램의 실행이 멈추지 않는다.

2 try~except 문

예외와 예외 처리의 개념에 대해서 살펴봤으니 계속해서 예외를 처리하는 방법 (문법)에 관해 살펴보겠습니다.

ex03.py에서는 사용자가 입력한 숫자가 '0'일 때 04행에서 예외가 발생했는데요,

예외가 발생하더라도 전체 프로그램이 멈추지 않고 끝까지 실행되도록 예외 처리를 하겠습니다. 예외 처리는 파이썬뿐만 아니라 다른 프로그래밍 언어에도 존재하며, 대표적인 예외 처리 구문은 try 문입니다. try 문의 사용 방법은 try 이후에 예외 발생이 예측되는 코드를 작성하고 혹시 예외가 발생했을 때의 코드를 except 이후에 작성합니다. 다음은 try~except 문의 사용 방법입니다.

예외가 발생할 수 있는 코드(ex. 10 / 0)

↓ 예외 처리

```
try:
    예외가 발생할 수 있는 코드
except:
    예외가 발생했을 때 실행 코드 ← 예외 처리 코드
    # try~except를 이용해서 예외 처리한다.
```

위의 구문을 통해서 ex03.py 코드를 예외 처리해 봅니다.

코드   ● 예제 파일   python\pjt\chapter11\ex04.py

```
01.  firstNum = int(input( ))

02.  secondNum = int(input( ))

03.

04.  try:

05.      print('나눗셈 연산 결과 : {0}'.format(firstNum / secondNum))
         # try 문으로 예외 발생이 예측되는 코드를 감싼다.

06.  except:

07.      print('예외 발생!!')
         # try 문에서 예외가 발생하면 예외 처리한다.

08.

09.  print('덧셈 연산 결과 : {0}'.format(firstNum + secondNum))

10.
```

```
11.  print('\n사용자가 입력한 데이터 : {0}과 {1}'.format(firstNum,
     secondNum))
```

04~07행에서 나눗셈 연산에 대한 예외 처리를 하고 있는데요, 만약 second
Num이 '0'이면 05행에서 예외가 발생하고 except 문이 실행됩니다. 여기서 중요
한 것은 'ex03.py'와 다르게 이제는 예외 처리를 했기 때문에 05행의 나눗셈 연산
에서 예외가 발생하더라도 프로그램 실행이 중단되는 게 아니라 except 문이 실
행된 후 계속해서 09행 이하의 덧셈 연산과 사용자 입력 데이터 출력 코드가 정
상으로 실행됩니다. 즉, 사용자가 secondNum에 '0'을 입력해도 프로그램이 멈추
지 않습니다. 다음은 try~except 문의 구조와 예외 발생 시 출력 결과입니다.

try:

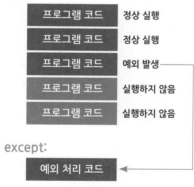

except:

▲ 예외가 발생하면 try 문의 예외 발생 이하 코드는 실행되지 않고 except 문이 실행된다.

실행 결과

```
10
0
예외 발생!!
덧셈 연산 결과 : 10

사용자가 입력한 데이터: 10과 0
```

▲ 사용자가 secondNum에 '0'을 입력했지만 예외 처리 덕분에 덧셈 연산도 실행됐다.

▶ 알아두기 **예외 처리**

처음 프로그램 언어에 입문한다면 예외 처리가 좀 생소하고 어색할 수 있지만 실제로 예외 처리 문법은 매우 간단해서 학습할 내용은 그리 많지 않습니다. 하지만 프로그램을 개발하면서 예외를 예측하고 처리한다는 것은 많은 경험에서 습득할 수 있는 지식으로, 지금처럼 간단한 예제를 이용해서 완벽하게 학습하기에는 무리가 있습니다. 따라서 지금은 예외 처리 방법에 대한 문법만을 완벽하게 익힌 다음 추후 프로그램을 직접 개발하면서 예외가 발생되는 부분을 찾아 예외 처리를 합니다. 실제로 필자도 프로그램을 개발하면서 처음부터 예외 발생을 예측하고 예외 처리를 하지 않습니다. 어느 정도 개발이 진행된 후에 많은 테스트와 시행착오를 통해서 예외 처리를 합니다.

3 try~else 문

예외 처리 구문으로 try~except 문을 살펴봤습니다. except 문과 다르게 예외가 발생하지 않은 경우 실행되는 else 문도 있습니다. 즉, except 문이 예외가 발생할 때 실행되는 코드라면 else 문은 예외가 발생하지 않았을 때 실행됩니다.

코드
⊙ 예제 파일   python\pjt\chapter11\ex05.py

```
01.  firstNum = int(input( ))
02.  secondNum = int(input( ))
03.
04.  try:
05.      print('나눗셈 연산 결과 : {0}'.format(firstNum / secondNum))
         # try 문으로 예외 발생이 예측되는 코드를 감싼다.
06.  except:
07.      print('예외 발생!!')
         # try 문에서 예외가 발생하면 except 문이 실행된다.
08.  else:
09.      print('정상 실행!!')
         # try 문에서 예외가 발생하지 않으면 else 문이 실행된다.
10.
```

```
11.    print('덧셈 연산 결과 : {0}'.format(firstNum + secondNum))
12.
13.    print('\n사용자가 입력한 데이터 : {0}과 {1}'.format(firstNum,
secondNum))
```

'ex05.py'에서 사용자가 숫자 '10'과 '5'를 입력하면 05행에서는 예외가 발생하지
않고 나눗셈 연산이 정상으로 실행됩니다. 그리고 예외가 발생하지 않았기 때문
에 06~07행의 except 문은 실행되지 않고, 08~09행의 else 문이 실행됩니다.
다음은 실행 결과를 나타내고 있습니다.

실행 결과

```
10
5
나눗셈 연산 결과 : 2.0
정상 실행!!
덧셈 연산 결과 : 15

사용자가 입력한 데이터: 10과 5
```

▲ 숫자 '10'과 '5'를 이용해서 정상 실행된 결과

else 문은 방금 살펴봤듯이 try 문에서 예외가 발생하지 않았을 때 실행됩니다.
else 문에는 몇 가지 특징이 있습니다.

• else 문은 홀로 사용할 수 없다

except 문은 홀로 사용해도 되고 else 문과 함께 사용해도 되지만, else 문은 홀
로 사용할 수 없습니다. 만약 else 문을 홀로 사용하면 문법적인 오류로 파이썬
인터프리터가 프로그램을 실행하지 않습니다. 다음은 else 문을 홀로 사용했을
때 발생하는 문법적 오류입니다.

```
… 중략
04. try:
05.     print('나눗셈 연산 결과 : {0}'.format(firstNum / secondNum))
06. #except:
07. #    print('예외 발생!!')
08. else:
09.     print('정상 실행!!')
… 중략
```

▲ chapter11/ex05.py를 일부 수정한 코드 : except 문을 사용하지 않고 else 문만 사용한 경우

```
File "c:\python\pjt\chapter11\ex05.py", line 8
    else:
      ^
SyntaxError: invalid syntax
```

▲ except 문 없이 else 문만 사용해서 문법적으로 오류가 발생했다.

• else 문은 중복해서 사용할 수 없다

except 문은 중복해서 사용할 수 있지만, else 문은 중복해서 사용할 수 없습니다. except 문을 중복해서 사용하는 것은 이후에 다시 살펴보고, 먼저 else 문을 중복해서 사용했을 때의 결과를 다음의 코드를 통해서 살펴봅니다.

```
… 중략
04. try:
05.     print('나눗셈 연산 결과 : {0}'.format(firstNum / secondNum))
06. except:
07.     print('예외 발생!!')
08. else:
```

```
09.        print('정상 실행!!')
10.   else:
11.        print('정상 실행!!!')
… 중략
```

▲ chapter11/ex05.py를 일부 수정한 코드 : else 문을 중복해서 사용한 경우

08~11행에서 else 문을 중복하여 사용하면 다음과 같은 에러가 발생합니다.

```
File "c:\python\pjt\chapter11\ex05.py", line 10
    else:
       ^
SyntaxError: invalid syntax
```

▲ else 문을 중복으로 사용해서 문법적인 오류가 발생했다.

위의 에러는 SyntaxError로 문법적으로 문제가 있음을 알려줍니다. 사실 조금만 생각해 보면 프로그램에 문제가 없을 때 실행되는 코드를 중복해서 작성할 필요도 없어 보입니다.

4 finally 문

finally 문은 except 문이나 else 문과 다르게 예외와는 상관없이 무조건 실행됩니다. 'ex06.py' 파일을 통해서 확인해 봅니다.

코드   ○ 예제 파일 python\pjt\chapter11\ex06.py
```
01.  firstNum = int(input())
02.  secondNum = int(input())
03.
04.  try:
05.        print('나눗셈 연산 결과 : {0}'.format(firstNum / secondNum))
             # try 문으로 예외 발생이 예측되는 코드를 감싼다.
```

```
06.  except:
07.      print('예외 발생!!')
         # try 문에서 예외가 발생하면 except 문이 실행된다.
08.  else:
09.      print('정상 실행!!')
         # try 문에서 예외가 발생하지 않으면 else 문이 실행된다.
10.  finally:
11.      print('항상 실행!!')
         # try 문의 예외 발생 여부와 상관없이 finally 문은 항상 실행된다.
12.
13.  print('덧셈 연산 결과 : {0}'.format(firstNum + secondNum))
14.
15.  print('\n사용자가 입력한 데이터 : {0}과 {1}'.format(firstNum,
     secondNum))
```

10행에서 finally 문이 사용됐는데, finally 문의 코드는 except 문 또는 else 문과 상관없이 항상 실행됩니다. 다음은 예외가 발생한 경우와 그렇지 않은 경우의 결과입니다.

예외가 발생한 경우	예외가 발생하지 않은 경우
10 0 예외 발생!! **항상 실행!!** 덧셈 연산 결과 : 10 사용자가 입력한 데이터 : 10과 0	10 20 나눗셈 연산 결과 : 0.5 정상 실행!! **항상 실행!!** 덧셈 연산 결과 : 30 사용자가 입력한 데이터 : 10과 20

▲ finally 문은 예외 발생 여부와 상관없이 항상 실행된다.

이렇게 finally 문은 예외 발생과 상관없이 실행되는 코드로, 주로 외부 자원 등을 사용한 후 자원을 해제할 때 사용됩니다. 컴퓨터 프로그램에서 외부 자원이라고 하는 것은 외부 데이터베이스, 파일 등에 연결하기 위한 자원을 일컫는 말로 이러한 외부 자원은 예외 발생 여부에 상관없이 작업이 끝나면 자원을 해제해야 합니다. 만약 자원을 해제하지 않으면 메모리가 누수되는 현상 등이 발생해서 시스템 메모리가 부족해지고, 결국 시스템 속도 저하 내지는 최악의 경우 시스템이 멈추는 일도 발생합니다. 쉽게 설명하면 'finally는 예외 발생 여부와 상관없이 항상 실행되는 코드로, 프로그램에서 꼭 실행해야 하는 코드가 있다면 finally 문을 사용한다.'고 기억합니다. 그리고 finally 문은 else 문과 다르게 except 문과 함께 사용해도 되고 홀로 사용해도 됩니다. 이것은 finally 문이 예외와 상관없다는 것을 나타냅니다. 다음은 finally 문이 홀로 사용된 예입니다.

코드

```
01.  firstNum = int(input( ))
02.  secondNum = int(input( ))
03.
04.  try:
05.      print('나눗셈 연산 결과 : {0}'.format(firstNum / secondNum))
06.  #except:
07.  #    print('예외 발생!!')
08.  #else:
09.  #    print('정상 실행!!')
10.  finally:
         # finally 문은 except 문 또는 else 문 없이 단독으로 사용할 수 있다.
11.      print('항상 실행!!')
12.
13.  print('덧셈 연산 결과 : {0}'.format(firstNum + secondNum))
14.
15.  print('\n사용자가 입력한 데이터 : {0}과 {1}'.format(firstNum,
     secondNum))
```

```
10
2
나눗셈 연산 결과 : 5.0
항상 실행!!
덧셈 연산 결과 : 12

사용자가 입력한 데이터 : 10과 2
```

▲ finally 문을 단독으로 사용한 결과

위의 결과는 정상 실행으로 예외가 발생하지 않은 경우입니다. 만약 finally 문이 홀로 쓰이다가 예외가 발생하면 어떻게 될까요? 확인하기 위해 숫자 '10'과 '0'을 입력해서 예외를 발생시켜 봅니다.

```
10
0
항상 실행!!
Traceback (most recent call last):
  File "c:\python\pjt\chapter11\ex06.py", line 5, in <module>
    print('나눗셈 연산 결과 : {0}'.format(firstNum / secondNum))
ZeroDivisionError: division by zero
```

▲ finally 문은 예외가 발생해도 반드시 실행된다.

결과는 ZeroDivisionError 예외가 발생했지만, finally 문도 실행됐습니다. 이렇게 finally 문이 홀로 쓰이는 경우는 극히 드물지만 알아 두세요.

5 Exception 클래스

try~except 문을 이용한 예외 처리는 프로그램이 중단되는 사태를 막았지만, 결과를 보면 '왜?' 예외가 발생했는지에 대한 내용은 출력되지 않았습니다.

```
try:
    ...
except:
    print('예외 발생!!')
```

↓ try 문에서 예외 발생

```
예외 발생!!
```

▲ try 문에서 예외가 발생하면 예외를 처리하는 except 문이 실행된다.

프로그램 언어에서는 예외가 발생하면 어떤 예외가 왜 발생했는지를 담당하는 클래스가 있습니다. 바로 Exception 클래스입니다. 다음은 try~except 문에 Exception 클래스를 이용해서 예외가 왜 발생했는지를 출력하는 예입니다.

코드　　　　　　　　　　　　　　　　　　　　◑ 예제 파일　python\pjt\chapter11\ex07.py

```python
01.  firstNum = int(input( ))
02.  secondNum = int(input( ))
03.
04.  try:
05.      print('나눗셈 연산 결과 : {0}'.format(firstNum / secondNum))
         # try 문으로 예외 발생이 예측되는 코드를 감싼다.
06.  except Exception as e:
07.      print('예외 발생!! : {0}'.format(e))
         # 예외가 발생하면 except 문이 실행되고, 예외를 담당하는 Exception 객체가 메모리에 생성된다.
08.  else:
09.      print('정상 실행!!')
10.  finally:
11.      print('항상 실행!!')
12.
13.  print('덧셈 연산 결과 : {0}'.format(firstNum + secondNum))
```

333

```
14.
15. print('\n사용자가 입력한 데이터 : {0}과 {1}'.format(firstNum,
secondNum))
```

06행을 보면 except 다음에 'Exception as e'를 명시했는데, 이것은 예외가 발생해서 파이썬이 Exception 클래스로부터 예외 객체를 생성했고 'e(error)'로 치환하겠다는 내용입니다. 07행에서 'e'를 출력한 결과는 다음과 같습니다.

실행 결과

```
10
0
예외 발생!! : division by zero
항상 실행!!
덧셈 연산 결과 : 10

사용자가 입력한 데이터 : 10과 0
```

▲ 예외가 발생했을 때 어떤 예외가 발생했는지 확인(출력)한다.

예외의 내용은 'division by zero'로 숫자 '0'으로 나눗셈 연산을 시도해서 발생한 것입니다. 여기서 'e'는 Exception 객체를 가리키는 인스턴스 변수와 같아서 꼭 'e'로 하지 않아도 됩니다. 'error', 'err' 등으로 해도 상관없으며 일반적으로 짧게 'e'를 많이 사용합니다.

사실 Exception 클래스는 많은 자식 클래스의 상위 클래스입니다. 대표적인 자식 클래스로는 ZeroDivisionError, IOError, IndexError 등이 있습니다. 다음은 Exception 클래스와 자식 클래스의 상속 관계를 나타내는 다이어그램입니다.

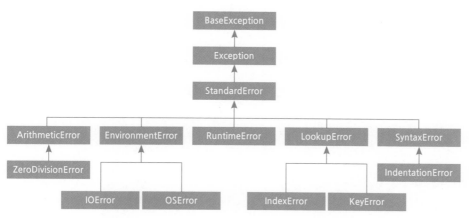

▲ 예외 관련 클래스의 상속 관계

ZeroDivisionError는 숫자 '0'을 이용해서 나눗셈할 때 발생하는 예외이고, IOError는 입/출력(Input/Output)에 관한 예외이며, IndexError는 리스트 (List)에서 잘못된 첨자를 참조할 때 발생하는 예외입니다. 파이썬에서는 예외가 발생하면 적합한 예외 클래스로부터 객체를 생성합니다. 'ex07.py' 파일에서 예외를 Exception으로 하지 않고 자식 클래스를 이용해서 다음과 같이 수정할 수 있습니다.

코드

● 예제 파일 python\pjt\chapter11\ex08.py

```
01.  firstNum = int(input( ))

02.  secondNum = int(input( ))

03.

04.  try:

05.      print('나눗셈 연산 결과 : {0}'.format(firstNum / secondNum))
         # try 문으로 예외 발생이 예측되는 코드를 감싼다.

06.  except ZeroDivisionError as e:

07.      print('ZeroDivisionError 예외 발생!! : {0}'.format(e))
         # 예외가 발생하면 except 문이 실행되고, 예외를 담당하는 ZeroDivision Error 객체가 메모리에
           생성된다.

08.  except Exception as e:
```

```
09.        print('예외 발생!! : {0}'.format(e))
           # 예외가 발생하면 except 문이 실행되고, 예외를 담당하는 Exception 객체가 메모리에 생성된다.

10.    else:
11.        print('정상 실행!!')
12.    finally:
13.        print('항상 실행!!')
14.
15.    print('덧셈 연산 결과 : {0}'.format(firstNum + secondNum))
16.
17.    print('\n사용자가 입력한 데이터 : {0}과 {1}'.format(firstNum,
       secondNum))
```

'ex08.py'에서는 예외를 세분화했습니다. 06행의 ZeroDivisionError는 Exception의 자식 클래스로 숫자를 '0'으로 나눴을 때 발생하는 예외를 담당하는 클래스입니다. 06행에 ZeroDivisionError를 명시하면 Exception보다 ZeroDivisionError가 먼저 예외를 처리하고 08행은 실행되지 않습니다. 사용자가 문자 등을 입력해서 ZeroDivisionError와 관련 없는 예외가 발생하면 ZeroDivisionError로는 예외를 처리할 수 없기 때문에 다음에 나오는 Exception이 예외를 처리합니다. 이것은 Exception 클래스가 모든 예외 클래스의 상위(부모) 클래스이기 때문입니다.

이번에는 다른 예제를 살펴보겠습니다. 'ex08.py' 파일에서 사용자가 숫자가 아닌 문자를 입력했을 때에도 예외가 발생했습니다. 다음의 코드는 이런 경우의 예외 발생과 예외 처리입니다.

코드   ◉ 예제 파일 python\pjt\chapter11\ex09.py

```
01.  try:
02.      firstNum = int(input())
03.      secondNum = int(input())
         # try 문으로 예외 발생이 예측되는 코드를 감싼다.
```

```
04.   except ValueError as e:

05.       print('ValueError 예외 발생!! : {0}'.format(e))

06.       firstNum = 1

07.       secondNum = 1
          # 예외가 발생하면 except 문이 실행되고, 예외를 담당하는 ValueError 객체가 메모리에 생성된
          다. 그리고 firstNum과 secondNum에 기본 값으로 '1'을 저장한다.

08.   except Exception as e:

09.       print('예외 발생!! : {0}'.format(e))

10.       firstNum = 1

11.       secondNum = 1
          # 예외가 발생하면 except 문이 실행되고, 예외를 담당하는 Exception 객체가 메모리에 생성된다.
          그리고 firstNum과 secondNum에 기본 값으로 '1'을 저장한다.

12.

13.   try:

14.       print('나눗셈 연산 결과 : {0}'.format(firstNum / secondNum))
          # try 문으로 예외 발생이 예측되는 코드를 감싼다.

15.   except ZeroDivisionError as e:

16.       print('ZeroDivisionError 예외 발생!! : {0}'.format(e))
          # 예외가 발생하면 except 문이 실행되고, 예외를 담당하는 ZeroDivision Error 객체가 메모리에
          생성된다.

17.   except Exception as e:

18.       print('예외 발생!! : {0}'.format(e))
          # 예외가 발생하면 except 문이 실행되고, 예외를 담당하는 Exception 객체가 메모리에 생성된다.

19.   else:

20.       print('정상 실행!!')
          # 예외가 발생하지 않으면 else 문이 실행된다.

21.   finally:

22.       print('항상 실행!!')
          # 예외 발생 여부와 상관없이 finally 문이 실행된다.

23.

24.   print('덧셈 연산 결과 : {0}'.format(firstNum + secondNum))

25.

26.   print('\n사용자가 입력한 데이터 : {0}과 {1}'.format(firstNum,
      secondNum))
```

사용자가 숫자를 입력하지 않은 경우 04행에서 ValueError 클래스를 이용해 예외 처리를 하고 firstNum과 secondNum에는 기본으로 숫자 1을 할당합니다. 이처럼 예외가 발생하더라도 전체 프로그램의 실행이 중단되는 사태를 막기 위해서 firstNum과 secondNum에 기본 값을 담는 등의 처리를 할 수 있습니다.

6 예외를 발생하는 raise

프로그램 실행에 문제가 있을 때 Exception을 상속한 클래스로부터 예외 객체가 생성됐습니다. 좀 더 깊이 생각해 보면, 클래스와 객체를 학습할 때 클래스의 생성자를 호출해야지 메모리에 객체를 생성한다고 했습니다. 그런데 Exception을 상속한 클래스는 생성자를 호출하지 않아도 자동으로 예외 객체가 생성되고 예외가 발생됐습니다. 그럼 누가 예외 클래스의 생성자를 호출했을까요? 다시 말해 누가 예외 객체를 생성했을까요? 정답은 바로 파이썬입니다. 프로그램 실행에 문제가 있을 때 파이썬은 자동으로 예외에 적합한 예외 클래스의 생성자를 호출해서 메모리에 예외 객체를 생성합니다(예외 발생).

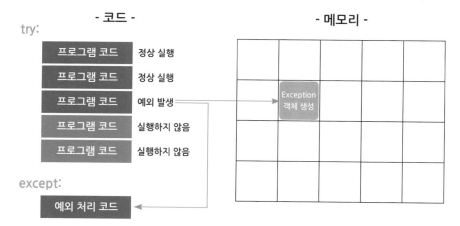

▲ 예외가 발생하면 파이썬이 예외 클래스의 생성자를 호출해서 메모리에 객체를 생성한다.

파이썬이 예외 객체를 생성한 것처럼 우리가 직접 예외 객체를 생성하기 위해서는 raise 키워드를 사용합니다. 즉, 강제로 예외를 일으키기 위해 사용하는 키워드가 바로 raise입니다. raise의 사용 방법은 강제로 예외를 발생시키는 곳에

'raise 예외 클래스(예외 문구)'만 넣으면 됩니다. 다음은 강제로 예외를 발생하는 예입니다.

코드

○ 예제 파일 python\pjt\chapter11\ex10.py

```
01. def cal(f, s):
        # cal( ) 함수를 정의한다.
02.     if(s != 0):
03.             print('덧셈 연산 결과 : {0}'.format(f + s))
04.             print('나눗셈 연산 결과 : {0}'.format(f / s))
            # 만약 s가 '0'이 아니면 덧셈과 나눗셈 연산을 한다.
05.     else:
06.             raise Exception('\'0\'으로 나눌 수 없습니다.')
            # 만약 s가 '0'이면 raise를 이용해서 예외를 발생한다.
07.
08. if __name__ == '__main__':
09.     firstNum = int(input('정수를 입력하세요. : '))
        # 사용자로부터 데이터를 입력받는다.
10.     secondNum = int(input('정수를 입력하세요. : '))
        # 사용자로부터 데이터를 입력받는다.
11.
12.     try:
13.             cal(firstNum, secondNum)
            # cal( ) 함수를 호출한다.
14.     except Exception as e:
15.             print('Error : {0}'.format(e))
            # 예외가 발생하면 Console 창에 출력한다.
```

09~10행에서 사용자로부터 숫자 2개를 입력받은 후 13행에서 cal()을 호출합니다. cal()에서는 조건문(if)을 이용해 사용자가 입력한 두 번째 데이터가 숫자 '0'이라면 06행에서 강제로 예외를 발생시킵니다. 발생된 예외는 cal()을 호출한

13행으로 다시 돌아가고 14행에서 예외가 처리됩니다. 이처럼 raise를 이용하면 파이썬이 예외를 발생시키지 않고 직접 특정 조건에서 강제로 발생시킬 수 있습니다. 예외가 발생한 후 예외 처리는 앞서 학습한 예외 처리와 같습니다.

강제로 예외를 발생시키고 예외를 처리할 때 조심해야 할 부분이 있습니다. 바로 클래스의 상속 관계입니다. Exception은 다른 예외 클래스의 부모 클래스 역할을 하며, 이것은 ZeroDivisionError, IOError, IndexError 등의 자식 클래스 역할을 부모 클래스가 대신 할 수 있는 것입니다. 따라서 ZeroDivisionError, IOError, IndexError 등으로 예외를 발생시키고 Exception으로 예외 처리하는 것이 가능합니다.

예외 발생 : raise Exception 예외 처리 : except Exception as e:	가능
예외 발생 : raise ZeroDivisionError 예외 처리 : except Exception as e:	가능
예외 발생 : raise IOError 예외 처리 : except Exception as e:	가능
예외 발생 : raise IndexError 예외 처리 : except Exception as e:	가능
예외 발생 : raise ValueError 예외 처리 : except Exception as e:	가능

▲ 자식 클래스로 예외를 발생시키고 부모 클래스로 예외를 처리한다.

하지만, 자식 클래스가 부모 클래스를 대신 할 수는 없기 때문에 Exception으로 발생한 예외를 ZeroDivisionError, IOError, IndexError 등을 이용해서 예외 처리하는 것은 불가능합니다.

예외 발생 : raise Exception 예외 처리 : except ZeroDivisionError as e:	불가능
예외 발생 : raise Exception 예외 처리 : except IOError as e:	불가능
예외 발생 : Exception 예외 처리 : except IndexError as e:	불가능
예외 발생 : Exception 예외 처리 : except ValueError as e:	불가능

▲ 부모 클래스로 예외를 발생시키고 자식 클래스로 예외를 처리할 수 없다.

다음은 'ex10.py' 파일을 변경한 코드로, 실제로 자식 클래스를 이용해서 예외가 발생했을 때 부모 클래스로 예외 처리를 한 코드와 실행 결과입니다.

```
... 중략

05.          else:
06.               raise Exception('\'0\'으로 나눌 수 없습니다.')

... 중략

14.          except ZeroDivisionError as e:
15.                    print('Error : {0}'.format(e))
```

```
10
0
Traceback (most recent call last):
  File "c:\python\pjt\chapter11\ex10.py", line 13, in <module>
    cal(firstNum, secondNum)
  File "c:\python\pjt\chapter11\ex10.py", line 6, in cal
    raise Exception('\'0\'으로 나눌 수 없습니다.')
Exception: '0'으로 나눌 수 없습니다.
```

▲ chapter11/ex10.py를 일부 수정한 코드와 실행 결과
　: Exception 클래스로 예외를 발생시키고 ZeroDivisionError로 예외를 처리할 수 없다.

7 사용자 예외 클래스(Exception 클래스 상속)

앞서 Exception 클래스를 상속하는 자식 클래스가 많다고 했는데, 가만히 생각해 보면 우리도 Exception 클래스를 상속해서 '나만의 예외 클래스'를 만들 수 있을 것 같습니다. 다음은 사용자가 Exception 클래스를 상속해서 NotUsefulNumber Exception 예외 클래스를 만든 예입니다.

```python
01. class NotUsefulNumberException(Exception):
    # Exception을 상속해서 NotUsefulNumberException 클래스를 정의한다.
02.         def __init__(self, data1, data2):
        # super()를 이용해서 상위 클래스의 __init__()를 호출한다.
03.             super().__init__('사용할 수 없는 데이터입니다.\t{0}, {1}'.format(data1, data2))
04.
05.
06. def cal(n1, n2):
07.     if n2 != 0:
08.         print('{0} + {1} = {2}'.format(n1, n2, (n1 + n2)))
09.         print('{0} / {1} = {2}'.format(n1, n2, (n1 / n2)))
        # 입력한 두 번째 데이터가 '0'이 아니면 덧셈 및 나눗셈 연산을 한다.
10.
11.     else:
12.         raise NotUsefulNumberException(n1, n2)
        # 입력한 두 번째 데이터가 '0'이면 NotUsefulNumberException 생성자
        # 를 호출해서 메모리에 예외 객체를 생성한다(예외 발생).
13.
14.
15. if __name__ == '__main__':
16.
17.     print('첫 번째 숫자를 입력하세요.')
18.     firstNum = int(input());
19.     print('두 번째 숫자를 입력하세요.')
20.     secondNum = int(input());
        # 사용자로부터 데이터를 입력받는다.
21.
```

```
22.          try:
23.              cal(firstNum, secondNum)
                 # 사용자가 입력한 데이터를 이용해서 cal( ) 함수를 호출한다.
24.          except NotUsefulNumberException as e:
25.              print('예외 발생!\t{0}'.format(e))
                 # cal( )에서 예외가 발생하면 Console 창에 예외를 출력한다.
26.          else:
27.              print('정상 실행!')
                 # cal( )에서 예외가 발생하지 않으면 Console 창에 '정상 실
                   행'을 출력한다.
```

06행의 cal( ) 함수는 2개의 매개 변수를 받아서 덧셈과 나눗셈 연산을 하는데, 만약 두 번째 매개 변수가 '0'이면 나눗셈을 할 수 없어 12행에서 사용자가 만든 NotUsefulNumberException을 이용해서 예외를 발생하고 발생된 예외는 24행에서 처리합니다. 여기서 NotUsefulNumberException 클래스는 개발자가 직접 만든 예외 클래스로, 직접 예외 클래스를 만들기 위해서는 우선 Exception 클래스를 상속한 후 __init__( )에서 super( )를 이용하여 Exception 클래스의 __init__( )를 호출합니다. 그리고 Exception 클래스의 __init__( )를 호출할 때 매개 변수로 예외 메시지를 전달합니다.

```
class 사용자 예외 클래스(Exception):
    def __init__(self):
        super( ).__init__(예외 메시지)
```

▲ 사용자 예외 클래스의 문법 구조

01 실행 파일 및 모듈 만들기

Notepad++에서 Ctrl+N을 눌러 새로운 파일을 만들고, Ctrl+Alt+S를 눌러
파일을 저장합니다. 이때 C:\python\pjt\chapter11 폴더에 'example.py' 파일
로 저장합니다.

02 실행 파일 코딩하기

먼저 제한 키 값을 설정합니다.

○ 예제 파일 python\pjt\chapter11\example.py

```
01.  sHeight = 120
```

03 예외가 발생했을 때(신장이 제한 키 값에 미치지 못한 경우) 예외 객체를 생
성하기 위한 클래스를 정의합니다.

```
03.  class SmallestHeight(Exception):
04.          def __init__(self, e):
05.                  super().__init__('앗! 이런!! 죄송합니다. 신장이 미
달입니다. {0}cm'.format(e))
```

04 checkHeight() 함수를 정의해서 어린이가 놀이기구를 탈 수 있는지, 그렇지
않은지를 체크합니다. 신장이 작아서 놀이기구를 탈 수 없으면 SmallestHeight를
이용해 예외를 발생합니다.

```
07.  def checkHeight(height):
08.          if height >= sHeight:
09.                  return height
10.          else:
11.                  raise SmallestHeight(height)
```

05 전역 변수 __name__을 이용해서 실행 파일인 경우에만 실행되도록 합니다.

```
13.    if __name__ == '__main__':
```

06 while 문을 이용해서 프로그램이 연속으로 실행되도록 합니다.

```
15.            playFalg = True
```

07 놀이기구 운영자로부터 '놀이기구 운영'과 '놀이기구 종료'를 선택하도록 합니다.

```
17.            print('\n아래의 번호를 선택하세요.')
18.            print('1. 놀이기구 운영,\t2. 놀이기구 운영 종료')
19.
20.            userInputNum = int(input())
```

08 놀이기구 운영자가 '놀이기구 운영'을 선택한 다음 어린이의 신장을 체크합니다.

```
22.                if userInputNum == 1:
23.                    try:
24.                        print('아이 신장을 측정합니다.')
25.                        childHeight = int(input())
```

09 어린이의 신장이 놀이기구를 탈 수 있는지 또는 탈 수 없는지를 판단하기 위해서 07행의 checkHeight()을 호출합니다.

```
26.                        result = checkHeight(childHeight)
```

10 checkHeight( )에서 '신장 미달' 예외가 발생하면 Console 창에 출력하고, 예외가 발생하지 않으면 어린이 놀이기구 탑승을 허가합니다.

```
27.                    except SmallestHeight as e:
28.                        print('{0}'.format(e))
29.                    else:
30.                        print('아이의 신장은 {0}cm입니다.
즐거운 시간되세요.'.format(result))
```

11 20행에서 놀이기구 운영자가 2번(놀이기구 운영 종료)을 선택하면 프로그램을 종료합니다. 반대로 1번을 선택하면 계속해서 프로그램을 실행하고 어린이 손님을 받습니다.

```
32.              else:
33.                  playFalg = False
34.                  print('영업 종료입니다. 내일 오세요.')
```

12 결과 출력하기
Ctrl + F6 을 눌러 프로그램을 실행합니다.

```
아래의 번호를 선택하세요.
1. 놀이기구 운영,        2. 놀이기구 운영 종료
1
아이 신장을 측정합니다.
120
아이의 신장은 120cm입니다. 즐거운 시간되세요.

아래의 번호를 선택하세요.
1. 놀이기구 운영,        2. 놀이기구 운영 종료
```

▲ 어린이 신장이 120cm인 경우

```
아래의 번호를 선택하세요.
1. 놀이기구 운영,        2. 놀이기구 운영 종료
1
아이 신장을 측정합니다.
110
앗! 이런!! 죄송합니다. 신장 미달입니다. 110cm

아래의 번호를 선택하세요.
1. 놀이기구 운영,        2. 놀이기구 운영 종료
```

▲ 어린이 신장이 110cm인 경우

```
아래의 번호를 선택하세요.
1. 놀이기구 운영,        2. 놀이기구 운영 종료
2
영업 종료입니다. 내일 오세요.
```

▲ 놀이기구 영업이 종료된 경우

학습 정리

1 예외란?

프로그램에서 예외란, 숫자를 입력해야 하는 곳에 문자가 입력된 경우, 숫자 0
을 이용해서 나눗셈 연산을 시도하는 경우, 리스트(List)에 존재하지 않는 인
덱스를 사용하는 경우 등으로 개발자가 미처 예상하지 못한 문제를 뜻합니다.
이러한 예외는 프로그램 전체 실행에 영향을 미쳐서 프로그램 실행이 중단되
는 사태가 벌어집니다. 개발자는 예외 처리를 통해서 예외가 발생하더라도 프
로그램이 중단되는 사태를 막아야 합니다.

2 try∼except 문

예외가 발생했을 때 예외를 처리하기 위해서 사용하는 구문으로 try 문에는 예
외 발생이 예상되는 코드를 기술하고, except 문에는 try 문에서 예외가 발생

했을 때 예외를 처리하기 위한 코드가 기술됩니다.

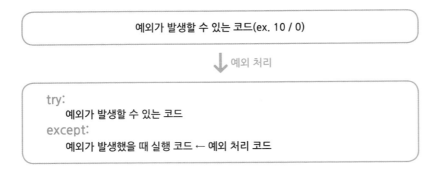

try 문은 예외가 발생하면 예외가 발생한 곳 이후의 코드를 실행하지 않고 바로 except 문이 실행됩니다.

3 else, finally 문

else 문은 예외가 발생했을 때 실행되는 except 문과 달리 예외가 발생하지 않은 경우에 실행됩니다. else 문은 except 문처럼 사용할 수 있지만 else 문 단독으로는 사용할 수 없으며, 중복 사용도 허용되지 않습니다.

try~except	try~except~else	else 단독 사용	else 중복 사용

try:
 ...
 except:
 ...
	try:
	 ...
	 except:
	 ...
	 else:
	 ...
		try:
		 ...
		 else:
		 ...
			try:
			 ...
			 except:
			 ...
			 else:
			 ...
			 else:
			 ...

가능	가능	불가능	불가능

finally는 예외 발생 여부와 상관없이 항상 실행되는 구문으로 주로 외부 자원 등을 사용하고 난후 자원을 해제할 때 사용합니다.

4 raise 키워드

프로그램에서 예외가 발생하면 파이썬에서 자동으로 예외 객체를 생성하는데, 개발자가 수동(강제)으로 예외를 발생시킬 수도 있습니다. 강제로 예외를 발행시킬 때 사용하는 키워드는 'raise'로 raise 다음에 예외 클래스를 명시합니다.

```
raise 예외 클래스(예외 문구)
ex) raise Exception('\'0\'으로 나눌 수 없습니다.')
```

raise를 이용해서 강제로 예외를 발생시키면 메모리에 예외 객체가 생성되고, 발생된 예외는 try~except 문을 이용해서 예외를 처리할 수 있습니다. 다음은 개발자가 이용할 수 있는 예외 관련 클래스와 상속도입니다.

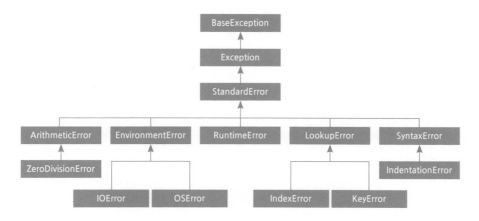

5 사용자 예외 클래스

파이썬에서 제공하는 예외 관련 클래스 외에도 개발자가 직접 예외 클래스를 만들 수 있습니다. 예외 클래스를 만들기 위해서는 Exception 클래스를 상속한 후 __init__()에서 super()를 이용하여 Exception 클래스의 __init__()

를 호출합니다. Exception 클래스의 __init__()를 호출할 때 매개 변수로 예외 메시지를 전달합니다.

```
class 사용자 예외 클래스(Exception):
    def __init__(self):
        super( ).__init__(예외 메시지)
```

사용자 예외 클래스는 raise를 이용해서 객체를 생성할 수 있으며, 발생된 예외는 try~except 문을 이용해서 예외 처리를 할 수 있습니다.

혼자 해 보기

1 탑승 제한 기준 값이 가변적인 프로그램을 만들어 보자.

| 코드 | ● 예제 파일 python\pjt\chapter11\exercise01.py |

```
01. class SmallestHeight(Exception):
02.         def __init__(self, e):
03.                 super( ).__init__('앗! 이런!! 죄송합니다. 신장
미달입니다. {0}cm'.format(e))
04.
05. def checkHeight(height):
06.         if height >= sHeight:
07.                 return height
08.         else:
09.                 raise SmallestHeight(height)
```

```python
10.
11.  if __name__ == '__main__':
12.
13.          playFalg = True
14.          while playFalg:
15.              sHeight = int(input('\n놀이기구 탑승 가능한 신장
을 입력하세요. : '))
16.
17.              print('\n아래의 번호를 선택하세요.')
18.              print('1. 놀이기구 운영,\t2. 놀이기구 운영 종료')
19.
20.              userInputNum = int(input())
21.
22.              if userInputNum == 1:
23.                  try:
24.                      print('아이 신장을 측정합니다.')
25.                      childHeight = int(input())
26.                      result = checkHeight
(childHeight)
27.                  except SmallestHeight as e:
28.                      print('{0}'.format(e))
29.                  else:
30.                      print('아이의 신장은 {0}cm 입니
다. 즐거운 시간되세요.'.format(result))
31.
32.              else:
33.                  playFalg = False
34.                  print('영업 종료입니다. 내일 오세요.')
```

놀이기구 탑승 가능한 신장을 입력하세요. : 160

아래의 번호를 선택하세요.
1. 놀이기구 운영,   2. 놀이기구 운영 종료
1
아이 신장을 측정합니다.
160
아이의 신장은 160㎝입니다. 즐거운 시간 되세요.

▲ 탑승이 가능한 경우

놀이기구 탑승 가능한 신장을 입력하세요. : 160

아래의 번호를 선택하세요.
1. 놀이기구 운영,   2. 놀이기구 운영 종료
1
아이 신장을 측정합니다.
150
앗! 이런!! 죄송합니다. 신장 미달입니다. 150㎝

▲ 탑승이 불가능한 경우

아래의 번호를 선택하세요.
1. 놀이기구 운영,   2. 놀이기구 운영 종료
2
영업 종료입니다. 내일 오세요.

▲ 놀이기구 영업 종료인 경우

용돈 기입장 만들기

● 데이터를 파일에 쓰고(Write) 읽는(Read) 방법에 대해서 학습합니다.

지금까지 사용자가 데이터를 입력(Input)하는 방법으로 input( ) 함수를 이용했으며, 반대로 데이터를 출력(Output)하는 방법으로는 print( ) 함수를 이용했습니다. 이러한 함수는 데이터를 일시적으로 입력하거나 파이썬 Console 창에 출력한 후 사라지므로 영구적이지 않습니다. 하지만 많은 프로그램들은 데이터를 영구 보관하고 사용해야 하는 일들이 발생합니다. 이번 챕터에서는 영구적으로 저장되는 파일에 데이터를 쓰고(Write), 읽는(Write) 방법에 대해서 학습합니다. 학습 후 다이어리, 전화번호부, 가계부, 출석부 등 데이터를 영구 보관하는 프로그램을 만들어 보세요.

'용돈 기입장' 실행 미리 보기

↓

읽기, 쓰기에 관한 기본 함수 알아보기

↓

파일 모드 알아보기

↓

with~as 문 알아보기

↓

writelines( ) 함수 알아보기

↓

readlines( ), readline( ) 함수 알아보기

↓

'용돈 기입장' 만들기

1 코드 미리 보기

Notepad++에서 chapter12 폴더의 'ex01.py' 파일을 불러옵니다.

★ 예제 파일 python\pjt\chapter12\ex01.py

```
01.  import time
02.  import datetime
03.
04.  def getTime( ):
05.      ts = time.time( )
06.      st = datetime.datetime.fromtimestamp(ts).strftime('%Y-%m-%d %H:%M:%S')
07.      return st
08.
09.  print('아래의 항목을 선택하세요.')
10.  print('1.입금 \t 2.출금')
11.  selectItem = int(input( ))
12.
13.  if selectItem == 1:
14.          print('입금액을 입력하세요.')
15.          money = int(input( ))
16.
17.          with open('C:/python/pjt/chapter12/money.txt', 'r') as f:
18.                  m = f.read( )
19.
20.          with open('C:/python/pjt/chapter12/money.txt', 'w') as f:
```

355

```
21.                                    f.write(str(int(m) + money))

22.

23.              print('입금 내역을 입력하세요.')

24.              memo = input( )

25.

26.              with open('C:/python/pjt/chapter12/pocketMoney
Register.txt', 'a') as f:

27.                                    f.write('-----------------------------
----------------\n')

28.                                    f.write(getTime( ) + '\n')

29.                                    f.write('[입금]' + memo + ' : ' + str
(money) + '원' + '\n')

30.                                    f.write('[잔액]' + str(int(m) +
money) + '원' + '\n')

31.

32.              print('기존 잔액 : {0}'.format(m))

33.              print('입금 후 잔액 : {0}'.format(int(m) + money))

34.              print('입금이 완료되었습니다.')

35.

36. elif selectItem == 2:

37.              print('출금액을 입력하세요.')

38.              money = int(input( ))

39.

40.              with open('C:/python/pjt/chapter12/money.txt', 'r')
as f:

41.                                    m = f.read( )

42.

43.              with open('C:/python/pjt/chapter12/money.txt', 'w')
as f:

44.                                    f.write(str(int(m) - money))
```

```
45.
46.               print('출금 내역을 입력하세요.')
47.               memo = input( )
48.
49.               with open('C:/python/pjt/chapter12/pocketMoney
Register.txt', 'a') as f:
50.                        f.write('----------------------------
----------------\n')
51.                        f.write(getTime( ) + '\n')
52.                        f.write('[출금]' + memo + ' : ' + '-'
+ str(money) + '원' + '\n')
53.                        f.write('[잔액]' + str(int(m) -
money) + '원' + '\n')
54.
55.
56.               print('기존 잔액 : {0}'.format(m))
57.               print('출금 후 잔액 : {0}'.format(int(m) - money))
58.               print('출금이 완료되었습니다.')
59.
60.  else:
61.               print('잘못 입력하셨습니다.')
```

용돈을 관리하는 용돈 기입장을 만들어 봅니다. 용돈을 받으면 전체 잔액이 증가하고 간단한 메모가 기록되며, 반대로 지출이 발생하면 전체 잔액이 감소하고 그에 따른 메모가 기록됩니다. 모든 입/출금 내용은 날짜와 시간이 함께 기록되어 사용자는 언제든지 시간 순서대로 입/출금 내역을 쉽게 확인할 수 있습니다.

2 프로그램 실행하기

Ctrl + F6 을 눌러 프로그램을 실행하면 다음과 같은 결과가 출력됩니다.

아래의 항목을 선택하세요.
1.입금   2.출금

용돈을 받으면 '1. 입금'을 선택하고 지출이 생기면 '2.출금'을 선택합니다.
1을 선택하면 입금액을 물어봅니다.

1
입금액을 입력하세요.

입금액(예 5,000원)을 입력한 후 입금 내역을 물어봅니다.

5000
입금 내역을 입력하세요.

입금 내역을 입력하면 기존 잔액(0원)과 입금 후의 잔액(5,000원)이 출력됩니다.

엄마 심부름
기존 잔액 : 0
입금 후 잔액 : 5000
입금이 완료되었습니다.

이번에는 지출의 경우를 살펴봅니다. 다시 Ctrl + F6 을 눌러 프로그램을 실행합니다.

```
아래의 항목을 선택하세요.
1.입금      2.출금
```

이번에는 '2. 출금'을 선택합니다. 출금액을 물어봅니다.

```
2
출금액을 입력하세요.
```

출금액(예 3,000원)을 입력한 후 출금 내역을 물어봅니다.

```
3000
출금 내역을 입력하세요.
```

출금 내역을 입력하면 기존 잔액(5,000원)과 출금 후의 잔액(2,000원)이 출력됩니다.

```
색연필 구매
기존 잔액 : 5000
출금 후 잔액 : 2000
출금이 완료되었습니다.
```

이제 입금과 출금 내역이 텍스트 파일에 정상으로 기록되었는지 확인하기 위해 다음의 경로에서 파일(money.txt, pocketMoneyRegister.txt)을 메모장 등에서 열어 봅니다.

● **예제 파일** python\pjt\chapter12\money.txt, pocketMoneyRegister.txt

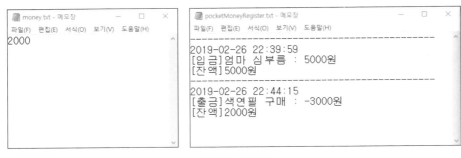

▲ 현재 잔액   ▲ 입/출금 상세 내역

'money.txt' 파일에는 현재 잔액이 기록되어 있으며, 'pocketMoneyRegister. txt' 파일에는 처음 프로그램의 실행부터 지금까지의 모든 입/출금 내역이 시간 순서대로 기록되어 있습니다.

12-2 문법 구문의 이해

■ 읽기, 쓰기에 관한 기본 함수

파이썬에서는 파일을 읽고, 쓰기 위한 함수로 read( )와 write( )를 제공합니다. read( )는 파일의 텍스트를 읽으며, 함수 실행 후 반환되는 데이터는 문자열입니다. 다음은 read( ) 함수의 기능을 나타냅니다.

파일   함수   문자열

▲ read( ) 함수는 파일의 텍스트를 읽고 문자열을 반환한다.

반대로 write()는 파일에 텍스트를 입력하는 기능을 가지며 매개 변수로 문자열을 넣어야 합니다. 여기에 입력되는 문자열은 파일에 기록되고, 함수 실행 후 반환되는 데이터는 파일에 기록된 문자의 개수를 반환합니다. 다음은 write() 함수의 기능을 나타냅니다.

파일　　　　　　　　**함수**　　　　　　　　　　　**문자열**

▲ write() 함수는 문자열을 파일에 쓰고 쓰여진 문자의 개수를 반환한다.

만약 write()에 매개 변수를 넣지 않으면, 다음과 같은 예외가 발생합니다. 예외는 write() 함수에 매개 변수를 꼭 넣어야 한다는 것입니다.

```
TypeError: write() takes exactly one argument (0 given)
```

▲ write() 함수에 매개 변수를 넣지 않아 예외가 발생했다.

파일에 데이터를 읽고, 쓰는 것은 read()와 write()를 이용하면 매우 간단하게 처리할 수 있지만 read()와 write() 함수를 바로 사용할 수는 없습니다. 파일에 데이터를 읽고 쓰는 것은 외부 자원(파일)에 접근해서 작업하는 것으로 우선적으로 외부 자원에 접근해야 하는 단계가 있으며, 작업(읽고/쓰기)이 모두 끝나면 다시 접근했던 외부 자원의 연결을 끊어야 하기 때문입니다.

파이썬은 매우 쉬운 프로그래밍 언어이기 때문에 외부 자원을 이용할 때에도 간단한 함수를 제공합니다. 바로 open()과 close() 함수입니다. open() 함수는 파이썬으로부터 외부 자원에 해당하는 파일에 대해 '열기' 기능을 가지며, open() 함수를 이용해서 파일을 연 후에는 파일의 데이터를 읽을 수 있고 반대로 쓰기도 가능합니다. 파일에 읽기 또는 쓰기 작업을 모두 마치면 다시 외부 자원에 해당하는 파일의 연결을 끊어야 하는데, 이때 close() 함수를 사용합니다. close() 함수는 파이썬으로부터 외부 자원에 해당하는 파일에 대해 '닫기' 기능을 가지며,

close( ) 함수를 이용해서 파일을 닫은 후에는 파일의 데이터를 읽을 수 없으며 반대로 쓸 수도 없습니다. 다음은 파일에 데이터를 읽거나 쓰기 위한 과정을 나타냅니다.

▲ open( )과 close( )를 이용한 파일 열기와 닫기

만약 파일을 열어서 읽거나 쓰기 작업이 끝난 후에 close( ) 함수를 호출하지 않으면 어떻게 될까요? 잠시 상상해보면 내 것이 아닌 외부 자원을 열어 작업하고, 계속해서 외부 자원을 내 것처럼 가질 것입니다. 그러면 외부 자원인 파일을 필요로 하는 다른 곳에서 사용할 수 없습니다. 또한 전체 시스템으로 보면 필요 없는 외부 자원이 계속해서 메모리를 사용하기 때문에 시스템에 부하가 발생하고, 최악의 상황에서는 시스템이 멈추는 현상까지 발생할 수 있습니다. 따라서 '열기(open( ))'해서 읽거나 쓰기 한 후에는 반드시 close( ) 함수를 이용하여 파일을 닫아야 함을 명심해야 합니다.

지금까지 파일에 데이터를 쓰고 읽기 위한 전체 작업 과정과 함수들을 알아봤는데요, 이제부터 함수들을 이용해 실제로 파일에 데이터를 쓰고, 읽어 봅니다.

• open( ), close( ) : 파일을 열거나 닫기 위한 함수

open( )은 파일을 열기 위해 사용하는 함수로 두 개의 매개 변수를 필요로 합니다. 첫 번째는 파일 경로와 이름을 명시하는 부분이고, 두 번째는 파일 모드로 파일을 '읽기' 전용으로 열 것인지, '쓰기' 전용으로 열 것인지를 명시합니다. 다음은 open( ) 함수의 예입니다.

```
open('C:/python/pjt/chapter12/test.txt', 'w')
# 첫 번째 매개 변수로 경로를 넣고, 두 번째에 모드를 넣는다.
```

위의 코드는 chapter12 폴더의 'test.txt' 파일을 찾아 '열기'를 실행하여 확인합니다. 'w'는 파일을 '열기'할 때 쓰기(write) 전용으로 연다는 의미입니다. 만약 chapter12 폴더에 'test.txt' 파일이 없으면 새로운 파일(test.txt)을 생성합니다. open( ) 함수는 실행 후에 반환 값으로 file 객체를 반환하는데, 여기서 반환되는 file 객체가 바로 메모리에 생성된 외부 자원인 파일입니다. 클래스와 객체를 학습할 때 메모리에 생성된 객체를 '인스턴스'라 하고, 객체의 메모리 주소를 담는 변수를 인스턴스 변수라고 했습니다. 따라서 open( ) 함수가 반환하는 파일 객체를 변수에 담아 사용할 수 있습니다. 다음은 open( ) 함수 실행 후 반환되는 파일 객체의 인스턴스 변수를 나타냅니다.

```
file = open('C:/python/pjt/chapter12/test.txt', 'w')
```

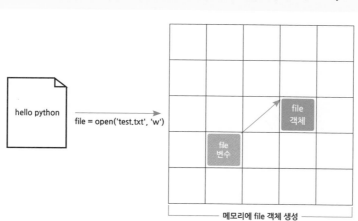

▲ 메모리에 생성된 file 객체와 인스턴스 변수

파일 '열기' 작업을 open( ) 함수와 두 개의 매개 변수를 이용해서 비교적 간단하게 처리한 것처럼, 파일의 읽기와 쓰기가 모두 끝난 후 파일을 '닫기'하는 작업도 close( ) 함수를 사용해서 간단하게 처리할 수 있습니다. 다음은 close( ) 함수의 사용 예입니다.

file.close( )

▲ 외부 자원의 연결을 해제하기 위해 close( ) 함수를 호출한다.

파일을 닫기 위해서는 open( ) 함수에서 반환된 파일 객체에 close( ) 함수만 호출하면 끝납니다. 이렇게 하면 메모리에 생성되었던 파일 객체는 메모리에서 사라지고 결국 파이썬에 연결되었던 외부 자원도 해제됩니다.

open( )과 close( ) 함수를 살펴봤으니 실제로 코드를 작성해 보겠습니다. 다음은 open( )과 close( ) 함수를 이용해서 파일의 열기와 닫기를 실행합니다.

| 코드 | ◐ 예제 파일 python\pjt\chapter12\ex02.py |

```python
01.  file = open('C:/python/pjt/chapter12/test.txt', 'w')
     # open( )을 이용해서 파일을 '쓰기' 모드로 열고 있다(외부 자원 연결).

02.

03.  file.close( )
     # close( )를 이용해서 파일을 닫고 있다(외부 자원 연결 해제).
```

01행에서는 chapter12 폴더에 'test.txt' 파일을 쓰기('w') 전용으로 열었(open( ))으며, 03행에서는 'test.txt' 파일을 닫고(close( )) 있습니다. 이렇게 파일을 열고, 닫아서 chapter12 폴더에는 다음과 같이 'test.txt' 파일이 새로 생성됩니다.

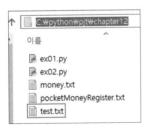

▲ C:/python/pjt/chapter12/ 폴더에 새로 생성된 'test.txt' 파일

메모장에서 'test.txt' 파일을 열면 아무런 내용이 없습니다. 이것은 아직 파일을 열고 닫기만 했지, 쓰지 않았기 때문입니다.

▲ 파일을 쓰지 않았기 때문에 'test.txt'에는 아무런 내용이 없다.

• write( ) : 파일에 데이터를 쓰는 함수

write( )는 파일에 데이터를 쓰기 위한 함수이며, 매개 변수로 문자열을 넣습니다. 다음은 파일에 'Hello python'을 쓰는 코드입니다.

코드   ◉ 예제 파일   python\pjt\chapter12\ex03.py

```
01.  file = open('C:/python/pjt/chapter12/test.txt', 'w')
     # open( )을 이용해서 파일을 '쓰기' 모드로 열고 있다(외부 자원 연결).

02.  file.write('Hello python')
     # write( )를 이용해서 'Hello python' 문자열을 쓰고 있다.

03.  file.close( )
     # close( )를 이용해서 파일을 닫고 있다(외부 자원 연결 해제).
```

write( )는 파일에 데이터를 '쓰기' 위한 함수입니다. 이때 매개 변수로는 문자 또는 문자열이 올 수 있으며, 매개 변수가 없다면 예외가 발생하기 때문에 반드시 매개 변수를 넣어야 합니다.

write( )의 반환 값은 파일에 쓰인 문자 개수입니다. file.write('Hello python')의 경우 공백 문자까지 포함해서 12개의 문자를 파일에 썼기 때문에 반환 값은 12입니다. 다음은 print( ) 함수를 이용해서 반환 값을 Console 창에 출력합니다.

◉ 예제 파일 python\pjt\chapter12\ex03.py

```
01.  file = open('C:/python/pjt/chapter12/test.txt', 'w')
     # open()을 이용해서 파일을 '쓰기' 모드로 열고 있다(외부 자원 연결).

02.  result = file.write('Hello python')
     # write()를 이용해서 문자열을 쓰고, 쓰인 문자의 개수를 반환받는다.

03.  print('type of result : {0}'.format(type(result)))
     # 반환받은 데이터 타입을 출력한다.

04.  print('result : {0}'.format(result))
     # 반환받은 데이터(문자 개수)를 출력한다.

05.  file.close()
     # close()를 이용해서 파일을 닫고 있다(외부 자원 연결 해제).
```

실행 결과

```
type of result : <class 'int'>
result : 12
```

write() 함수의 반환 값을 꼭 사용해야 하는 것은 아니며, 주로 문자열 데이터가 파일에 모두 정상으로 쓰였는지 확인하는 용도입니다. 다음의 예제를 살펴봅니다.

코드

◉ 예제 파일 python\pjt\chapter12\ex03_01.py

```
01.  str = input('문자(열)을 입력하세요 : ')
     # 사용자로부터 문자열을 입력받는다.

02.  strLen = len(str)

03.  print('사용자가 입력한 문자열의 길이 : {0}'.format(strLen))
     # 사용자가 입력한 문자열의 개수를 len() 함수를 이용해서 반환받고 출력한다.

04.

05.  file = open('C:/python/pjt/chapter12/test.txt', 'w')
     # open()을 이용해서 파일을 '쓰기' 모드로 열고 있다(외부 자원 연결).

06.  result = file.write(str)

07.

08.  print('\ntype of result : {0}'.format(type(result)))
     # 반환받은 데이터의 타입을 출력한다.
```

```
09.  print('result : {0}'.format(result))
     # 반환받은 데이터(문자 개수)를 출력한다.

10.  file.close( )
     # close( )를 이용해서 파일을 닫고 있다(외부 자원 연결 해제).

11.

12.  if strLen == result:

13.      print('\n문자(열)이 정상적으로 기록됐습니다.')

14.  else:

15.      print('\n문자(열)이 정상적으로 기록되지 못했습니다.')
     # 사용자가 입력한 문자열의 개수와 파일에 쓰인 문자열의 개수를 비교해서 문자열이 정상적으로
     기록되었는지 확인한다.
```

• read( ) : 파일의 데이터를 읽는 함수

read( )는 파일에 데이터를 읽기 위한 함수로 파일의 반환 값은 문자열입니다.
다음은 'test.txt' 파일을 읽은 데이터를 Console 창에 출력하고 있습니다.

코드   ● 예제 파일   python\pjt\chapter12\ex04.py

```
01.  file = open('C:/python/pjt/chapter12/test.txt', 'r')
     # open( )을 이용해서 파일을 '읽기' 모드로 열고 있다(외부 자원 연결).

02.  result = file.read( )
     # read( )를 이용해서 파일의 문자열을 읽는다.

03.  print('type of result : {0}'.format(type(result)))
     # 파일에서 읽은 데이터의 타입을 출력한다.

04.  print('result : {0}'.format(result))
     # 파일에서 읽은 데이터(문자열)를 출력한다.

05.  file.close( )
     # close( )를 이용해서 파일을 닫고 있다(외부 자원 연결 해제).
```

실행 결과

```
type of result : <class 'str'>
result : Hello python
```

▲ read( )의 반환 데이터 타입과 값

367

read( ) 함수에서 반환되는 값의 데이터 타입은 항상 문자열('str')입니다. 숫자처럼 보이는 문자를 읽은 후 종종 다음과 같은 실수를 합니다.

코드   **○ 예제 파일**   python\pjt\chapter12\ex05.py

```
01.  file = open('C:/python/pjt/chapter12/number.txt', 'r')
     # open( )을 이용해서 파일을 '읽기' 모드로 열고 있다(외부 자원 연결).

02.  result = file.read( )
     # read( )를 이용해서 파일의 문자열을 읽는다.

03.  print('result : {0}'.format(result))
     # 파일에서 읽은 데이터(문자열)를 출력한다.

04.  sum = result + 1
     # 파일에서 읽은 데이터와 정수를 이용해서 덧셈 연산을 시도한다.

05.  print('sum : {0}'.format(sum))
     # 덧셈 연산의 결과를 출력한다.

06.  file.close( )
     # close( )를 이용해서 파일을 닫고 있다(외부 자원 연결 해제).
```

실행 결과

```
result : 999
Traceback (most recent call last):
  File "c:\python\pjt\chapter12\ex05.py", line 4, in <module>
    sum = result + 1
TypeError: can only concatenate str (not "int") to str
```

04행에서는 'number.txt' 파일에서 읽은 데이터(result)에 덧셈('+') 연산을 합니다. result는 '999'로 숫자처럼 보이지만 read( ) 함수에 의해서 읽힌 데이터로 문자열('str')입니다. 따라서 04행의 덧셈 연산은 예외를 발생시키고 예외 내용은 'TypeError: can only concatenate str (not "int") to str'로 문자열과 문자열만 연결할 수 있다는 내용입니다. 만약 result를 int형으로 형 변환을 하면 문제없이 실행됩니다. 다음은 형 변환 후의 결과를 보여줍니다.

```
… 중략

04.        sum = int(result) + 1

… 생략
```

실행 결과

```
result : 999
sum : 1000
```

▶ 알아두기 **파일 경로 지정**

파일에 데이터를 쓰거나 읽을 때 경로를 C:/python/pjt/chapter12/ 폴더와 같이 지정했습니다. 만약 경로를 지정하지 않고 파일명('fileNameTest.txt')만 입력하면 어떻게 될까요? 경로를 지정하지 않으면 현재 사용하고 있는 코드 편집기에 따라서 파일 경로가 다르게 지정됩니다.

파이썬 코드 편집기를 사용하는 경우에는 코드 파일이 저장되어 있는 경로와 같은 경로에서 'fileNameTest.txt'를 찾습니다. 하지만 Notepad++와 같은 편집기를 사용하는 경우 Notepad++가 설치된 경로에서 'fileNameTest.txt'를 찾습니다. Notepad++를 이용해서 'fileNameTest.txt'가 Notepad++ 프로그램 설치 경로에 생성된 모습을 보여줍니다.

◉ 예제 파일 python\pjt\chapter12\ex06.py

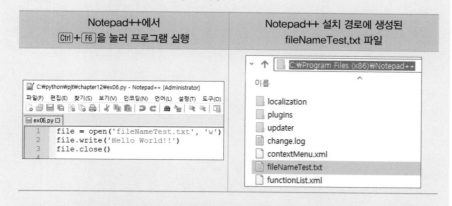

Notepad++에서 Ctrl + F6 을 눌러 프로그램 실행	Notepad++ 설치 경로에 생성된 fileNameTest.txt 파일

여러분에게 파일 경로와 이름을 조합한 형식을 추천합니다. 그 이유는 파이썬의 경우 다른 언어와 조금 다르게 파이썬 코드 편집기를 이용하는 개발자도 있지만, 지금처럼 Notepad++를 이용하는 개발자도 있기 때문에 전체 경로를 이용함으로써 IDLE에 따른 경로가 혼동되는 일을 사전에 예방하기 위해서입니다.

2 파일 모드

파일에 데이터를 쓰거나 읽을 때 open( ) 함수를 이용해서 외부 자원인 파일을 열었습니다(메모리에 파일 객체 생성). 이때 open( ) 함수에 파일을 쓰기 용도로 열 것인지 또는 읽기 용도로 열 것인지에 따라서 'w' 또는 'r'를 입력하는데, 이를 파일 모드라고 합니다. 이번에는 파일 모드에 관해 좀 더 자세히 살펴보겠습니다.

• 'w' 파일 모드 : 쓰기 전용(파일이 있으면 덮어씌움)

'w'는 쓰기 전용으로 파일을 엽니다. 만약 해당하는 파일이 없다면 새롭게 만들며, 파일명과 같은 파일이 있다면 기존 파일을 덮어씌우기 때문에 기존 파일의 내용은 모두 삭제됩니다. 다음은 'w'의 사용 방법을 나타냅니다.

`새로운 파일 생성`   ● 예제 파일 python\pjt\chapter12\ex07.py

```
01. file = open('C:/python/pjt/chapter12/fileModeW.txt', 'w')
02. file.write('Hello World!!')
03. file.close( )
```

`실행 결과`

`기존 파일 덮어씌움`

```
01. file = open('C:/python/pjt/chapter12/fileModeW.txt', 'w')
02. file.write('Hello python~~')
03. file.close( )
```

▲ 같은 파일이 존재하면 덮어씌운다.

'ex07.py' 파일에서 살펴봤듯이 'w' 모드는 파일이 있으면 기존 파일 내용을 모두 덮어씌우기 때문에 개발자는 항상 조심해야 합니다. 만약 시스템 로그 파일을 기록하기 위해 텍스트 파일을 이용하는 경우 'w'를 이용해서 파일을 '열기' 한다면 가장 최근의 로그만 기록되고 과거의 로그는 모두 삭제되기 때문입니다.

• 'a' 파일 모드 : 쓰기 전용(파일이 있으면 덧붙임)

'a'는 'w'처럼 쓰기 전용으로 파일을 열지만 차이점은 파일이 있다면 기존 파일 내용에 새로운 내용을 덧붙입니다. 다음은 'a'의 사용 방법을 나타냅니다.

새로운 파일 생성   ● 예제 파일   python\pjt\chapter12\ex08.py

```
01. file = open('C:/python/pjt/chapter12/fileModeW.txt', 'w')
02. file.write('Hello World!!')
03. file.close( )
```

실행 결과

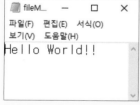

```
01. file = open('C:/python/pjt/chapter12/fileModeA.txt', 'a')
02. file.write('\nHello python~~')
03. file.close( )
```

▲ 같은 파일이 있으면 덧붙인다.

'a'는 파일이 있는 경우 기존 내용에 새로운 내용을 덧붙이기 때문에 과거의 데이터가 삭제되는 현상을 막을 수 있어 로그 파일 등에 사용합니다. 그리고 특수문자('\n', '\t' 등)를 사용해서 데이터를 보기 좋게 정렬할 수도 있습니다.

• 'x' 파일 모드 : 쓰기 전용(파일이 있으면 예외 발생)

'x'는 'a'처럼 쓰기 전용으로 파일을 열지만 차이점은 파일이 존재하는 경우 예외(FileExistsError)가 발생합니다. 다음은 'x'의 사용 방법을 나타냅니다.

○ 예제 파일   python\pjt\chapter12\ex09.py

```
01. file = open('C:/python/pjt/chapter12/fileModeX.txt', 'x')
02. file.write('Hello World!!')
03. file.close( )
```

```
01. file = open('C:/python/pjt/chapter12/fileModeX.txt', 'x')
02. file.write('\nHello python~~')
03. file.close( )
```

```
Traceback (most recent call last):
  File "c:\python\pjt\chapter12\ex10.py", line 1, in <module>
    file = open('C:/python/pjt/chapter12/fileModeX.txt', 'x')
FileExistsError: [Errno 17] File exists: 'C:/python/pjt/chapter12/
fileModeX.txt'
```

• 'r' 파일 모드 : 읽기 전용

'r'은 파일의 데이터를 읽기 위해서 파일을 열 때 사용합니다. 다음은 'r'의 사용 방법을 나타냅니다.

● 예제 파일 python\pjt\chapter12\ex10.py

```
01. file = open('C:/python/pjt/chapter12/fileModeR.txt', 'r')
02. str = file.read( )
03. print(str)
04. file.close( )
```

```
Hello World!!
Hello python~~
```

③ with~as 문

파일에 데이터를 읽거나 쓸 때 반드시 작업이 끝나면 close( ) 함수를 이용해 파일을 닫았습니다. 그런데 곰곰이 생각해 보면 close( ) 함수의 경우 파일을 닫는 기능으로 누구나, 언제든지 매번 호출해야 하는 점이 조금은 불편해 보입니다. 즉, close( )처럼 누가 해도 뻔한 작업은 파이썬이 좀 알아서 하면 좋을 것 같습니다. 그래서 파이썬에서는 with~as 구문을 이용해 개발자가 close( ) 함수를 호출하지 않아도 친절하게 자동으로 파일을 닫는 기능을 제공합니다. 즉, with~as는 개발자가 close( ) 함수를 호출하지 않아도 알아서 파일을 닫아, 파일을 닫지 않아 발생할 수 있는 시스템 에러를 방지합니다. 이처럼 파이썬은 개발자가 본연의 업무(읽기, 쓰기)에 집중하고 공통된 나머지 업무(파일 닫기) 등은 자동으로 해결하는 아주 스마트한 프로그래밍 언어입니다. 다음은 with~as 구문 사용 방법입니다.

with open( ) 함수 **as** 파일 객체(인스턴스) 변수:
파일 객체(인스턴스) 변수.write( ) 또는 파일 객체(인스턴스) 변수.read( )

▲ with~as 문 사용 방법

with~as 문 사용 방법은 매우 간단한데요, 먼저 open( ) 함수를 with 다음에 명시하고 open( )에서 반환된 파일 객체를 가리키는 변수를 as 다음에 명시합니다. 여기서 파일 객체를 가리키는 인스턴스 변수는 개발자가 편하게 만들며, 주로 'file' 또는 'f'로 합니다. with~as는 구문이기 때문에 끝에 ':'를 명시하고, 이후 파일 객체를 이용해서 쓰기(wirte( )) 또는 읽기(read( ))합니다. 다음은 기존의 코드를 with~as를 이용해서 변경한 예입니다.

코드   ● 예제 파일   python\pjt\chapter12\ex11.py

```
01. file = open('C:/python/pjt/chapter12/withAs.txt', 'a')
02. file.write('Hello World!!')
03. file.close( )
```

```
01. with open('C:/python/pjt/chapter12/withAs.txt', 'a') as file:
02.     file.write('Hello World!!')
```

▲ with~as 적용 코드

with~as 문을 이용하면 개발자가 실수로 close( ) 함수를 호출하지 않아 발생할 수 있는 시스템 에러 등을 사전에 방지할 수 있습니다. 이것은 with~as 문이 내부적으로 파일을 닫는 기능을 포함하기 때문입니다.

4 writelines( ) 메서드

이번에는 리스트(List) 타입의 데이터를 파일에 써야 하는 경우를 생각해 봅니다. 리스트는 여러 개의 데이터가 인덱스를 이용해서 나열된 형태로 모든 인덱스에 해당하는 데이터를 파일에 모두 쓰기 위해서는 for 문 등을 이용해서 데이터를 차례로 검색해야 합니다. 다음은 for 문을 이용해서 리스트의 데이터를 파일에 쓰고 있습니다.

코드　　　　　　　　　　　　　　　○ 예제 파일 python\pjt\chapter12\ex12.py

```
01.  list = ['hello python\n', 'hello c++\n', 'hello java\n']
        # 길이가 3인 리스트를 정의한다.
02.  for item in list:
03.      with open('C:/python/pjt/chapter12/writeLines.txt', 'a') as f:
04.          f.write(item)
            # for 문을 이용해서 리스트의 아이템을 'writeLines.txt' 파일에 쓴다.
```

02행에서는 for 문을 이용해서 리스트의 데이터를 검색하며, 03~04행에서는 리스트의 아이템을 파일에 씁니다.

▲ for 문을 이용해서 파일에 리스트 데이터를 기록한 결과

위의 방법은 리스트의 데이터를 파일에 쓰기 위해서 우리가 생각할 수 있는 가

장 쉬운 방법으로, 파이썬에서는 이보다 조금 더 간단한 방법을 제공합니다. 바로 writelines()를 이용하는 방법입니다. writelines()는 open()에서 반환되는 파일 객체의 메서드로, 매개 변수에 리스트를 넣으면 파일에 리스트의 모든 데이터를 '쓰기(write)' 하는 기능이 있습니다. 다음은 for 문 대신 writelines()를 사용해서 리스트의 데이터를 파일에 쓰고 있습니다.

코드

오 **예제 파일** python\pjt\chapter12\ex12.py

```
01.  list = ['hello python\n', 'hello c++\n', 'hello java\n']
        # 길이가 3인 리스트를 정의한다.

02.  with open('C:/python/pjt/chapter12/writeLines.txt', 'a') as f:
        # 'writeLines.txt' 파일을 쓰기 모드로 연다.

03.      f.writelines(list)
            # writelines()의 매개 변수로 리스트를 넣는다.
```

02행에서 with~as 문을 이용해 파일 객체를 쓰기 전용으로 열며, 03행에서는 open()에서 반환된 파일 객체에 writelines()를 호출해서 파일에 리스트 데이터를 쓰고 있습니다. writelines()는 일반적으로 많이 사용하지 않지만, 데이터베이스 등 외부 데이터를 가져오는 작업에서 데이터가 리스트 형태인 경우 종종 사용됩니다.

5 readlines( ), readline( ) 메서드

readlines()는 파일의 모든 데이터를 읽어서 리스트 형태로 반환합니다. 리스트 아이템을 구분하는 것은 데이터의 개행 문자('\n')를 이용합니다. 다음의 그림을 보면 쉽게 이해할 수 있습니다.

▲ readlines( )를 이용해서 텍스트 파일의 데이터를 리스트로 변경한다.

파일에는 총 3행의 텍스트가 있습니다. 보이지 않지만 행 구분은 문장 끝에 있는
개행 문자('\n')를 이용합니다.

```
hello python₩n ─┐
hello c++₩n ─────┼──→ 눈에 보이지 않는 개행 문자
hello java₩n ───┘
```

▲ 행의 끝에는 개행 문자가 존재한다.

readlines()는 파일의 모든 데이터를 읽을 때 개행 문자를 구분자로 이용해서 리
스트 타입의 데이터를 만듭니다. 즉, 3행의 문장을 가진 파일을 readlines()를 이
용해 데이터를 읽으면 길이가 3인 리스트 객체가 메모리에 생성되고, 100행의 문
장을 읽으면 길이가 100인 리스트 객체가 생성되는 것입니다. 다음은 readlines()
를 이용해서 실제로 'readLines.txt' 파일을 읽습니다.

코드   ○ 예제 파일 python\pjt\chapter12\ex13.py

```python
01. with open('C:/python/pjt/chapter12/readLines.txt', 'r') as f:
02.     tempList = f.readlines()
        # readlines()를 이용해서 파일의 데이터를 읽는다.
03.     print('type of f.readlines() : {0}'.format(type(tempList)))
04.     print('f.readlines() : {0}'.format(tempList))
        # 데이터 타입과 데이터를 Console 창에 출력한다.
```

실행 결과

```
type of f.readlines() : <class 'list'>
f.readlines() : ['hello python\n', 'hello c++\n', 'hello java\n']
```

readlines()가 파일의 모든 데이터를 읽는 반면, readline()는 한 행씩 읽는 기능
이 있습니다.

● 예제 파일 python\pjt\chapter12\ex14.py

```
01.  with open('C:/python/pjt/chapter12/readLine.txt', 'r') as f:
        # open()을 이용해서 파일을 '열기' 한다.

02.

03.      line = f.readline()
        # readline()을 이용해서 파일의 데이터를 한 줄씩 읽는다.

04.      while line != '':
05.                  print('line : {0}'.format(line), end='')
06.                  line = f.readline()
        # while 문을 이용해 파일에서 더 이상 읽을 데이터가 없을 때까지 계속 데
        이터를 읽는다.
```

03행에서 파일 객체의 readline( ) 메서드를 이용해 파일의 데이터 중 첫 번째 행을 읽고 있습니다. 파이썬이 하나의 행이라고 판단하는 기준은 개행 문자('\n')를 이용하며, 데이터를 읽다가 개행 문자를 만나면 읽기를 멈추고 지금까지 읽은 문자열을 반환합니다. 04행에서는 while 문을 이용해서 line이 공백 문자가 아니면 05행에서 읽은 문자열을 출력합니다. 그리고 06행에서 다음 행을 읽기 위해 다시 readline( ) 메서드를 호출합니다. while 문은 파일에 더 이상 읽을 텍스트가 없을 때까지 계속해서 순환하므로 결국 파일의 모든 데이터를 읽을 수 있습니다.

▶ 알아두기

05행의 print( ) 함수를 보면 두 번째 매개 변수로 'end="'를 넣었습니다. 이것은 파이썬 Console 창에 데이터가 출력될 때 두 번 개행되는 현상을 막기 위해서입니다. readline( )은 개행 문자가 나올 때까지 데이터를 읽기 때문에 반환되는 문자열 끝에는 개행 문자가 포함되어 있습니다. 그런데, print( ) 함수는 기본으로 데이터를 출력하고 개행합니다. 결국 중복해서 개행하는 현상이 발생하여 다음과 같은 결과가 출력됩니다.

05. print('line : {0}'.format(line))	line : hello python line : hello c++ line : hello java

▲ 중복으로 개행되었다.

개행이 중복되는 현상을 막기 위해 print( ) 함수의 개행을 막는 방법이 있습니다. 두 번째 매개변수로 'end="'를 넣으면 됩니다. 다음은 'end="'를 이용해서 개행이 한 번만 되도록 한 예입니다.

05. `print('line : {0}'.format(line), end='')`	`line : hello python`
	`line : hello c++`
	`line : hello java`

▲ end="를 이용해서 중복 개행을 막았다.

'end="'는 단지 Console 창에 데이터를 예쁘게 출력하기 위해서만이 아닙니다. print( ) 함수를 사용하다 보면 종종 개행 때문에 문제가 생기는데, 이때 'end="'를 이용해서 개행이 중복되는 현상을 차단할 수 있습니다.

12-3 용돈 기입장 만들기

01 실행 파일 만들기

Notepad++에서 Ctrl+N을 눌러 새로운 파일을 만들고, Ctrl+Alt+S를 눌러 파일을 저장합니다. 이때 C:\python\pjt\chapter12 폴더에 'example.py' 파일로 저장합니다.

02 실행 파일 코딩하기

시스템의 현재 시간을 가져오기 위해 time과 datatime 모듈을 불러옵니다. getTime( ) 함수를 만들어 언제든지 현재 시간을 얻을 수 있도록 합니다.

○ 예제 파일   python\pjt\chapter12\example.py

```
01.  import time
02.  import datetime
03.
04.  def getTime( ):
05.      ts = time.time( )
```

```
06.     st = datetime.datetime.fromtimestamp(ts).strftime('%Y-%m-%d
%H:%M:%S')
```
        # fromtimestamp( )는 시스템 시간을 보기 좋게 '년-월-일-시-분-초' 형태로 변경한다.

```
07.     return st
```

03 사용자로부터 입금 또는 출금을 선택하도록 합니다.

```
08.
09. print('아래의 항목을 선택하세요.')
10. print('1.입금 \t 2.출금')
11. selectItem = int(input( ))
12.
```

04 사용자가 1번을 선택한 경우 입금에 해당하는 내용을 기술합니다.

```
13. if selectItem == 1:
```

05 사용자로부터 입금액을 입력받고 정수형으로 형 변환합니다.

```
14.         print('입금액을 입력하세요.')
15.         money = int(input( ))
```

06 기존 잔액을 구하기 위해 'money.txt' 파일을 읽기 전용으로 열고 read( )로
데이터를 읽습니다.

```
16.
17.         with open('C:/python/pjt/chapter12/money.txt', 'r') as f:
18.                 m = f.read( )
19.
```

07 기존 잔액에 새로 입금한 금액을 더하기 위해 'money.txt' 파일을 쓰기 전용으로 열고 write( )로 데이터를 씁니다.

```
20.              with open('C:/python/pjt/chapter12/money.txt', 'w') as f:
21.                      f.write(str(int(m) + money))
22.
```

08 사용자로부터 입금 내역을 입력받습니다.

```
23.          print('입금 내역을 입력하세요.')
24.          memo = input( )
25.
```

09 입금 내역을 'pocketMoneyRegister.txt'에 쓰기 위해 파일을 쓰기 전용으로 열고 write( )를 이용해서 입금액, 잔액을 씁니다. 이때 과거의 입/출금 내역이 사라지면 안되기 때문에 'a' 모드로 파일을 엽니다.

```
26.              with open('C:/python/pjt/chapter12/pocketMoneyRegister.
txt', 'a') as f:
27.                      f.write('-------------------------------
-------------\n')
28.                      f.write(getTime( ) + '\n')
29.                      f.write('[입금]' + memo + ' : ' +
str(money) + '원' + '\n')
30.                      f.write('[잔액]' + str(int(m) + money) +
'원' + '\n')
31.
```

10 입금 정보를 Console 창에도 출력해서 정상으로 입금됐는지 확인합니다.

```
32.              print('기존 잔액 : {0}'.format(m))
33.              print('입금 후 잔액 : {0}'.format(int(m) + money))
34.              print('입금이 완료되었습니다.')
35.
```

11 사용자가 2번을 선택한 경우 출금에 해당하는 내용을 기술합니다.

```
36.  elif selectItem == 2:
```

12 사용자로부터 출금액을 입력받고 정수형으로 형 변환합니다.

```
37.              print('출금액을 입력하세요.')
38.              money = int(input())
```

13 기존 잔액을 구하기 위해 'money.txt' 파일을 읽기 전용으로 열고 read()로
데이터를 읽습니다.

```
39.
40.              with open('C:/python/pjt/chapter12/money.txt', 'r') as f:
41.                      m = f.read()
42.
```

14 기존 잔액에 출금한 금액을 빼기 위해서 'money.txt' 파일을 쓰기 전용으로 열고 write()로 데이터를 씁니다.

```
43.            with open('C:/python/pjt/chapter12/money.txt', 'w') as f:
44.                    f.write(str(int(m) - money))
45.
```

15 사용자로부터 출금 내역을 입력받습니다.

```
46.            print('출금 내역을 입력하세요.')
47.            memo = input( )
48.
```

16 출금 내역을 'pocketMoneyRegister.txt' 파일에 쓰기 위해서 파일을 쓰기 전용으로 열고 write()를 이용해 입금액과 잔액을 씁니다. 이때 과거의 입/출금 내역이 사라지면 안되기 때문에 'a' 모드로 파일을 엽니다.

```
49.            with open('C:/python/pjt/chapter12/pocketMoneyRegister.
txt', 'a') as f:
50.                    f.write('-----------------------------
------------\n')
51.                    f.write(getTime( ) + '\n')
52.                    f.write('[출금]' + memo + ' : ' + '-' +
str(money) + '원' + '\n')
53.                    f.write('[잔액]' + str(int(m) - money) +
'원' + '\n')
54.
```

17 출금 정보를 Console 창에도 출력해서 정상으로 출금됐는지 확인합니다.

```
55.
56.              print('기존 잔액 : {0}'.format(m))
57.              print('출금 후 잔액 : {0}'.format(int(m) - money))
58.              print('출금이 완료되었습니다.')
59.
```

18 사용자가 1번(입금) 또는 2번(출금)을 선택하지 않는 경우 내용을 기술합니다.

```
60. else:
61.              print('잘못 입력하셨습니다.')
```

19 결과 출력하기

이제 코딩은 모두 끝났으니 Ctrl + F6 을 눌러 프로그램을 실행합니다.

입금 선택

```
아래의 항목을 선택하세요.
1.입금     2.출금
1
입금액을 입력하세요.
3000
입금 내역을 입력하세요.
엄마 심부름
기존 잔액 : 0
입금 후 잔액 : 3000
입금이 완료되었습니다.
```

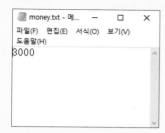

아래의 항목을 선택하세요.
1.입금   2.출금
2
출금액을 입력하세요.
1000
출금 내역을 입력하세요.
핫도그 구매
기존 잔액 : 3000
출금 후 잔액 : 2000
출금이 완료되었습니다.

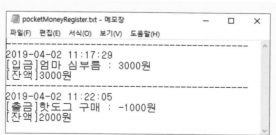

1 파일 쓰기/읽기 기본 메서드

파이썬에서는 파일의 데이터를 읽고, 쓰기 위한 함수로 read()와 write()를 제공합니다. read()는 파일의 텍스트를 읽는 기능을 가지며, write()는 파일에 텍스트를 쓰는 기능을 가집니다. 데이터를 읽고, 쓰기 위해서는 먼저 파일에 연결해야 합니다. 이것을 파일 오픈(open)이라고 하며 open() 함수를 이용해서 파일을 엽니다. 작업이 끝난 파일은 다시 닫아야 하는데, 이것을 클로즈(close)라 하고 close() 함수를 이용해서 파일을 닫습니다.

2 파일 모드

파일을 열 때 어떤 방식을 사용할지 결정해서 open() 함수의 두 번째 매개 변수에 넣어야 합니다. 다음은 대표적인 모드입니다.

파일 오픈 모드	내용
w	쓰기 전용 : 파일 데이터를 쓰기 위해서 파일을 열 때 사용합니다. 만약 기존 파일이 있으면 덮어 씌웁니다.
a	쓰기 전용 : 파일 데이터를 쓰기 위해서 파일을 열 때 사용합니다. 만약 기존 파일이 있으면 덧붙입니다.
x	쓰기 전용 : 파일 데이터를 쓰기 위해서 파일을 열 때 사용합니다. 만약 기존 파일이 있으면 예외가 발생합니다.
r	읽기 전용 : 파일 데이터를 읽기 위해서 파일을 열 때 사용합니다.

3 with~as 문

파이썬에서는 with~as 문을 이용해 개발자가 close() 함수를 호출하지 않아도 자동으로 파일을 닫는 기능을 제공합니다. 다음은 with~as 문 사용 방법입니다.

> **with** open( ) 함수 **as** 파일 객체(인스턴스) 변수:
>   파일 객체(인스턴스) 변수.write( ) 또는 파일 객체(인스턴스) 변수.read( )

4 writelines( ), readlines( ), readline( ) 메서드

파이썬에서는 리스트(List) 타입의 데이터를 파일에 쓰거나, 반대로 파일의 텍스트를 리스트 타입으로 읽는 기능을 제공하고 있습니다.

- **writelines( )**

  리스트(List) 타입의 데이터를 파일에 쓰는 함수로 매개 변수로 리스트를 넣습니다.

- **readlines( )**

  파일의 모든 데이터를 리스트로 반환하며, 이때 리스트의 아이템을 구분하는 것은 파일 데이터의 개행 문자('Wn')를 기준으로 합니다.

- **readline( )**

  readlines( )는 파일의 모든 데이터를 읽는 반면, readline( )은 한 행만을 읽습니다. 행을 구분하는 기준은 readlines( )과 마찬가지로 개행 문자('Wn')를 이용합니다.

1 일정 금액 이상을 출금(지출)하면 경고가 기록되는 용돈 기입장을 만들어 보자.

> **해답 코드** ● 예제 파일 python\pjt\chapter12\exercise01.py

```
01.  import time
02.  import datetime
03.
04.  limitSpendMoney = 2000
05.
… 'example.py'와 같은 코드로 중략
37.
38.  elif selectItem == 2:
39.              print('출금액을 입력하세요.')
40.              money = int(input( ))
41.
42.              if money > limitSpendMoney:
43.                      with open('C:/python/pjt/chapter12/
alarmNote.txt', 'a') as f:
44.                              f.write('-------------
------------------------------\n')
45.                              f.write(getTime( ) +
'\n')
46.                              f.write('너무 많은 금액
을 지출했습니다. 혼나야겠습니다.\n')
47.                              f.write('[출금액]' +
str(money) + '원' + '\n')
48.
49.              with open('C:/python/pjt/chapter12/money.txt', 'r')
as f:
50.                      m = f.read( )
51.
… 'example.py'와 같은 코드로 생략
```

money.txt	pocketMoneyRegister.txt	alarmNote.txt

money.txt — □ ×
파일(F) 편집(E) 서식(O) 보기(V)
도움말(H)
10000

pocketMoneyRegister.txt - 메모장 — □ ×
파일(F) 편집(E) 서식(O) 보기(V) 도움말(H)
2019-04-02 11:46:59
[입금]할아버지 심부름 : 10000원
[잔액]10000원

alarmNote.txt - 메모 — □ ×
파일(F) 편집(E) 서식(O) 보기(V) 도움말(H)

▲ 입금인 경우

money.txt	pocketMoneyRegister.txt	alarmNote.txt

money.txt — □ ×
파일(F) 편집(E) 서식(O) 보기(V)
도움말(H)
8200

pocketMoneyRegister.txt - 메모장 — □ ×
파일(F) 편집(E) 서식(O) 보기(V) 도움말(H)

2019-04-02 11:46:59
[입금]할아버지 심부름 : 10000원
[잔액]10000원

2019-04-02 11:49:06
[출금]핫도그 구매 : -1800원
[잔액]8200원

alarmNote.txt - 메모 — □ ×
파일(F) 편집(E) 서식(O) 보기(V) 도움말(H)

▲ 지출(출금)이 2,000원 이하인 경우

money.txt	pocketMoneyRegister.txt	alarmNote.txt

money.txt — □ ×
파일(F) 편집(E) 서식(O) 보기(V)
도움말(H)
3200

pocketMoneyRegister.txt - 메모장 — □ ×
파일(F) 편집(E) 서식(O) 보기(V) 도움말(H)
2019-04-02 11:46:59
[입금]할아버지 심부름 : 10000원
[잔액]10000원

2019-04-02 11:49:06
[출금]핫도그 구매 : -1800원
[잔액]8200원

2019-04-02 11:51:46
[출금]하겐다즈 아이스크림 구매 : -5000원
[잔액]3200원

alarmNote.txt - 메모장
파일(F) 편집(E) 서식(O) 보기(V) 도움말(H)
2019-04-02 11:51:38

너무 많은 금액을 지출했습니다. 혼나야겠습니다.
[출금액]5000원

▲ 지출(출금)이 2,000원을 초과한 경우

Notepad++를 이용한 파이썬 프로그래밍

파이썬을 설치하면 개발자는 개발 툴로 파이썬 쉘(Shell) 또는 코드 편집기(Code Editor)를 이용해서 프로그래밍할 수 있습니다. 하지만, 다른 프로그래밍 언어의 개발 툴보다 기능이 다소 떨어지고, 이것은 곧 개발자의 스트레스를 증가시킬 수 있습니다. 따라서 일반적으로 파이썬에서 제공하는 개발 툴보다 조금 더 편리한 툴을 사용합니다. 여기서 소개하는 툴은 무료로 누구나 쉽게 사용할 수 있는 Notepad++입니다. Notepad++는 파이썬에서만 사용하는 툴이 아니라 거의 모든 프로그래밍 언어에 사용할 수 있습니다. 또한 프로그램 개발이 아니라도, 윈도우에 기본으로 설치된 메모장 대용으로도 많이 사용합니다. 그럼 다음의 Notepad++ 설치와 설정을 따라해 봅니다.

■ Notepad++ 다운로드하기

Notepad++는 공식 홈페이지 또는 검색 사이트를 통해 쉽게 다운로드할 수 있습니다. 여기서는 공식 홈페이지에서 다운로드합니다. 만약 검색 사이트에서 다운로드하기 위해서는 검색 창에 'Notepad++'를 입력하면 바로 검색할 수 있습니다.

01 Notepad++를 다운로드하기 위해 공식 홈페이지(https://notepad-plus-plus.org/)에 접속 합니다.

02 홈페이지에 접속하면 왼쪽에 메뉴와 뉴스가 나타나고 오른쪽에 Note pad++에 관한 설명이 표시됩니다. 뉴스와 설명은 추후에 살펴보고 오른쪽 아랫 부분의 〈download〉 버튼을 클릭하여 프로그램을 다운로드합니다.

다운로드 페이지로 이동하면 녹색의 〈DOWNLOAD〉 버튼을 클릭합니다.

▲ 7.6.6 버전 다운로드 버튼   ▲ DOWNLOAD 버튼

▶ 알아두기

이 책에서 설명하는 Notepad++의 버전은 7.6.6이며, 사이트 정책에 따라 화면이나 버튼 등이 달라지더라도 최신 버전을 다운로드하면 됩니다.

03 웹 사이트 아래에 팝업 창이 표시되면 〈저장〉 버튼을 클릭합니다. 파일을 실행 또는 저장할 수 있는 다른 이름으로 저장 대화상자가 표시됩니다. 저장 위치 를 'python\download'로 지정한 다음 〈저장〉 버튼을 클릭합니다.

☑ Notepad++ 설치하기

01 Notepad++ 설치 파일을 다
운로드한 후 파일 탐색기를 실행
하고 다운로드 파일이 저장된 경로
(C:\python\download\)로 이동합니
다. 'npp.7.6.6. Installer.exe' 파일은
Notepad++ 프로그램을 설치할 수 있
는 설치 파일이므로 더블클릭하여 빠르
고 쉽게 설치합니다.

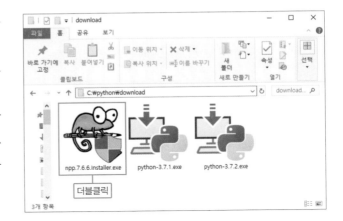

02 Installer Language 대화상자가 표시되면 사용 언어
를 '한국어'로 선택한 다음 〈OK〉 버튼을 클릭합니다.

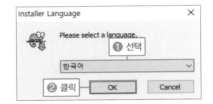

03 설치 안내 문구가 나타나면 〈다음〉
버튼을 클릭합니다.

04 사용권 계약 문구가 나타나면 확인 후 〈동의함〉 버튼을 클릭합니다.

05 프로그램의 설치 위치를 확인하고 〈다음〉 버튼을 클릭합니다.

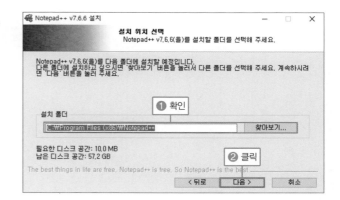

06 구성(옵션) 요소를 기본 설정으로 두고 〈다음〉 버튼을 클릭합니다.

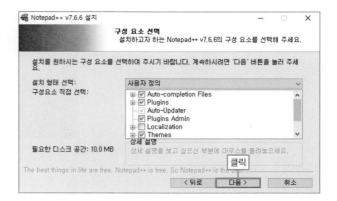

07 'Create Shortcut on Desktop(바
탕화면에 바로가기 아이콘 추가)'에 체크
표시한 다음 〈설치〉 버튼을 클릭합니다.

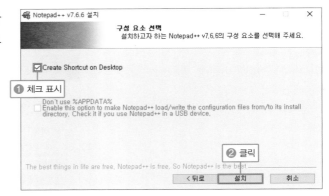

08 설치가 진행되는 동안 기다립니다.

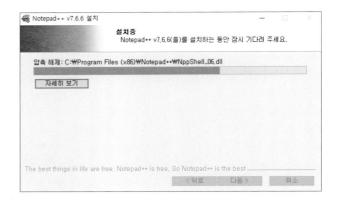

09 설치가 완료되면 〈마침〉 버튼을
클릭합니다.

10 Notepad++가 처음 실행되면서 버전 정보를 출력합니다.

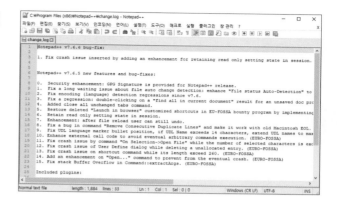

3 파이썬 플러그인 설치하기

Notepad++ 설치를 마치면 Notepad++에서 파이썬을 개발할 수 있도록 플러그인(Plugin)을 설치합니다.

01 Notepad++를 실행한 다음 메뉴에서 플러그인 → Plugin Admin을 실행합니다.

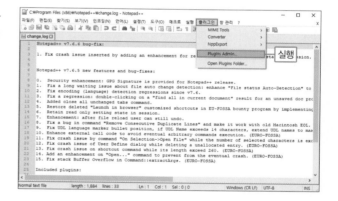

02 Plugin Admin 창에서 Search에 'nppexec'를 입력하여 검색한 다음 'NppExec'에 체크 표시하고 〈Install〉 버튼을 클릭합니다.

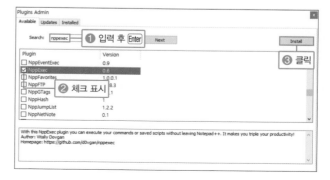

03 플러그인 설치 후 Notepad++가 재시작한다는 내
용이 나타나면 확인 후 〈예〉 버튼을 클릭합니다.

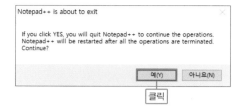

04 플러그인이 설치되고 Notepad++
가 자동으로 다시 시작됩니다.

05 메뉴에서 플러그인 → NppExec
→ Execute를 실행합니다.

06 Execute의 Command(s)에 다음의 경로를 입력한 다음 〈Save〉 버튼을 클릭합니다.

```
파이썬 실행 파일 경로 + 공백 문자(' ') + $(FULL_CURRENT_PATH)
c:\Users\ho_msi\AppData\Local\Programs\Python\Python37-32\python.exe
```

07 Script name에 'python'을 입력하고 〈Save〉 버튼을 클릭한 다음 〈OK〉 버튼을 클릭합니다.

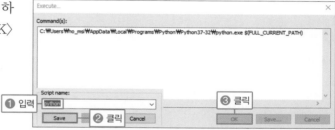

08 chapter01 폴더의 'ex01.py' 파일을 열고 Ctrl+F6을 눌러 파이썬 파일을 실행합니다.

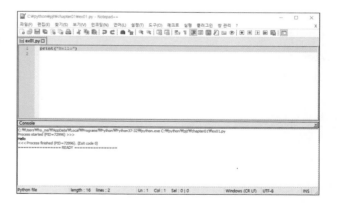

Index _색인